살아있는

生活漢字

생활한자

강민구 지음

지은이

姜玟求(강민구)

성균관대학교 한문교육과를 졸업하고 동 대학원 한문학과에서 문학박사학위를 취득하였으며 硏靑(연청) 吳大泳(오대영) 선생에게 사사하였다.
파리 13대학 초빙 교수를 지냈으며 현재 경북대학교 인문대학 한문학과 교수로 재직 중이다.
저서와 역서로 『조선 후기 문학 비평의 이론』과 『교감 국역 송남잡지』 외 다수가 있다.

살아있는 생활한자

초판 1쇄 2019년 8월 30일 | **초판 3쇄** 2022년 1월 7일
지은이 강민구 | **펴낸이** 홍원화 | **펴낸 곳** 경북대학교출판부
출판등록 1973년 10월 10일 ㉓97호 | **주소** 대구광역시 북구 대학로 80
전화 053-950-3830 | **팩스** 053-953-4692
이메일 press@knu.ac.kr | **홈페이지** http://knupress.com
ISBN 978-89-7180-527-5 03700

정가는 뒤표지에 있습니다. 파본은 바꾸어 드립니다.

살아있는 생활 한자

生活漢字

강민구 지음

경북대학교출판부

서 문

본래 우리나라에서는 한자 교육이 따로 이루어지지 않았습니다. 중세에는 말할 것도 없거니와 근대 교과과정이 확립된 이후에도 '한자'를 표방한 교과목은 존재하지 않았습니다. 비록 부분적으로 한자를 익힐 경우에도 한문 독해를 전제로 한 것이었지, 최종 목표를 '한자의 사용'으로 한정하지는 않았습니다.

'한자'만을 익히는 경우도 있겠지만, 대부분은 '한자어 학습'을 편의상 '한자 학습'이라고 부르고 있습니다. 1895년 신학제 수립기에 한자어 교육이 대두되었으며 1955년에 공포된 제1차 교육과정부터 현재에 이르기까지 한자어의 교육은 한문 교과뿐 아니라 국어 교과에서도 중요한 요소로 자리매김하였습니다.

한자는 도구적 성격이 강하기 때문에 한자어의 학습은 다른 교과를 효율적으로 학습할 수 있게 도와줄 뿐만 아니라 한자어로 된 전문 용어를 쉽고 정확하게 이해하는 데도 도움이 됩니다. 이와 같은 현실적 이유에 기인하여 한자어 학습에 대한 요구는 날로 높아졌으며 그것이 한문 학습을 압도한 지 이미 오래되었습니다. 한문은 장기간 지속적이고 체계적인 학습이 필요하지만, 한자는 그렇지 않습니다. 그렇다고 해서 한자 학습이 그리 만만한 것도 아닙니다.

두 자 이상의 한자가 결합되면 그것들 사이에는 문법이 개입됩니다. 동시에 우리가 일반적으로 알고 있는 한자의 뜻도 한자어 속에서 다양하게 변화합니다.

한자어 학습은 최소한 이 두 가지에 대한 이해에 기반하여야 효과를 거둘 수 있습니다. 따라서 이 책은 한자어에 사용된 한자의 정확한 의미를 제시하기 위하여 노력하였습니다. 여기에는 문법적인 요소가 반영되어 있습니다. 문법을 별도로 제시하면 좋겠으나 학습자들이 문법을 어려워하기 때문에 드러내 놓지는 않았습니다.

이 책은 한자 학습에 국한하지 않고 한자 문화의 깊이와 재미를 전해 주기 위해 노력하였습니다. 이 책을 통하여 한자 학습을 넘어 한자 문화의 재미를 느끼기 바랍니다.

내 일처럼 원고를 수정해 준 김선화·우지영·박정민 선생님, 어수선한 원고를 깔끔한 책으로 만들어 준 경북대학교출판부 장준이, 김남윤 선생님, 훌륭한 그림을 그려 준 故(고) 노연경 선생님께 감사드립니다.

저자 강민구

목 차

目次

살 아 있 는 생 활 한 자

특징과 구성

유용한 한자어

한자는 품사가 고정되어 있지 않다. 한자는 어휘나 문장 속의 위치에 따라 품사가 바뀐다. 또 오랜 시간, 넓은 지역에서 만들어지고 사용되는 과정에서 다양한 의미가 확장 파생되었다. 따라서 세칭 대표 훈만으로는 한자어의 의미를 올바로 파악할 수 없다. 그래서 이 책은 한자 어휘에 사용된 한자의 구체적 의미를 제시하였다.

부수의 활용

한자 학습은 부수의 활용 방식을 이해하면 상당한 효과를 거둘 수 있다. 한자 중에서 形聲字(형성자)가 차지하는 비율이 90%이다. 형성자란 의미를 지시하는 부분인 形(형)과 음을 표시되는 부분인 聲(성)이 결합된 글자를 말한다. 이것의 원리를 익히기 위해서는 부수의 특성과 활용 원리를 알아야만 한다.

다른 글자 유사한 의미

한자 중에는 형태는 다르지만 의미가 같은 것이 있다. 그러나 엄밀히 따져 보면 의미가 같은 것이 아니라 유사한 것이다. 형태는 다르지만 의미가 유사한 한자들에 대한 학습을 통하여 한층 더 정확하고 수준 높은 한자를 사용할 수 있게 될 것이다.

깊이가 있는 어원 이야기

우리말에서 한자가 차지하는 비중이 80% 이상이라고 하지만 순 우리말이라고 생각하는 것도 어원을 따져 올라가면 그 비중은 더 높아진다. 의미를 잘 모르고 사용하는 단어의 어원을 익힘으로써 한자와 우리말의 관계를 심도 있게 이해하게 될 것이다.

한문으로 읽는 우리 속담

한자는 한문의 구성 요소이다. 그러므로 한자가 한문 속에서 활용되는 양상의 기초적 학습이 필요하다. 이를 위하여 한문으로 번역된 우리 속담을 소개하였다. 한문으로 번역된 속담은 고사성어와 같이 일반적으로 사용되었으며, 일부는 지금까지 사용되고 있다. 따라서 한문으로 번역된 속담의 학습을 통하여 한문에 흥미를 갖게 될 것이다.

주변에서 만난 한자

우리는 紙面(지면)에서뿐만 아니라 거리의 간판이나 물건에서 심심찮게 한자를 접하게 된다. 이것이 바로 우리가 한자 문화권에서 살고 있다는 명확한 증거이다. 따라서 상점의 간판이나 물건 등에 사용된 한자 중 흥미로운 것을 제시하였다.

잠 깨우기

우리 先賢(선현)들이 남긴 기록 중에서 재미있는 이야기를 취하여 삽화와 더불어 제시하였다. 선현들의 여유와 해학을 즐거운 마음으로 감상하며 학습의 흥미를 고취할 수 있기를 기대한다.

고사성어

고사성어는 한자 학습자들이 가장 좋아하는 것인데, 우리나라에서 만들어진 고사성어도 적지 않다. 따라서 우리나라의 고사성어를 중국의 고사성어와 나란히 소개하였다. 중국의 고사성어는 영향력 있는 것을 선별하였다. 그리고 우리나라의 고사성어 중에서 재미난 것은 삽화도 곁들였다.

한자 문화 이야기

우리는 한자 문화권에 살고 있다. 그래서 언어 문자뿐만 아니라 여러 가지 意識(의식)과 觀念(관념)도 한자 문화로부터 자유로울 수 없다. 역사주의적 관점에서 한자와 관련된 여러 가지 문화적 현상, 관념에 대해 이해할 수 있기를 기대한다.

부록

〈한자 쓰기〉는 본문의 '유용한 한자어'에서 어휘 속의 실제 의미로 제시하였던 풀이 대신 세칭 '대표 훈'을 제시하였다. 아울러 필순, 부수, 총획을 부기하여 한자 학습의 효과를 제고하였다.
〈연습문제〉에서는 '한자를 바르게 읽고 쓸 수 있는가?', '한자어의 문법적 짜임을 알고 있는가?' 등의 기본적 한자 학습 성취를 평가하며 언어생활 속에서 한자어와 고사성어를 올바르게 활용하는 능력을 평가해 볼 수 있다.

들어가며

한자의 창제와 倉頡(창힐)

한자의 창제에 대한 가장 일반적인 이야기는 고대 黃帝(황제)의 史官(사관)인 倉頡(창힐)이 새의 발자국 모양을 보고 글자를 만들었다는 것인데, 이를 '倉頡造字說(창힐조자설)'이라고 한다.

이 설은 전국 시대의 문헌에 최초로 보이니, 『呂氏春秋(여씨춘추)』를 비롯하여 『荀子(순자)』와 『韓非子(한비자)』 등에 창힐의 조자설과 관련된 이야기가 있다. 秦漢(진한) 시대에 와서 창힐조자설은 더욱 널리 퍼지게 되었다. 진나라의 李斯(이사)가 문자를 통일하였을 때 사용하였던 교재의 첫 구절이 바로 "창힐이 글자를 만들었다.[倉頡作書.]"였으므로 『倉頡篇(창힐편)』이라 이름하였다. 창힐에 대한 전설을 정리하여 漢字史(한자사)에 정식으로 넣은 사람은 東漢(동한)의 許愼(허신)이다.

창힐조자설은 나름대로 일리가 있다. 고대인들은 각종 동물의 발자국에서 鳥獸(조수)의 활동에 대한 정보를 얻어 猛獸(맹수)를 피하고 식량을 찾았다. 그래서 점차 나른 형상과 무늬는 다른 사물과 뜻을 나타낸다는 사실을 알게 되었다. 따라서 고대인들이 동물 발자국 분석으로부터 象形文字(상형문자)에 대한 시사를 얻었다는 주장은 일리가 있다.

창힐이 黃帝(황제)의 史官(사관)이었다는 이야기 역시 일리가 있다. 문자의 발생은 국가의 형성 과정 중에 정치적 요구에 의해 우선적으로 이루어졌을 것이다. 창힐은 사관이었으므로 원시문자를 집중적으로 사용하였을 것이고 군중들이 만들어 낸 문자를 정리하였을 것이다. 이렇게 본다면 창힐은 문자를 사용하고 그것의 규율을 모색하는 데 힘써 문자를 정리한 문자 전문가로서, 한자가 원시문자에서 규범화된 문자로 이행되어 가는 시기에 독자적인 공헌을 하였을 것이다.

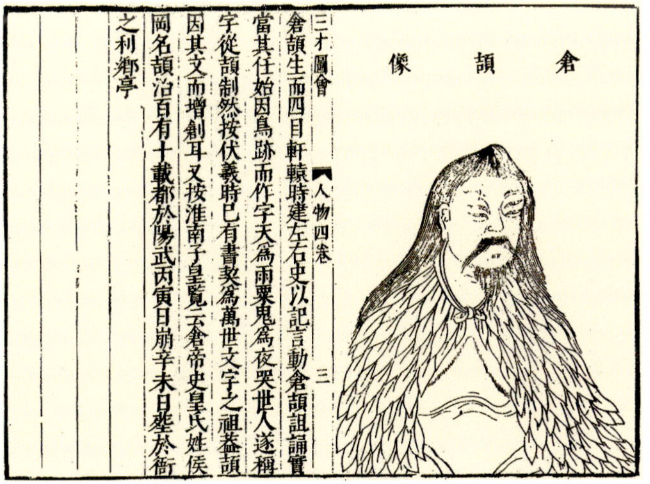

『三才圖會(삼재도회)』에 실려 있는 창힐의 모습으로, 눈이 네 개이다. 이는 한자를 창제하는 데 보통 사람을 능가하는 관찰력이 필요하였음을 나타낸다.

1

家庭
가정에서

세상에서 不孝(불효)라 하는 것이 다섯 가지인데, 자신의 몸을 게을리하여 부모를 봉양하지 않는 것이 첫 번째 불효요, 장기·바둑이나 두고 술 마시기를 좋아하여 부모를 봉양하지 않는 것이 두 번째 불효요, 재물을 좋아하고 妻子(처자)만을 사사로이 보살펴 부모를 봉양하지 않는 것이 세 번째 불효요, 귀와 눈의 욕구를 따라서 부모를 욕되게 하는 것이 네 번째 불효요, 용맹을 좋아하고 사납게 싸움질하며 부모를 위태롭게 하는 것이 다섯 번째 불효이다.

–『孟子(맹자)』, 「離婁(이루)」

漢字 유용한 한자어 I

家庭 집 가, 뜰 정

夫婦 남편 부, 아내 부

父母 아비 부, 어미 모

兄弟 형 형, 아우 제

姊妹 손윗누이 자, 손아랫누이 매

男妹 남자 남, 손아랫누이 매

親家 겨레 친, 집 가

外家 바깥 외, 집 가

親戚 겨레 친, 겨레 척

親庭 겨레 친, 뜰 정

媤家 시집 시, 집 가

姑婦 시어머니 고, 며느리 부

配偶者 짝 배, 짝 우, 사람 자

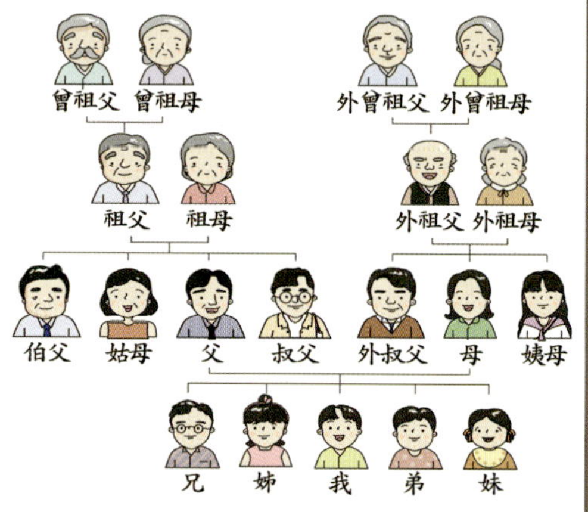

家系圖(가계도)

孝子(효자)를 기리는 글

유용한 한자어 II

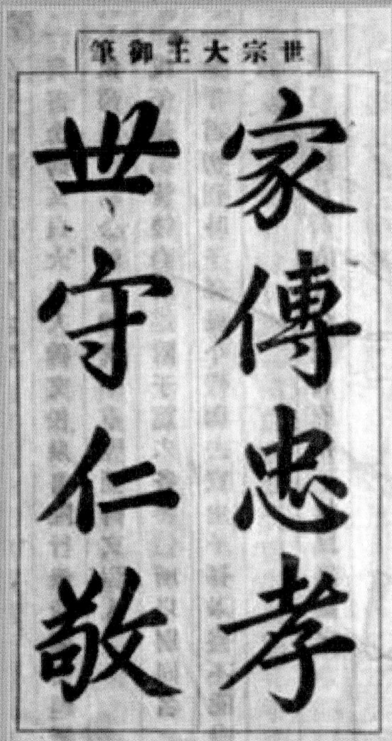

家傳忠孝, 世守仁敬.
(가전충효, 세수인경.)

'충효를 가문에 전하고, 어짊과 공경함을 대대로 지켜 나가라.'는 뜻으로, 세종이 李貞幹(이정간)의 효행을 표창하여 하사한 御筆(어필)이다. 이정간은 80세에 100세의 노모 앞에서 색동옷을 입고 어머니를 즐겁게 하는 등 효자로 이름이 높았다. 이 글은 全義 李氏(전의 이씨) 족보에 실려 있는데, 후손들은 이를 家訓(가훈)으로 전하고 있다.

食口	먹을 식, 입 구
家計	집 가, 셈 계
家事	집 가, 일 사
家訓	집 가, 가르침 훈
養育	기를 양, 기를 육
孝道	효도 효, 도리 도
友愛	우애 있을 우, 사랑할 애
和睦	화할 화, 화목할 목
慈愛	사랑할 자, 사랑할 애
恭敬	공손할 공, 공경할 경

1 부수의 활용

子
아들 자

자형

子는 갓난아기의 모양을 본뜬 글자로, 원래는 성별 구분 없이 '자식'의 뜻으로 쓰인다. 어린아이가 포대기에 싸여 있는 모양으로, 위는 몸에 비해서 큰 영아의 머리를 본떴다. 가운데는 팔을, 아래는 다리를 본떴는데 다리가 둘이 아니고 하나인 것은 포대기 속에 있기 때문이다. 이것을 부수로 하여 아이에 관한 여러 가지 글자가 만들어졌다. 대표적인 글자는 다음과 같다.

- **孕 잉** 아이 배다 **孕胎** 잉태
- **存 존** 존재하다 **實存** 실존
- **孤 고** 고아, 외롭다 **孤獨** 고독
- **孫 손** 손자 **外孫** 외손

女
계집 녀

자형

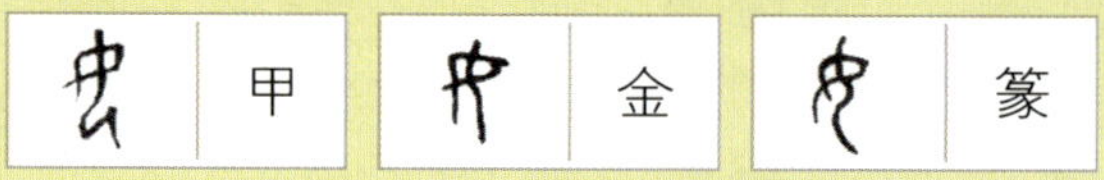

女는 두 손을 얌전히 포갠 채 무릎을 꿇고 앉아 있는 여성을 본뜬 글자이다. 이것이 부수로 쓰여서 여성과 관련된 명칭, 여성적인 성격이나 행위, 여성의 심리 상태, 남녀의 관계나 결혼 등에 관한 문자를 이룬다. 女를 부수로 가진 글자 가운데 사람을 모욕하는 좋지 못한 의미를 담은 글자는 남성우월주의가 반영된 것이라고 할 수 있다. 대표적인 글자는 다음과 같다.

- **妻 처** 아내 **妻家** 처가
- **妓 기** 기생 **妓女** 기녀
- **婚 혼** 혼인하다 **結婚** 결혼
- **妄 망** 망령되다 **妄想** 망상
- **姑 고** 시어머니 **姑婦** 고부
- **媒 매** 중매하다 **媒介** 매개
- **姦 간** 간사하다 **姦惡** 간악

2 다른 글자 유사한 의미

宮·室·房·宅

모두 '집'을 의미하는 글자이다.

宮(궁)은 원래 貴賤(귀천)의 구분 없이 담장 안의 모든 건축물을 포함하는 글자였는데, 진시황 이후로 제왕이 머무르는 곳을 가리키는 말로 쓰이게 되었다. 경복궁과 창경궁에서의 宮(궁)이 그러하고 宮闕(궁궐)·宮殿(궁전)·宮女(궁녀)와 같은 단어 역시 왕이 머무는 집과 관련이 있다. 室(실)은 사방에 벽이 있는 곳, 즉 방을 의미하므로 집의 일부분이 된다. 寢室(침실)·書室(서실)·化粧室(화장실)과 같이 집 안에는 많은 室(실)이 존재한다. 房(방)은 곁을 뜻하는 말인 旁(방)과 어원이 같다. 따라서 房(방)은 중앙이 아닌 양쪽 곁에 있는 방을 의미한다. 즉, 집에서 가운데 방이 正室(정실)이 되고 좌우의 방이 房(방)이 된다. 하지만 현재는 이러한 구별 없이 쓰이고 있다. 宅은 '택'과 '댁', 두 가지 음을 가진다. 보통 '住宅(주택)'·'家宅(가택)', 혹은 '아무개 宅(댁)'으로 활용되며, 이 예에서 보다시피 사람이 거주하고 있는 집을 의미한다.

3 깊이가 있는 어원 이야기

사나이·가시나

고려 시대에 李富春(이부춘)이라는 사람이 있었다. 그에게는 那海(나해)라는 이름의 아들이 있었는데, 용모가 매우 아름다웠기에 잘생긴 남자를 '나해처럼 생긴[似那海: 사나해]' 남자라 하여 '사나이'라 불렀다고 한다.

한편 원나라에서 고려의 여자아이를 선발해 갔는데, 稼亭(가정) 李穀(이곡)이 원나라에 가서 이것의 혁파를 상소하였다. 그래서 지금 촌 여자아이들을 '가시나[稼産兒: 가산아]'라고 칭한다. 또 일설에는 "고려 말에 영남의 男丁(남정)을 선발하여 군대에 내보내는데, 男丁(남정)이 부족하여 대신 여자들로 충원하였다. 그래서 여자를 '가시나[假似那海: 가사나해]'라고 불렀다."고도 한다.

4 한문으로 읽는 우리 속담

借廳借閨(차청차규) 의미 행랑 빌리면 안방까지 빌린다.

처음에는 남에게 의지하다가 점차 그의 권리까지 침범함을 비유적으로 이르는 말로, 漸入佳境(점입가경)을 의미한다. "행랑을 빌려주니 안방까지 들어온다."는 말과 같다. 또 한나라 때의 "겨를 다 핥아 먹으면 쌀까지 먹어 치운다.[舐糠及米: 지강급미]"라는 말도 유사한 의미이다.

5 주변에서 만난 한자

이 사진은 酒店(주점)의 看板(간판)과 유산균 음료의 제품명으로, 모두 '안'이다. 그런데 첫 번째는 '편안하다'는 의미를 드러내기 위하여 그 옆에 한자로 '安(안)'이라고 크게 썼고, 두 번째는 '안' 옆에 '內(내)' 자를 나란히 써서 그 의미를 밝히고 있다. 세 번째는 제품명을 '安(안)'이라고 크게 표기하고 '안에서 키우자'는 의미를 추가하였다. 아마도 이 음료를 마시면 腸(장) 안에 유익한 세균을 키워, 장을 편안하게 만들 수 있다는 의미이리라.

이것은 때로는 한자의 음을, 때로는 뜻을 같이 써서 분명한 인상을 주려는 의도이다. 특히 세 번째 사진은 한자로는 '편안하다'는 뜻의 '安(안)'을 쓰고, 광고 문구에서는 우리말로 '안에서'라고 표기하였으니, 한자의 독음으로부터 우리말을 연상케 하는 효과를 노린 것이다.

6 잠 깨우기

조선의 成宗(성종)이 日官[일관: 天文(천문) 담당관]에게 자신과 四柱(사주)가 같은 사람을 찾아 오라고 명하였다. 나라 안을 두루 찾아보니 어떤 상놈의 딸이 임금과 사주가 같았는데, 서울에서 으뜸갈 정도로 집이 몹시 부유하였다. 성종이 그녀를 궁중으로 불러들여 물어보았다.

"네 평생의 괴로움과 즐거움이 어떠한가?"

여자가 말했다.

"저는 어렸을 때부터 총명하였기에 제 아비가 매우 아꼈는데, 출신이 몹시 미천하여 주인 집에 贖賤(속천)을 하고 양인 남자에게 시집을 갔습니다. 그런데 얼마 안 가서 남편이 죽었습니다. 그래서 오로지 글공부를 일로 삼고 있습니다."

왕이 자세히 물어보니, 여자가 면천한 해는 바로 자신이 즉위한 해였고 그녀가 남편을 잃은 날은 바로 중전이 승하한 날이었다.

왕이 기이하게 여겨 말하였다.

"여러 일들이 모두 나와 대략 비슷하니, 참으로 命數(명수)가 틀리지 않는구나!"

그러고는 웃으며 말하였다.

"그렇지만 나는 후궁 십수 명이 있는데 너는 무엇이 있더냐?"

여인이 엎드려 웃으며 대답하였다.

"저는 성격이 본래 繁華(번화)하여 則天武后(측천무후)의 사내 첩 같은 자 십수 명을 두고 있습니다."

왕이 拍掌大笑(박장대소)하며 말하였다.

"그것도 우리 둘이 같구나. 남자 중에는 내가 있고 여자 중에는 네가 있다고 할 만하도다."

출전: 洪萬宗(홍만종)의 『旬五志(순오지)』

7 우리나라의 고사성어

八大君一翁主(팔대군일옹주)

세종 때 延昌尉(연창위) 安孟聃[안맹담, 1415~1462]에게 시집간 貞懿公主(정의

공주)에게서 유래한 말로, 어린 딸을 기특하게 여기고 사랑할 때 쓰는 말이다. 한편 귀한 아들을 이르는 말로 "삼대 독자가 칠십에 낳은 아들[三世獨子七十生男]"도 있다.

8 중국의 고사성어

結草報恩(결초보은)

의미 풀을 묶어 은혜를 갚는다는 의미로, 은혜가 사무쳐 죽어서도 잊지 않고 갚는다는 뜻.

『春秋左傳(춘추좌전)』 선공 15년[기원전 594]에 다음과 같은 일이 기록되어 있다.

魏武子(위무자)에게는 젊은 애첩이 있었다. 위무자가 병에 걸리자 아들 魏顆(위과)에게 명하였다.

"이 여인을 반드시 시집보내거라."

그런데 병이 악화되자 다시 말하였다.

"이 여인을 반드시 나와 함께 殉葬(순장)하거라."

위무자가 죽자 위과는 위무자의 애첩을 시집보내면서 말하였다.

"병이 심하면 정신이 혼미해집니다. 나는 아버지의 정신이 맑았을 때의 명령을 따릅니다."

그 후 秦(진)나라와 전쟁을 하였는데, 위과가 진나라의 명장 杜回(두회)에게 쫓겼다. 그런데 홀연히 한 노인이 나타나 풀을 묶어 두회의 말이 걸려 넘어지게 하였다. 덕분에 위과는 두회를 사로잡는 공을 세울 수 있었다.

밤이 되자 낮에 보았던 노인이 꿈에 나타나 말하였다.

"나는 당신이 시집보낸 여인의 아비라오. 당신이 내 딸을 살려 주었기에 내가 풀을 묶어 보답한 것이라오."

출전: 『春秋左傳(춘추좌전)』

❖ 최초로 출현한 寓言(우언)으로, 殉葬(순장)이라는 끔찍한 습속이 반영되어 있다.

9 한자 문화 이야기

家庭(가정)·妻(처)·妾(첩)

두 姓(성)이 결합하여 家庭(가정)이 이루어진다. 『說文解字(설문해자)』에서 "家(가)는 '거주하다'는 뜻이다. 宀[면: 집]의 뜻과 豭[가: 수퇘지]의 소리로 이루어졌다."라고 하였다. 『春秋左傳(춘추좌전)』에서 "여자에게는 남편[家]이 있고, 남자에게는 아내[室]가 있다."라고 하였다.

남편을 家(가)라고 할 수 있는 것은 家의 음이 豭를 따랐기 때문이다. 또 남편을 수돼지라고 말하는 것도 그다지 별난 일은 아니다. 『詩經(시경)』「柏舟(백주)」 편에서 한 처녀가 훌륭한 남자를 자신의 짝으로 묘사하며 "참으로 나의 짝[實維我特]"이라고 하였다. 特(특)은 숫소를 의미한다. 이렇게 보면 '수퇘지'는 폄하가 아니라 애칭인 셈이다.

전통적인 妻(처)의 개념은 훌륭하다. 『설문해자』에서 "妻(처)는 아내로서 남편과 나란하다는 뜻이다."라고 하였고, 고대의 사전인 『廣雅(광아)』 등에는 모두 妻(처)를 '나란하다[齊]'로 해석하였다.

妻의 옛 글자는 齊(제) 자 아래에 妻(처) 자가 있는 모양이니 현재 쓰는 妻 자는 이미 간략화된 것이다. 妻와 齊 두 글자는 고대에 독음이 서로 비슷하였다.

부부와 관련한 '死則同穴(사즉동혈)', '相敬如賓(상경여빈)' 등의 미담은 모두 평등하고 서로 존중하는 부부 관계를 나타낸다. 후대의 比翼鳥(비익조)·比目魚(비목어)·幷蔕蓮(병체련)·連理枝(연리지) 역시 부부의 상호 존중에 기반한 평등사상을 표현하였다.

妾(첩)은 辛(신) 자와 女(녀) 자가 합해진 글자로, 일부다처제가 있던 시대에 주로 쓰였다. 애초에 '첩'의 뜻은 죄지은 여자 또는 여자 포로를 가리켰다. 越王(월왕) 句踐(구천)이 전쟁에서 진 뒤에 무릎을 꿇고 항복하며 "저는 당신의 신하가 되고, 제 아내[妻]는 妾(첩)이 되기를 청합니다."라고 한 예에서 이를 알 수 있다. 이 때문에 妾(첩)에게는 妻(처)와 달리 聘禮(빙례)나 儀式(의식) 절차가 주어지지 않았다.

출전: 何九盈(하구영) 등, 『中國漢字文化大觀(중국한자문화대관)』, 북경대학출판사, 1996

2

學校
학교에서

學校(학교)의 형태는 다양한데, 教育法(교육법)에 규정된 初等學校(초등학교)·中學校(중학교)·高等學校(고등학교)·大學(대학) 및 教育大學(교육대학)·師範大學(사범대학), 放送通信大學(방송통신대학)·開放大學(개방대학), 技術學校(기술학교)·技術高等學校(기술고등학교), 公民學校(공민학교)·高等公民學校(고등공민학교), 特殊學校(특수학교), 幼稚園(유치원) 등을 포함하며, 교육법 이외의 법률에 의해 규정된 技能大學(기능대학) 및 職業訓練所(직업훈련소) 등도 '학교'라고 부른다.

漢字 유용한 한자어 I

學校	학교 학, 학교 교
登校	오를 등, 학교 교
校庭	학교 교, 뜰 정
講堂	익힐 강, 집 당
出席	나갈 출, 자리 석
缺席	빠질 결, 자리 석
開講	열 개, 강론 강
終講	마칠 종, 강론 강
放學	놓을 방, 배울 학
登錄金	올릴 등, 기록할 록, 돈 금
行政室	행할 행, 정사 정, 방 실
寄宿舍	부칠 기, 잠잘 숙, 집 사

圖書館(도서관)

동양에서 圖書(도서)의 개념은 그림이나 글씨를 비롯한 記錄(기록)에서 시작되었고, 서양에서는 기록을 실은 재료·樹皮(수피)·파피루스 등 물질의 이름에서 轉化(전화)하여 資料(자료)라는 개념이 생겼다고 한다. 도서관을 자료의 集積(집적), 도서의 保管場所(보관장소)로 생각한다면, 그 기원은 문화의 발생과 거의 맞먹을 만큼 오래되었다.

유용한 한자어 II

漢字

一日不讀書, 口中生荊棘.
(일일부독서, 구중생형극.)

"하루라도 글을 읽지 않으면 입 안에 가시가 돋는다."는 뜻으로, 안중근 의사가 옥중에서 남긴 親筆(친필)이다. 옥중에서 어떤 고난이 닥치더라도 독서를 중단하지 않겠다는 굳은 의지가 담긴 이 글귀는 학업을 하는 이들에게 龜鑑(귀감)이 된다.

講座	익힐 강, 자리 좌
講義	익힐 강, 의리 의
教授	가르칠 교, 줄 수
學生	배울 학, 사람 생
質疑	물을 질, 의심 의
應答	응할 응, 대답할 답
討論	궁구할 토, 논의할 론
論證	논의할 론, 증명할 증
反論	뒤집을 반, 논의할 론
練習	익힐 련, 익힐 습
朗讀	밝을 랑, 읽을 독
試驗	시험 시, 시험 험

1 부수의 활용

攴

칠 복

자형

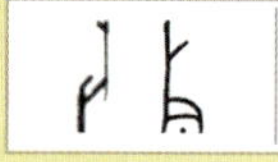 甲 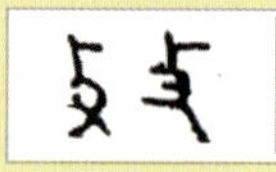 金  篆

攴은 세칭 '등글월 문'이라고 하지만 원래의 이름은 '칠 복'이다. 又와 卜이 합쳐져서 가볍게 톡톡 두드린다는 뜻을 나타낸다. 한자의 오른쪽에 올 때는 대부분 변형 자체인 攵이 쓰인다. 단독으로는 거의 쓰이지 않고 부수로 쓰여 '치다', '강제하다', '특정한 행동을 하게 하다'는 뜻을 포함하는 문자를 이룬다. 대표적인 글자는 다음과 같다.

- **教** 교 가르치다 **教育** 교육
- **攻** 공 치다 **攻擊** 공격
- **政** 정 정사 **政權** 정권
- **改** 개 고치다 **改善** 개선
- **放** 방 내치다 **追放** 추방
- **效** 효 본받아 배우다 **效顰** 효빈

2 다른 글자 유사한 의미

教·訓 學·習

教訓(교훈)은 가르치는 것이고 學習(학습)은 배우는 것이지만 教(교)와 訓(훈), 그리고 學(학)과 習(습)은 각각 차이가 있다.

'教(교)'는 지적하고 알려 주어서 지식이나 기예 등을 익히게 하는 것을 의미하는 반면, '訓(훈)'은 타이르고 이끌어 줌, 그리고 훈련의 의미를 가진다. 教育(교육)·教師(교사)·教室(교실)·教科書(교과서) 등의 단어에서 '가르침'의 의미를, 訓戒(훈계)·訓練(훈련)·家訓(가훈) 등의 단어에서 '타이름과 훈련'의 의미를 찾아볼 수 있다.

'學(학)'은 사물을 이해하고 깨닫는 행위인데, 이는 보통 잘하는 사람을 본받거나 다른 사람의 도움을 통하여 이루어진다. 學校(학교)·學院(학원)·學力(학력)·學生(학생)의 단어가 그 예이다. '習(습)'은 어린 새가 날기 위해 자주 날갯짓을 하는 모양에서 유래한 말로, 익숙해질 때까지 익히고 연습하는 것을 의미한다. 習得(습득)·習字(습자)·習作(습작)·練習(연습) 등의 단어에서 그 의미를 확인할 수 있다.

3 깊이가 있는 어원 이야기

工夫(공부)

당나라의 시인 李白(이백)이 젊을 때 象耳山(상이산)에서 工夫(공부)하다가 중도에 포기하고 하산하던 중, 노파가 쇠 절굿공이를 갈고 있는 모습을 보고 그 까닭을 물었다. 그러자 노파는 바늘을 만들려 한다고 대답했고, 노파의 대답을 들은 이백은 깨달은 바가 있어 다시 돌아가 학업을 마쳤다고 한다. 여기에서 연유한 고사가 '磨杵作針(마저작침)'이며, '工夫(공부)'라는 말도 여기에서 나왔다.

대개 당나라의 방언인 듯하니, 工匠(공장)의 '工', 農夫(농부)의 '夫'의 뜻과 같다. 당나라의 승려 懶殘(나잔)은 "내 무슨 工夫(공부)가 있어 속인들을 위해 눈물을 닦겠는가?"라고 하였다.

4 한문으로 읽는 우리 속담

입 산 기 호
入山忌虎 의미 산에 들어가면서 호랑이를 꺼린다.

꺼리지 말아야 할 것을 꺼린다는 뜻이니, "호랑이 굴에 들어가야 호랑이 새끼를 잡을 수 있다."는 말과 비슷하다. 뜻하는 성과를 얻으려면 그에 마땅한 일을 해야 함을 비유적으로 이르는 말이다.

5 주변에서 만난 한자

한자로 표기된 상호 중에 '秀(수)' 한 글자만 쓴 것이 유독 많다. 사진에서 보는 바와 같이 '秀'는 약국, PC방, 酒店(주점), 노래방, 라이브 클럽 등 업종을 불문하고 상호로 선호되는 글자다. 대부분 '수'라고 한글로 음을 덧붙이거나 알파벳으로 발음을 표시하고 있다. 또 어떤 것은 '빼어날 수'와 같이 訓音(훈음)을 모두 표기한 것도 있다. 예전에는 성적표의 최상등급이 '秀'이므로 우리나라 사람들은 '秀'를 최고라고 생각한다. 상호로 '秀'를 선정한 것은 나름대로 이유가 있겠지만 재미있는 성향인 것은 틀림없다.

6 잠 깨우기

사람들이 과거에 급제할 때는 반드시 꿈에 조짐이 나타난다.

부제학 李德重(이덕중)의 집이 서학재[西學峴: 서울 시청 서북쪽에 있던 고개]에 있었다. 집안이 본래 가난하여 이튿날 庭試(정시)를 보러 科場(과장)에 나가는 이덕중을 위해 새벽밥을 지으려고 그의 부인이 전날 이웃집에서 한 되도 안 되는 쌀을 꾸어 와 나무 그릇에 담아 두었다.

그날 밤 부인이 꿈을 꾸었는데, 그 쌀알들이 모두 작은 龍(용)이 되어 나무 그릇에 가득 찼다. 부인이 깜짝 놀라 잠에서 깨어 손수 방아를 찧고 쌀을 일어 밥을 지을 때였다.

문 밖에서 '똑똑' 하고 문 두드리는 소리가 들리더니 李台重(이태중)이 들어왔다. 이덕중이 놀라 일어나 그를 맞이하며 물었다.

"형님께선 뭐 하시다가 이제야 들어오십니까?"

이태중이 말하였다.

"걸어서 오느라 발에 물집이 잡힌 데다 날이 저물어 어제 도착하지 못하고 성 밖 주막에서 자고 이제야 도착하는 길일세."

이태중은 이덕중과 8촌 간이었는데, 이태중은 그 당시 結城[결성: 충청남도 홍성군의 지명]에 살고 있었다.

이덕중이 안에 들어가 남는 밥이 있냐고 물으니 한 그릇밖에 없다고 하였다. 이덕중이 밥상을 바깥채로 차려 보내라고 하였으니, 이태중과 나눠 먹고 과거장에 갈 요량이었다. 그러자 부인이 말하였다.

"이 밥은 절대로 나누어 드시면 안 됩니다."

이덕중이 그 까닭을 묻자 부인이 지난밤 꿈 이야기를 해 주었다. 그러자 이덕중이 부인을 책망하며 말하였다.

"어떻게 밥을 나 혼자 먹고 형님을 굶기겠소? 만약 그런 생각을 가지고 있다면 천지신명께서도 필시 돕지 않으실 것이오."

이덕중은 부인에게 바깥채로 밥을 내보내라고 하였다. 부인은 어쩔 수 없이 밥을 내보내고는 문틈으로 엿보니, 이덕중이 이태중에게 밥을 올려 먹게 하고

절반쯤을 자신이 먹었다.

그리고 두 사람은 함께 과거장에 들어갔다. 방이 나붙었는데 두 사람 모두 급제하였다.

출전: 『記聞叢話(기문총화)』

7 우리나라의 고사성어

瑀璠(우번)

李瑀(이우)와 李璠(이번)은 栗谷(율곡) 李珥(이이)의 두 형인데, 늘 율곡과 나란히 앉아 있다가, 율곡의 제자가 율곡에게 절을 하면 이우와 이번도 함께 그 禮(예)를 받았다. 제자들이 서로 이야기하기를 "자기에게 절하는 것이 아닌데

절을 받는다."고 하니, '瑀璠(우번)'이라는 말이 여기에서 유래하였다. 瑀璠(우번)은 남의 권세를 제 것인 양 여겨 으스대는 것을 비유적으로 이르는 말이다.

8 중국의 고사성어

靑出於藍(청출어람)

의미 쪽풀에서 나온 청색 물감이 쪽빛보다 더 푸르다는 말로, 제자가 스승보다 더 나음을 비유함.

학문은 그칠 수 없다	學不可以已
청색은 쪽풀에서 나왔지만 쪽빛보다 푸르다	靑出之於藍而靑於藍
얼음은 물로 이루어졌지만 물보다 차다	氷出之於水而寒於水

靑出於藍(청출어람)은 전국 시대의 사상가로 性惡說(성악설)을 주장한 荀子(순자)의 사상을 모아 놓은 글에서 나온 말이다.

원래 배움은 끊임없이 계속되어야 하기에, 중간에 그만두어서는 안 된다는 의미로, 푸른색 염료의 원재료인 쪽풀보다 그 염료의 빛이 더 푸르고, 물이 응결하여 이루어진 얼음이 물보다 더 차듯이 쉼 없이 공부하면 스승을 뛰어 넘는 제자가 나올 수 있다는 말이다.

출전: 『荀子(순자)』「勸學(권학)」

❖ 靑出於藍(청출어람)은 고사성어로서의 성격은 비교적 약하다. 그러나 '藍(람)' 자가 (구)한문교육용 기초한자 1,800자에 들어갈 정도로 유명한 고사성어이다.

9 한자 문화 이야기

한자와 권력

세계에서 가장 역사가 오래되고 사용자가 많은 문자는 漢字(한자)이다. 고금의 한자 문화와 관련된 인식은 대체로 崇拜(숭배)·否定(부정)·多維反思(다유반사)의 3단계로 분류된다.

崇拜段階(숭배 단계): 한자가 형성될 무렵, 고대인은 그것에 신비감과 존엄의 색채를 덧칠하였다. 이 때문에 봉건 시대까지 한자는 줄곧 숭배 대상으로서의 지위를 누렸다.

한자의 신비성에 대해 『淮南子(회남자)』에는 "倉頡(창힐)이 글자를 만들자 하늘에서 곡식 비가 내리고 밤에 귀신들이 곡하였다."라고 하였고, 『論衡(논형)』에는 "창힐은 눈이 네 개였고, 黃帝(황제)의 사관이 되었다."라고 하였다. '하늘에서 곡식 비가 내리고 귀신들이 밤에 곡하였다.'는 것은 한자가 물질적으로나 정신적으로 신비로운 기능을 가졌다는 의미이다. '네 개의 눈이 겹으로 빛난다.'는 말은 황당무계한 것이 아니라 문자와 시각의 관계를 강조하며 신화의 사유 양식이 만들어 낸 특수한 개념의 구조물이라 할 수 있다.

하늘의 뜻이 반영된 한자의 존엄함과 그 모양의 엄격함과 관련된 것으로 다음과 같은 이야기가 있다.

> 漢武帝(한무제) 때 만석꾼 石奮(석분)의 맏아들인 石建(석건)이 郎中令(낭중령)을 맡고 있었다. 그가 황제에게 올린 상소문에 황제가 批答(비답)을 첨부하여 돌려보냈다. 석건이 상소의 원문을 다시 읽다가 '馬(마)' 자의 한 획이 적게 쓰여진 것을 발견하고는 두려움에 떨며 말하였다.
>
> "아! 잘못 썼구나! '馬' 자의 아랫부분에 점을 네 개 찍고 꼬리를 덧붙여 5획이 되어야 하는데 지금 네 점만 있고 한 점이 빠졌구나. 황상께서 반드시 나에게 책임을 물으실 텐데, 내가 죽을죄를 저질렀구나!"

글자 한 획의 오류에도 이처럼 두려워했던 이유는 한자와 왕권이 결합되어 있었기 때문이다. 劉勰(유협)은 "관리나 백성이 글을 올릴 때 글자가 잘못되면 어김없이 죄를 받기에, 신중한 성격이라도 글을 쓸 때는 더욱 신중하다. 이 때문에 '馬' 자에서 한 획을 빠뜨린 사실을 안 석건이 죽을까 겁냈던 것이다." 라고 하였다.

神權(신권)이 왕권에 지위를 양보한 후부터 한자는 여러 분야에 걸쳐 왕권 사상의 지배를 받았다. 子思(자사)는 공자의 말을 인용하여 "천자가 아니면 예를 논하지 못하고 법도를 제정하지 못하며 글자를 考究(고구)하지 못한다." 라고 하였다.

否定段階(부정 단계): 특수한 지위를 누리던 한자는 장기간에 걸쳐 가혹한 도전을 받았다. 봉건왕조가 몰락하면서 經學(경학)이 쇠퇴하고, 서방 문화가 전래됨에 따라 한자의 신비성과 존엄성은 더 이상 존재할 수 없었다. 특히 淸(청)나라 말기 중국 문화와 외국 문화가 비교되면서 많은 사람들이 한자에 회의를 품기 시작하였다. 한자가 중국 문화의 발전을 촉진시키기도 하였지만 도리어 방해도 했기 때문이다. 이때부터 한자 문화에 대한 인식은 제2단계인 부정의 단계로 접어든다. 이 단계에서 한자는 전통문화의 잔재로 취급받아 모욕을 당하거나 비난을 받기도 하였다.

서구 열강이 청나라의 문호를 개방하기 위해 벌인 阿片戰爭(아편전쟁)은 중국인에게 길게 드리운 辮髮(변발)과 긴 도포를 버리도록 강요했다. 한자도 여성의 纏足(전족)이나 남성의 변발과 마찬가지로 낙후의 상징이 되어 버렸다. 어떤 이는 심지어 한자를 '野蠻文字(야만 문자)'라고 하였다. 周有光(주유광)의 「漢字改革概論(한자개혁개론)」에 따르면, 청나라 말기 20년간 제시된 한자 개혁 방안이 28종이나 된다. 중화인민공화국이 성립된 후, 한자 개혁은 곧바로 운동의 형식으로 추진되기 시작하였고 여론에서는 "따르는 자는 창성하고 거스르는 자는 망할 것이다."라고까지 하였다. 근 100년 동안의 이러한 상황은 維新派(유신파)·民主主義者(민주주의자)·共產黨員(공산당원)에 이르기까지 정치적 견해와 관계없이 한자를 반드시 개혁해야 한다는 의견에 동의했다는 것에서 알 수 있다. 각각 생각했던 이상적 국가 모델이 크게 다르다 하더라도 중국의 부강을 희망했던 사람이라면 거의가 한자 개혁에 동조하였다.

多維反思段階(다유반사 단계): 중국의 改革(개혁)·開放(개방)의 대물결을 따라 모든 문화 영역에서 고무할 만한 새 현상들이 나타났다. 한자 개혁 문제도 多維反思(다유반사)의 제3단계로 진입하였다. 다유반사는 역사적 경험에 의해 얻어진 교훈을 총괄하여 한자의 기능과 가치에 대해서 새로 논증하려는 단계이다. 또 한자가 어떻게 하면 현대화에 적응할 수 있을지에 대한 해결책을 모색하기 위해 理論(이론)과 實踐(실천)의 두 방향에서 어려운 작업을 진행한다.

그 결과 컴퓨터의 발전과 보편화에 따라 한자 정보의 처리와 실천에 중요한 성취를 이루어 한자 연구의 과학화에 괄목할 만한 성과를 이루게 되었다. 인류문화 역사상 컴퓨터의 사용은 製紙術(제지술), 印刷術(인쇄술), 打字機(타자기) 발명 이후 네 번째의 위대한 문화도구 혁명이다. 오랜 역사를 지닌 한자가 끝내 이러한 혁명에 적응하였다는 것은 매우 주목할 만한 일이다. 세

계 양대 문자 체계인 騈音文字(병음 문자)와 한자를 비교해 한자의 특성을 다양한 측면에서 고찰하여 한자가 배우기 힘들고 알기 어렵다는 편견을 깰 수 있었다. 뿐만 아니라 한자와 大腦(대뇌), 그리고 思惟(사유)의 관계를 탐색하여 중국 전통문화, 현대문화와 한자와의 관계에 대해 다방면의 긍정적 변화를 진행시켜 중대한 인식의 전환을 이루었다.

출전: 何九盈(하구영) 등, 『中國漢字文化大觀(중국한자문화대관)』, 북경대학출판사, 1996

3

會社
회사에서

會社(회사)는 商行爲(상행위) 및 기타 營利(영리)를 목적으로 하는 社團法人(사단법인)으로 商法(상법)에 정의되어 있으며, 그것은 合名會社(합명회사), 合資會社(합자회사), 株式會社(주식회사), 有限會社(유한회사) 등 네 가지로 나눌 수 있다. 현대사회에서 주요한 營業(영업)은 대부분 회사의 형태로 經營(경영)되고 있으며, 近代資本主義(근대자본주의) 經濟(경제)의 발전은 주식회사 제도를 떠나서는 생각할 수 없을 정도로 회사의 역할이 크다.

유용한 한자어 I

- 會社 모일 회, 단체 사
- 企業 꾀할 기, 일 업
- 經理 경영할 경, 다스릴 리
- 會計 모을 회, 셀 계
- 貿易 바꿀 무, 바꿀 역
- 黑字 검을 흑, 글자 자
- 赤字 붉을 적, 글자 자
- 營業 경영할 영, 일 업
- 起案 일으킬 기, 안건 안
- 勤務 일 근, 일 무
- 使用者 부릴 사, 쓸 용, 사람 자
- 雇用 품살 고, 쓸 용
- 勞組 일할 로, 짤 조
- 職務 직분 직, 일 무
- 正規職 바를 정, 법 규, 직분 직

유용한 한자어 II

漢字

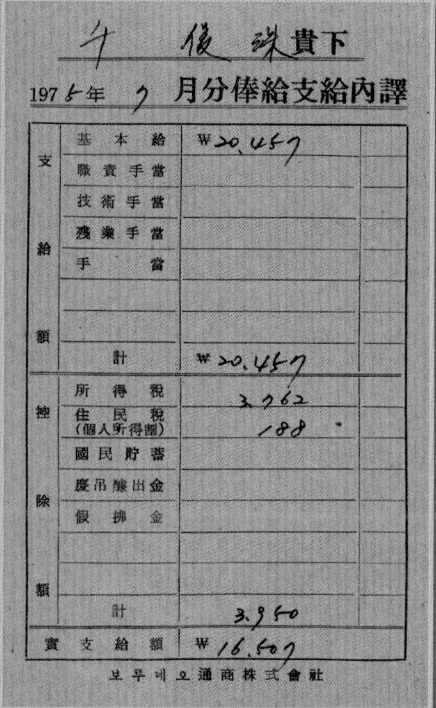

[illegible] 貴下

197 5年 7 月分俸給支給內譯

支給額	基本給	₩20,457
	職責手當	
	技術手當	
	殘業手當	
	手當	
	計	₩20,457
控除額	所得稅	3,762
	住民稅 (個人所得割)	188
	國民貯蓄	
	慶吊醵出金	
	假拂金	
	計	3,950
實支給額		₩16,507

보무네오通商株式會社

任員	맡을 임, 사람 원
職級	직분 직, 등급 급
補職	맡길 보, 직분 직
勤續	일 근, 이을 속
出張	나갈 출, 베풀 장
派遣	보낼 파, 보낼 견
休暇	쉴 휴, 겨를 가
決裁	결단할 결, 결단할 재
給與	줄 급, 줄 여
賞與金	상줄 상, 줄 여, 돈 금
人事異動	사람 인, 일 사, 다를 이, 움직일 동
引受引繼	끌 인, 받을 수, 끌 인, 이을 계

就業(취업) 관련 한자

履歷書(이력서), 自己紹介書(자기소개서)
面接(면접), 公採(공채), 特採(특채), 採用(채용)

職級(직급) 명칭

代理(대리), 課長(과장), 次長(차장), 部長(부장)
理事(이사), 常務(상무), 專務(전무), 社長(사장)
會長(회장)

1 부수의 활용

手
손 수

자형

 金  篆

手는 사람의 신체 가운데 손을 본떠 만든 글자이다. 다섯 손가락과 손바닥, 그리고 손목 부분까지를 나타내었다. 手가 왼쪽에 올 때는 扌의 형태로 쓰이며 '재방 변'이라고 부른다. 이것이 부수로 쓰여서 손, 손의 각 부분의 명칭, 손과 관련이 있는 동작에 관한 글자를 이룬다. 대표적인 글자는 다음과 같다.

- **指** 지 손가락, 가리키다 　**指示** 지시
- **掌** 장 손바닥, 잡다 　**掌握** 장악
- **招** 초 부르다 　**招待** 초대
- **探** 탐 찾다 　**探究** 탐구
- **拳** 권 주먹 　**拳鬪** 권투
- **擊** 격 치다 　**打擊** 타격
- **操** 조 잡다, 부리다 　**操作** 조작
- **掃** 소 쓸다 　**淸掃** 청소

足
발 족

자형

 甲  金  篆

足은 사람의 발을 본뜬 글자인데, 口와 止가 합하여 만들어졌다. 口는 정강이, 止는 발의 모양을 본뜬 것이라고도 하고 口는 사람의 몸통, 止는 발의 모양을 본뜬 것이라고도 한다. 어찌되었건 무릎 아래에서 발바닥까지의 부위를 가리키고 있다. 足이 왼쪽에 올 때는 𧾷의 형태가 된다. 이것을 부수로 하여 발의 각 부위의 이름, 발로 하는 행위와 상태, 사람의 이동에 사용되는 길의 명칭 등을 나타내는 문자를 이룬다. 대표적인 글자는 다음과 같다.

- **踐** 천 밟다 　**實踐** 실천
- **踏** 답 밟다 　**踏査** 답사
- **路** 로 길 　**道路** 도로
- **跡** 적 자취 　**痕跡** 흔적
- **踊** 용 뛰다 　**舞踊** 무용

2 다른 글자 유사한 의미

勤·勞

勤(근)과 勞(로)는 힘을 들여서 어떤 일을 하는 행위, 그리고 그 '일'을 의미한다는 점에서 동의어이다. 하지만 勤(근)은 같은 시간 내에 많은 일을 빨리 해내는 것, 즉 부지런함을 의미하는데, 이는 勞(로)에는 없는 뜻이다. 勤勉(근면)·勤儉(근검) 등의 단어가 그 예이다. 또 勤務(근무)·出勤(출근)·退勤(퇴근)·皆勤(개근)·缺勤(결근) 등에서 勤(근)은 '일'의 뜻으로 쓰이고 있다.

반면, 勞(로)는 '애를 쓰는 행위'라는 뜻에서, 의미가 확장되어 체력을 소모한 후의 피곤한 상태를 나타내기도 하니, 疲勞(피로)·勞苦(노고)·過勞(과로) 등이 그 예이다. 또 功勞(공로)에서의 勞(로)는 일정 기간의 노동으로 얻어 낸 결과를 의미한다.

3 깊이가 있는 어원 이야기

明太(명태)

北魚(북어)는 본래 우리나라 경상북도 寧海(영해) 元山島(원산도)에서 나고 함경북도 明川(명천)에서는 잡히지 않았다. 그런데 明川(명천)의 太(태)씨 성을 가진 사람이 낚시를 하다가 처음으로 북어를 잡은 까닭에 '明太(명태)'라고 이름을 붙였다. 겨울에 잡은 것은 冬太(동태), 봄에 잡은 것은 春太(춘태)라 하고 그 알은 明卵(명란)이라 한다.

4 한문으로 읽는 우리 속담

편복지역
蝙蝠之役 **의미** 박쥐 구실

봉황의 생일잔치에 새들이 모두 모여 축하하였는데, 박쥐만 오지 않자 봉황이 박쥐를 불러 꾸짖었다.

"너는 내 아래에 있으면서 어찌 그리 오만한가?"

박쥐가 말하였다.

"저는 발이 있으니 길짐승의 종류인데, 어떻게 축하를 하겠습니까?"

기린의 생일잔치에 모든 길짐승들이 다 축하하였는데, 또 박쥐만 오지 않았다. 기린이 박쥐를 꾸짖자, 박쥐가 말하였다.

"저는 날개가 있으니 날짐승의 종류인데, 어떻게 축하를 하겠습니까?"

이로부터 '박쥐 구실'은 일을 회피해서 교묘하게 벗어나는 자를 비유하였다.

佛書(불서)에서는 사이비 중을 '鳥鼠僧(조서승)'이라고 하니 박쥐처럼 새와 쥐의 구실을 회피하기 때문이다. 이것은 사람이 양쪽의 일을 회피하는 것을 욕하는 말로 쓰인다.

5 주변에서 만난 한자

첫 번째 사진은 중국요리점의 출입문에 '福(복)' 자를 거꾸로 붙여 놓은 것이다. 중국 사람들은 春節(춘절)이 되면 大門(대문)에 '福' 자를 거꾸로 붙여 놓는 풍습이 있다. 이는 '복이 이르렀다.'라는 의미의 중국어 '福到了'와 '복이 거꾸로 뒤집어졌다.'라는 의미의 '福倒

了'가 발음이 같기 때문이다. 또한 복이 문 앞에 뚝 떨어져서 집안으로 들어오는 것을 연상시키기도 한다.

두 번째 사진은 박쥐가 거꾸로 매달려 있는 모습이다. 박쥐는 한자로 '蝠(복)'인데, 그 음이 '福'과 같아서, 역시 복이 깃들기를 염원하는 마음으로 집안 곳곳을 장식하는 데 쓰이고 있다.

마치 우리나라에서 입춘날, 대문에 '立春大吉(입춘대길)'이라고 써서 복을 기원하는 마음과 유사하니, 옛사람들이 복을 기원하는 마음이 얼마나 간절하였는지를 엿볼 수 있다.

6 잠 깨우기

安州(안주)의 백성 중에 볼기 품을 팔아 먹고사는 자가 있었다. 다른 고을의 한 아전이 兵營(병영)에서 곤장 일곱 대를 맞게 되자 엽전 다섯 꿰미를 걸고 대신 맞아 줄 사람을 찾았는데, 그가 흔쾌히 대신 맞겠다고 나섰다.

곤장 치는 자는 그가 자주 오는 것이 미워서 일부러 곤장을 매우 세게 내려쳤다. 그 백성은 곤장이 갑자기 이처럼 매서워질 줄을 예상하지 못하였다. 일단 참아 보았지만 두 번째 매질은 도저히 견딜 수가 없어 문득 다섯 손가락을 굽혀 보여 주니, 엽전 다섯 꿰미를 뇌물로 주겠다는 의미였다. 곤장 치는 자가 못 본 척하고 더욱 힘껏 곤장을 치자, 그 백성은 곤장을 다 맞기도 전에 죽을 수 있겠다 싶어 다섯 손가락을 모두 펼치니, 뇌물을 두 배로 주겠다는 표시였다. 곤장이 그제야 가벼워졌다. 그는 병영에서 나와 사람들에게 으스대며 말하였다.

"내 오늘에야 돈이 귀한 줄 알았구먼. 돈이 없었다면 나는 틀림없이 죽었을 거야!"

그 백성은 열 꿰미의 돈이 죽음을 모면하게 해 준 것만 알았지 다섯 꿰미의 돈이 재앙을 부른 것에 대해서는 알지 못하였다. 심하도다, 백성의 어리석음이여!

또 이보다 더 어리석은 자도 있었다. 刑曹(형조)에서는 곤장 백 대에 贖錢(속전)이 일곱 꿰미였고, 대신 곤장 맞는 자가 일곱 꿰미를 받았다. 남의 곤장을 대신 맞으며 생활하는 어떤 자가 한여름 날 하루에 백 대씩 두 차례나 볼기품을 팔고는 돈꿰미를 차고 으스대며 집으로 돌아왔다. 그러자 아내가 대신 백 대 맞을 돈을 또 받아 두었다며 반갑게 그를 맞이하였다.

남편은 인상을 쓰며 말하였다.

"난 오늘 너무 지쳤네. 세 번은 안 되겠구려."

아내가 탄식하며 말하였다.

"잠깐 고생하고 며칠 동안 배불리 먹으면 나와 자식이 즐거울 터이고 돈까지 다행히 받았는데, 당신은 어찌 한사코 안 하겠다 하오?"

그러고는 술과 고기를 차려서 남편에게 먹였다. 남편은 술에 취해 제 볼기를 주무르고 웃으면서 말하였다.

"좋다!"

그러고는 형조로 달려가 곤장을 맞다가 그만 죽고 말았다.

동네에서는 모두 그 아내를 미워하여 배척하고 용납하지 않았기에 길에서 빌어먹다가 죽고 말았다.

출전: 成大中(성대중)의 『靑城雜記(청성잡기)』

7 우리나라의 고사성어

袞貞醯(곤정혜)

南袞[남곤, 1471~1527]과 沈貞[심정, 1471~1531]은 기묘사화 때 趙光祖[조광조, 1482~1519]를 비롯해 여러 명의 선비를 모함하여 죽였다. 그래서 당시 어진 사람들의 미움을 받았기에, 감주나 식혜로 만들 만큼 사악한 사람을 저주할 때 '袞貞醯(곤정혜)'라고 칭하였다.

8 중국의 고사성어

守株待兔(수주대토)

의미 그루터기를 지키며 토끼를 기다린다는 뜻으로, 일하지 않고 무언가를 얻으려는 망상과 과거의 경험에만 의존하여 옛것을 고집하며 변화와 융통을 모르는 사람을 비유함.

宋(송)나라에 어떤 농부가 있었다.

그의 밭에 그루터기가 있었는데, 토끼가 달려가다가 그루터기에 부딪혀 목이 부러져서 죽었다. 농부는 쟁기를 내던지고 그루터기를 지키고 앉아 토끼가 또 잡히기를 바랐다.

그러나 토끼를 다시 잡을 수 없었고, 농부는 송나라 사람들의 웃음거리가 되었다.

출전: 『韓非子(한비자)』「五蠹(오두)」

9 한자 문화 이야기

한자와 문화의 모순성

중국 역사상 지금껏 한자 혁명 때문에 정치 혁명·경제 혁명·과학 혁명이 일어난 경우는 없다. 어째서인가? 그 이유는 한자의 발전이 문화의 발전에 비해 부수적이고 종속적인 것에 불과하기 때문이다.

六國(육국)의 文字體(문자체)를 小篆(소전)으로 통일시킬 수 있었던 이유는 진시황이 천하를 합병하여 정치적 기초를 닦아 놓았기 때문이다. 隷書(예서)의 유행도 정치 상황과 관련 있다. 秦漢(진한) 교체기에 문자의 사용 범위가 확대되자 이전의 소전체보다 쓰기에 더욱 편리한 字體(자체)가 필요했다. 이러한 요구를 예서가 충족시키면서 예서는 끊임없이 개량되고 발전하여 완전한 모습을 갖추게 되었다.

사회문화적 요구가 제기되면서부터 한자의 改變(개변)이 일어나기 전까지 문화와 한자의 불일치가 심각하며 양자의 모순성이 적나라하게 드러났다. 문화의 발전은 대단히 풍부하고 다양하기에 생성되는 한자 역시 그러한 속성을 답습한다.

한자와 문화 사이의 모순은 항상 다른 형식으로 나타난다. 예를 들어 음은 있는데 글자가 없는 것[有音無字], 말은 있는데 글자가 없는 것[有詞無字], 하나의 말에 글자가 많은 것[一詞多字], 하나의 글자에 음이 많은 것[一字多音] 등이 그 예이다.

문화는 발전했는데 한자가 아직 시기적으로 그 문화에 상응하지 못한 때가 바로 한자의 계통이 새로운 발전 단계로 나아가는 과도기이다. 과도기에는 假借字(가차자)와 억지로 만들어 낸 글자, 그리고 부호의 借用(차용)이 더욱 많이 나타난다.

과도기의 한자와 문화로 인한 한자와 중국어 간의 불일치는 하나의 말에 글자가 많거나 하나의 글자에 음이 많은 異體字(이체자)와 多讀字(다독자)를 양산하였다.

『漢語大字典(한어대자전)』의 「異體字表(이체자표)」에는 대략 11,900자의 이체자가 수록되었다. 이체가 많은 글자로는 殺(살)이 26개, 靈(령)이 26개, 遷(천)이 23개, 亂(란)이 22개, 齋(재)가 22개, 魅(매)가 21개, 難(난)이 20개, 國(국)이 20개, 災(재)가 19개, 禍(화)가 18개, 龍(룡)이 18개, 聖(성)이 18개이다. 이체자는 민간에서 많이 만들어진다. 중국 역사상의 戰亂(전란)·災害(재해)·人禍(인화), 각종 유랑 생활 등은 그와 유관한 글자가 常用字(상용자)·避諱字(피휘자)·凶字(흉자)로 변화되었다. 그리하여 각양각종의 이체자가 생겨나게 되었다.

현대사회는 과학기술 문화가 날마다 발전하고 또 변화한다. 그리하여 과도기의 출현을 야기하는 요소가 더욱더 많아지고 있다. 급속도로 발전하는 현대사회에서 한자가 그것을 모두 수용하여 충족시키지 못한다면 문화 발전과의 격차는 점점 더 커지게 될 것이다.

4

月曆
월력에서

달력은 1년에 걸친 날짜를 순서대로 표시해 놓은 책으로, 과거에는 月曆(월력)이라고 불렀다. 해를 기준으로 날을 세는 서양과는 달리 동양에서는 달이 한 번 차고 기우는 것으로 날을 세는 기준을 삼았다. 우리가 흔히 한 달, 두 달 할 때의 '달'은 바로 밤하늘에 떠오르는 '달[月]'에서 파생된 말이다. '달력'이라는 것도 달의 변화에 따라 날수를 표시했다고 해서 생겨난 말이다. 달을 기준으로 한 달치씩 엮은 것이 달력이고, 일 년 열두 달을 하나의 책으로 만든 것이 '冊曆(책력)'이다. 현재 사용하고 있는 달력은 해를 기준으로 삼은 것이므로 엄밀하게 따지면 日曆(일력) 또는 陽曆(양력)이라고 불러야 한다.

漢字 유용한 한자어 I

新正	새로울 신, 정월 정
大寒	큰 대, 찰 한
立春	설 립, 봄 춘
雨水	비 우, 물 수
驚蟄	놀랄 경, 숨을 칩
春分	봄 춘, 나눌 분
淸明	맑을 청, 밝을 명
植木日	심을 식, 나무 목, 날 일
寒食	찰 한, 밥 식
穀雨	곡식 곡, 비 우
誕辰日	탄생할 탄, 때 신, 날 일
小滿	작을 소, 찰 만
端午	바를 단, 일곱째 지지 오
芒種	까끄라기 망, 씨 종
顯忠日	나타낼 현, 충성 충, 날 일
夏至	여름 하, 이를 지

1月

1 新正	2 11.27 己亥	3 11.28 庚子
8 12.3 乙巳	9 12.4 丙午	10 12.5 丁未

2月

4 立春	5 舊正	6 1.2 甲戌
11 1.7 己卯	12 1.8 庚辰	13 1.9 辛巳

4月

5 淸明·植木日	6 寒食	7 保健의 날
12 3.8 己卯	13 3.9 庚辰	14 3.10 辛巳

6月

5 環境의 날	6 芒種·顯忠日	7 端午
12 5.10 庚辰	13 5.11 辛巳	14 5.12 壬午

유용한 한자어 II

7月			
	15 6.13 癸丑	16 6.14 甲寅	17 制憲節
	22 中伏	23 大暑	24 6.22 壬戌

8月			
	7 七夕	8 立秋	9 7.9 戊寅
	14 7.14 癸未	15 光復節	16 7.16 乙酉

10月			
	1 國軍의 날	2 老人의 날	3 開天節
	8 寒露	9 한글날	10 姙産婦의 날

12月			
	5 貿易의 날	6 11.10 丁丑	7 大雪
	12 11.16 癸未	13 11.17 甲申	14 11.18 乙酉

한자어	훈음
小暑	작을 소, 더위 서
初伏	처음 초, 엎드릴 복
制憲節	만들 제, 법 헌, 때 절
大暑	큰 대, 더위 서
中伏	가운데 중, 엎드릴 복
立秋	설 립, 가을 추
末伏	끝 말, 엎드릴 복
光復節	빛 광, 회복할 복, 때 절
處暑	처리할 처, 더위 서
白露	흰 백, 이슬 로
秋分	가을 추, 나눌 분
秋夕	가을 추, 저녁 석
開天節	열 개, 하늘 천, 때 절
寒露	찰 한, 이슬 로
霜降	서리 상, 내릴 강
立冬	설 립, 겨울 동
小雪	작을 소, 눈 설
大雪	큰 대, 눈 설
冬至	겨울 동, 이를 지
聖誕節	성인 성, 탄생할 탄, 때 절

1 부수의 활용

日
날 일

자형

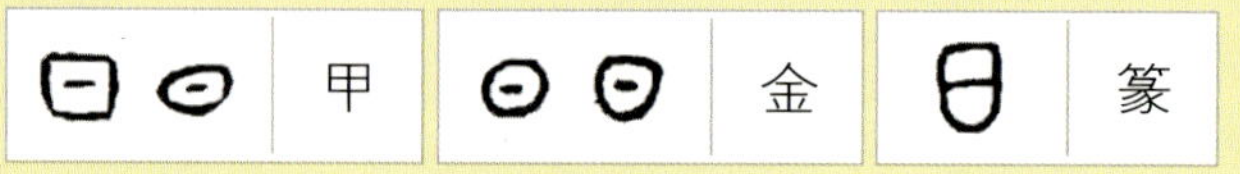

日은 태양의 모양을 본뜬 글자이다. 테두리는 해의 실제 몸체를 본떴고, 중간의 선은 태양 가운데의 검은 부분을 나타낸다. 고대 사람들은 이 검은 부분 때문에 태양 속에 까마귀가 산다고 생각하였는데, 이것이 바로 태양의 흑점이다. '日'이 부수로 쓰여서 태양·명암·시간·날씨 등에 관한 글자를 이룬다. 대표적인 글자는 다음과 같다.

- **早** 조 새벽, 이르다 **早期** 조기
- **旱** 한 가물다 **旱魃** 한발
- **昏** 혼 어둡다 **黃昏** 황혼
- **昇** 승 해가 떠오르다 **昇天** 승천
- **明** 명 밝다 **明暗** 명암
- **時** 시 때 **時間** 시간

月
달 월

자형

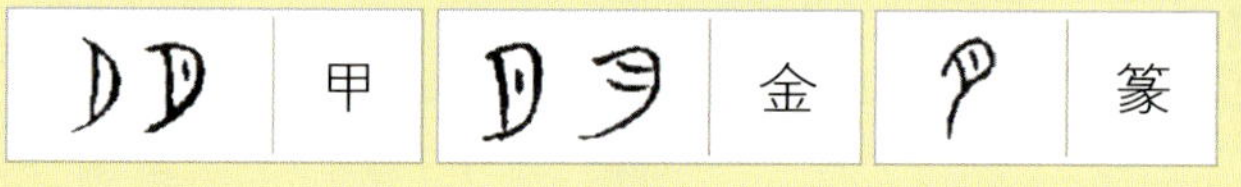

月은 달이 이지러진 모양을 본뜬 글자로, '달'이라는 뜻을 나타낸다. 사람들이 보기에 달은 가득 찼다가 기울어지기를 반복하는데, 차 있을 때보다 기울어져 있는 경우가 더 많기에 이렇게 표현하였다. '肉[육: 고기]'을 변형하여 쓰는 '月[육달월]'과 모양은 같지만 엄연히 구별된다. '달 월'이 부수로 쓰여서 달, 달과 관련된 현상·시간 등과 관련 있는 글자를 만든다. 대표적인 글자는 다음과 같다.

- **朔** 삭 초하루 **朔望** 삭망
- **期** 기 기약하다 **期日** 기일
- **朦** 몽 흐리다 **朦朧** 몽롱
- **朗** 랑 밝다 **明朗** 명랑
- **望** 망 보름 **望月** 망월
- **朞** 기 돐 **朞年** 기년

2 다른 글자 유사한 의미

恭·敬

恭(공)과 敬(경)은 모두 상대방을 공손하게 받들어 모시는 것을 말한다. 하지만 恭(공)은 외면으로 드러나는 謙讓(겸양)과 禮貌(예모)를 의미하고, 敬(경)은 내면에서 우러나는 尊敬(존경)과 敬重(경중)의 마음을 의미한다.『釋名(석명)』에서 "恭(공)은 拱(공)이다."라고 설명하고 있는데, '拱(공)'은 두 손을 맞잡고 서서 상대방에게 공경의 뜻을 나타내는 禮式(예식)이다. '지나친 공손은 오히려 예에서 벗어난다'는 뜻의 성어인 '過恭非禮(과공비례)'에서, '過恭(과공)'은 바로 겉으로 드러나는 공손스러운 예의가 불필요할 정도로 과도함을 뜻한다. 敬(경)에 대한 설명 역시『석명』에서 "敬(경)은 警(경)이다."라고 하였으니, 스스로 엄숙하게 경계하고 조심하는 마음이 敬(경)이라는 말이다. 敬老(경로)·敬聽(경청)·敬慕(경모) 등에서의 敬(경)이 바로 이 뜻이다.

3 깊이가 있는 어원 이야기

을씨년스럽다

옛날에 세상에서 乙巳年(을사년)을 흉하다고 두려워했던 까닭에 생전 낙이 없는 것을 '을씨년스럽다'고 한다. 일본이 대한제국을 강압하여 국권을 강탈한 해인 1905년이 을사년이기에, 여기에서 '을씨년스럽다'는 말이 유래하였다는 것은 臆說(억설)이다. 조선 후기의 문헌인『松南雜識(송남잡지)』에서 이미 '을씨년스럽다'는 말을 찾아볼 수 있기 때문이다.

4 한문으로 읽는 우리 속담

제 갈 량 초 불 입
諸葛亮初不入

의미 제갈량이라면 애초에 들어가지도 않았다.

병조판서 宋鐵(송철)의 아내는 질투가 매우 심하였다. 송철이 조정에 나가려고 안방에 들어갔는데, 아내가 밖에서 문을 잠가 버렸다. 송철이 공무가 급해서 나오려고 했지만 나올 수가 없었다. 시위인 洪暹(홍섬)이 창문의 종이에 구멍을 뚫고 물었다.

"어쩌다 그곳에 들어가셨습니까?"

송철이 말하였다.

"비록 제갈량이라도 어쩔 수 없었을 것이네."

홍섬이 말하였다.

"제갈량이라면 애초에 들어가지도 않았을 것입니다."

지금의 '애초에 들어가지도 않는다[初不入]'는 말이 여기에서 유래하였다.

5 주변에서 만난 한자

맨 위의 사진은 빌딩의 이름이고, 가운데는 회사의 이름, 맨 아래는 회관의 이름이다. 세 개 모두 한글이 병기되어 있지 않다. 가운데는 워낙 익숙한 소주 회사이므로 금방 알 수 있을 것이다. 그러나 나머지 두 개는 읽지 못하는 사람이 다수이리라. 그럼에도 불구하고 건축된 지 오래된 건물의 이름이 한자로 되어 있는 것을 많이 볼 수 있다. 또 會館(회관)의 이름은 대체로 한자로 표기되어 있다는 점도 특징적이다.

6 잠 깨우기

土亭(토정) 李之菡[이지함, 1517~1578]이 바다 굽이를 지날 때였다. 산자락에 큰 마을이 있었는데 수천 가구의 부유한 가옥들이 즐비하였다. 그가 앞으로의 운수를 점쳐 보니, 다음 날 午時[오시: 오전 11시~오후 1시]에 해일이 덮칠 것이라는 점괘가 나왔다. 토정이 매우 안타까워서 마을을 찾아가 識者(식자)들에게 급히 피하라고 알렸지만, 모두들 냉소하며 망령스럽다고 생각하였다. 또, 洞長(동장)을 찾아갔으나 그 역시 마찬가지였다. 그가 고민하고 있을 때 키가 매우 크고 패랭이를 쓴 자가 도장이 찍힌 관아의 명령을 가지고 홀연히 와서 온 마을에 크게 외쳤다.

"내일 새벽에 마을의 남녀노소 모두 각각 삼태기와 삽을 들고 뒷산에 올라가 단을 쌓아라. 사또께서 辰時[진시: 오전 7시~9시]에 친히 납셔서 바다에 제사를 지내실 것이다. 만약 한 명이라도 빠진다면 엄히 다스려 군적에 편입시킬 것이니라."

토정이 그 사람에게 누구냐고 묻자,

"본 읍면의 주인이오."

라고 하였다. 곧, 그 전령문을 빼앗아 읍에 가서 물어보니 본래 주인도 없고 또 전령을 낸 적도 없었다. 이에 탄식하여 말하였다.

"필시 산신령이나, 사람을 살리는 부처로다!"

출전: 趙在三(조재삼)의 『松南雜識(송남잡지)』

7 우리나라의 고사성어

新豊(신풍)

新豊府院君(신풍부원군) 谿谷(계곡) 張維[장유, 1587~1638]는 孝宗(효종)의 장인이다. 그는 살림살이가 검약하여 궐내 음식의 應供(응공)이 몹시 豊厚(풍후)하지 않았기에, 나인들이 비웃으며 '新豊(신풍)'이라 하였다. 그래서 눈에 차지 않는 물건을 '新豊(신풍)'이라고 칭하게 되었다.

8 중국의 고사성어

矛盾(모순)

의미 창과 방패라는 의미로, 두 개의 개념이나 命題(명제) 사이에 의미·내용이 서로 상반되는 관계를 말함.

楚(초)나라 저잣거리에서 창과 방패를 파는 상인이 있었다.
그는 자신의 방패를 들어 올리며 자랑하였다.
"이 방패는 단단하여 그 무엇으로도 뚫을 수 없습니다."
이어서 자신의 창을 치켜들고 떠벌렸다.
"이 창은 예리하여 그 어떤 방패라도 꿰뚫을 수 있답니다."
그러자 어떤 사람이 물었다.

"당신의 창으로 당신의 방패를 찌르면 어떻게 됩니까?"

그 상인은 아무런 대답도 하지 못하였다.

출전: 『韓非子(한비자)』「難世(난세)」

❖ 法家(법가)인 韓非(한비)가 儒家(유가)의 德治主義(덕치주의)를 비판한 우언이다. 矛盾(모순)은 논리학 용어로 채용될 정도로 널리 알려진 고사성어이다. '矛(모)' 자와 '盾(순)' 자가 '矛盾(모순)' 이외에는 활용될 수 없음에도 불구하고 (구)한문교육용 기초한자 1,800자에 들어 있었던 사실 하나만으로도 그 대단한 영향력을 알 수 있다.

9 한자 문화 이야기

紀年(기년)에 대하여

연도를 나타내는 紀年(기년)의 전통적인 표기법은 干支(간지)와 帝號(제호)였다. 서기 1919년을 己未年(기미년)이라고 하는데, 이것은 天干(천간)의 己(기)와 地支(지지)의 未(미)가 조합된 것이다. 동양에는 전통적으로 열두 가지 동물로 十二地支(십이지지)에 짝을 맞춰 紀年(기년)하는 방법이 있다. 이 열두 가지 동물은 子[자: 쥐]·丑[축: 소]·寅[인: 호랑이]·卯[묘: 토끼]·辰[진: 용]·巳[사: 뱀]·午[오: 말]·未[미: 양]·申[신: 원숭이]·酉[유: 닭]·戌[술: 개]·亥[해: 돼지]이다. 이러한 十二支神(십이지신) 紀年法(기년법)은 12년을 한 주기로 삼는다. 사람의 일생이 일반적으로 幼年(유년)·少年(소년)·靑年(청년)·壯年(장년)·中年(중년)·老年(노년)으로 나누어진다고 보았을 때 십이지신으로 해를 세는 것은 상당히 유용한 방법이다. 우리가 사람의 외모로 소년인지 청년 혹은 장년인지 알 수 있으면 다시 그의 띠로 나이를 추산할 수 있기 때문이다.

또 帝號(제호)로 기년을 사용하는 것은 漢武帝(한무제)의 建元(건원) 연간부터 시작하여 청나라 宣統(선통) 3년에 끝났다. 2051년 동안 600여 개의 年號(연호)가 사용되었다.

대부분의 연호는 상서롭고 좋은 뜻의 글자를 모아서 만들어지는데, 이는 몇 가지로 유형화된다.

가장 일반적인 형태는 사실을 기록[記事]한 것이다. 한나라 武帝(무제)의 建元(건원), 元帝(원제)의 初元(초원), 王莽(왕망)의 建初(건초)가 이 유형이다.

둘째, 특이한 사건을 연호로 나타낸 경우이다. 한무제가 외뿔 달린 짐승을 잡고서 元獲(원획)으로, 보물 솥을 얻고 나서 元鼎(원정)으로, 泰山(태산)에서 封禪(봉선)하고 元封(원봉)으로 연호를 고친 경우가 그것이다.

셋째, 기원적 성격의 연호이다. 북송의 政和(정화)는 '정치의 원활함과 사람들의 화합[政通人和]'을 희망한 것이며, 남송의 紹興(소흥)은 '국운이 다시 일어날 것[國運再興]'을 희망한 것이다.

이 외에도 무수한 유형이 있다. 한나라 元帝(원제)의 '竟寧(경녕)'은 單于(선우)가 스스로 한나라의 조카가 되어 변방을 보호할 것을 희망한 일과 관련 있다. 청나라의 '同治(동치)'는 慈安(자안)·慈禧(자희) 두 태후가 함께 수렴청정을 한 것에서 생겨났다.

역사상 가장 많이 쓰인 연호는 '建興(건흥)'으로, 열 명의 제왕이 사용하였다. 또 역사상 연호를 가장 많이 고친 시기는 則天武后(측천무후) 때로, 모두 열일곱 차례나 연호가 바뀌었다. 무후의 몸이 불편하자 '泰豫(태예)'로 改元[개원: 연호를 바꾸는 일]하여 千歲萬歲(천세만세)하기를 기원하였고, 병이 호전되자 '久視(구시)'로 개원하였다. 그러나 후대로 올수록 대체로 한 명의 제왕이 하나의 연호를 제정하여 사용하였다. 그래서 연호로 황제의 호칭을 대신하곤 하는데, 康熙(강희)는 청나라 乾隆皇帝(건륭황제)를 가리킨다.

현대의 西紀(서기) 紀年(기년)은 세계 대다수의 나라에서 통용하는 曆法(역법)이다. 기독교에서는 서기를 紀元(기원)이라고 하는데, 예수가 탄생한 해를 기원 元年(원년)으로 삼는다. 그래서 기원 원년의 앞 시대를 紀元前(기원전)이라 하고, 이후를 紀元後(기원후)라고 한다.

5

氣象廳
기상청에서

우리나라 기상청은 1949년 설치된 국립중앙관상대로 出帆(출범)하여 1990년 氣象廳(기상청)으로 승격되었고, 2008년 정부 개편에 따라 環境部(환경부) 傘下(산하)의 중앙행정기관으로 발돋움했다. 기상청은 지상 기상관측을 비롯하여 고층·해양·레이더·항공·지진 등 분류별 氣象觀測(기상관측)을 수행하고, 日氣豫報(일기예보)와 注意報(주의보)·警報(경보) 등의 氣象特報(기상특보)를 발령하며, 이상기후 및 地震(지진)·地震海溢(지진해일)·火山(화산) 활동 발생 시 신속한 정보를 제공하고 있다.

漢字 유용한 한자어 I

氣象廳 기운 기, 모양 상, 관청 청

觀測 볼 관, 헤아릴 측

日氣 날 일, 기운 기

豫報 미리 예, 알릴 보

警報 경계할 경, 알릴 보

注意報 쏟을 주, 생각 의, 알릴 보

暴炎 사나울 폭, 더울 염

熱帶夜 더울 열, 띠 대, 밤 야

寒波 찰 한, 흐름 파

結氷 맺을 결, 얼음 빙

地震 땅 지, 진동할 진

黃沙 누를 황, 모래 사

降水量 내릴 강, 물 수, 수량 량

天災地變 하늘 천, 재앙 재, 땅 지, 재앙 변

水標橋(수표교)

조선 전기에 지어진 다리로, 원래는 청계천 2가에 있었으나 복개 공사로 인해 현재 장충단공원 입구로 옮겨 놓았다. 영조 36년[1760]에 수리되었으며, 다리 앞쪽 하천 바닥에 10척까지 눈금을 새긴 돌기둥을 세워, 불어나는 물의 양을 측정하게 하여, 水位(수위) 조절의 역할을 겸하였다. 눈금이 그어진 水標石(수표석)은 홍릉의 세종대왕기념관에 보존되어 있다.

유용한 한자어 II

溫度	따뜻할 온, 정도 도
濕度	축축할 습, 정도 도
氣溫	기운 기, 따뜻할 온
氣壓	기운 기, 누를 압
風向	바람 풍, 향할 향
風速	바람 풍, 빠를 속
快晴	상쾌할 쾌, 갤 청
豪雨	성할 호, 비 우
洪水	큰물 홍, 물 수
水害	물 수, 피해 해
風浪	바람 풍, 물결 랑
溫暖化	따뜻할 온, 따뜻할 난, 될 화
不快指數	아닐 불, 쾌할 쾌, 가리킬 지, 숫자 수

다양한 氣象現像(기상현상)

月蝕(월식), 皆旣日蝕(개기일식), 雨雹(우박), 颱風(태풍)

1 부수의 활용

冫
이수 변

자형

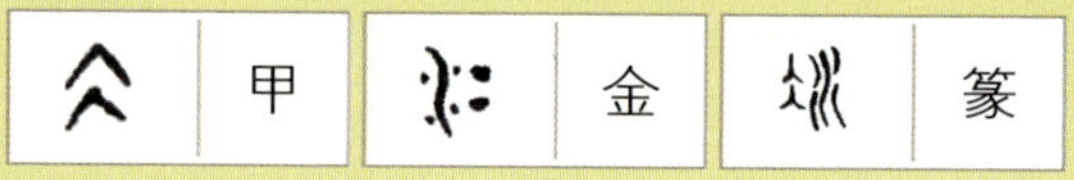

冫은 세칭 '이수 변'이라고 하지만 원래의 이름은 '얼음 빙'이다. 물이 엉겨서 얼 때의 무늬결 모양을 본뜬 글자이다. 얼음은 물이 언 것이므로 보다 구체적으로 표현해서 水를 붙여서 冰이나 氷으로 쓰고, 冫은 부수 글자로만 쓴다. 氵을 세칭 '삼수 변'이라고 하는 데 대하여, 冫이 2획이기 때문에 '二水(이수)'라고 부른다. 이것이 부수로 쓰여서 얼음·얼다·춥다·차다 등의 뜻과 관련 있는 글자를 이룬다. 대표적인 글자는 다음과 같다.

- **冬** 동 겨울 **冬眠** 동면
- **凍** 동 얼다 **凍傷** 동상
- **凝** 응 엉기다 **凝固** 응고
- **冷** 랭 차다 **冷藏** 냉장
- **凄** 처 싸늘하다 **凄涼** 처량

水
물 수

자형

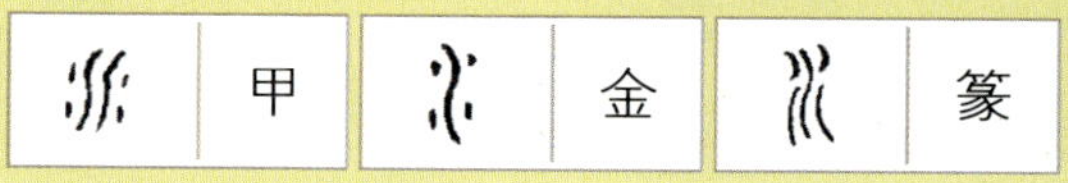

水는 흐르는 물의 모양을 본뜬 글자이다. 가운데는 수심이 깊은 곳에 물결이 잔잔하게 흘러가는 모양이고, 양쪽은 얕은 곳에 파도가 쳐서 때로 끊기고 때로 이어지는 모양이다. 따라서 가운데는 이어지고 양쪽 가는 끊어졌다. 水가 왼쪽에 놓이면 氵의 형태로 쓰이고, '삼수 변'이라고 부른다. 이것이 부수로 쓰여서 물, 강의 이름, 물의 상태나 성질, 물을 수반하는 동작 등에 관한 글자를 이룬다. 대표적인 글자는 다음과 같다.

- **永** 영 길다 **永遠** 영원
- **汁** 즙 진액 **果汁** 과즙
- **汲** 급 물을 긷다 **汲水** 급수
- **氾** 범 넘치다 **氾濫** 범람
- **汚** 오 고인 물, 더럽다 **汚染** 오염

2 다른 글자 유사한 의미

寒·冷·涼

寒(한)·冷(랭)·涼(량)은 모두 온도가 낮은 것을 의미하는데, 그 차가운 정도에 차이가 있다. 寒이 정도가 가장 심하며 冷이 그다음이고 涼은 정도가 가장 약하다. 寒은 물이 얼 정도로 차갑고 오싹한 것을 말한다. 24절기 중 가장 추운 때가 바로 小寒(소한)과 大寒(대한) 즈음이다. 寒波(한파)·酷寒(혹한)·極寒(극한)은 극심한 추위를 의미한다. 으스스하게 추운 기운을 寒氣(한기)라고 하며 어떤 상황이 딱하거나 기가 막힐 때 '寒心(한심)하다'고 한다. '冷帶氣候(냉대기후)'는 溫帶(온대)와 寒帶(한대) 사이에 발달한 기후로, 寒(한)과 冷(랭)의 차이점을 분명하게 볼 수 있다. 涼(량)은 서늘하고 시원한 정도를 의미한다. 溫涼(온량)은 따뜻하고 서늘함을 뜻하며 淸涼(청량)은 맑고 서늘하여 상쾌한 상태를 뜻한다.

3 깊이가 있는 어원 이야기

星火(성화)

晉(진)나라의 李密(이밀)은 조모의 손에서 자랐는데, 조모가 90세가 넘었을 때, 조정에서 그를 불러들였다. 이에 조모를 모시기 위하여 벼슬을 사양한다는 취지로 올린 글이 「陳情表(진정표)」이다. 그는 이 글에서 "신에게 길에 오를 것을 재촉하여 州司(주사)들이 문 앞에 이르니 星火(성화)보다 급합니다.[催臣上

道, 州司臨門, 急於星火.]"라고 하였다. 지금 '星火督促(성화독촉)'이라는 말은 여기에서 유래하였다.

명나라 李贄(이지)의 『山中一夕話(산중일석화)』에 나오는 다음 이야기에서 星火(성화)의 예를 볼 수 있다.

> 평소 아내를 두려워하던 扈戴(호대)가 밖에 나갈 때면 아내에게 허락을 받았다. 그러면 아내는 땅에 물방울을 떨어뜨리고 그것을 손가락으로 가리키며 말하였다.
>
> "이 물이 마르기 전에 돌아오세요. 그리고 만약 멀리 간다면 그곳에서 향을 태워 어디에 있는지 증명하세요."

4 한문으로 읽는 우리 속담

걸 인 연 천
乞人憐天 의미 거지가 하늘을 불쌍히 여긴다.

근심하지 않아도 될 처지에 지나치게 근심함을 뜻하는 말로, "鐘路(종로)의 거지가 都承旨(도승지)를 불쌍타 한다."는 말과 뜻이 같다.

5 주변에서 만난 한자

어떤 음식점의 대문에 붙어 있는 이 글자는 '新裝開業(신장개업)'이다. 신장개업은 새로 단장해서 영업을 시작한다는 뜻이다. 지금도 '신장개업'이라고 써 붙여 놓은 것을 심심찮게 볼 수 있다.

또 예전에는 가게에 '外商謝絶(외상사절)'이라고 써 붙인 것도 종종 볼 수 있었다. 이와 관련하여 오래전에 읽어서 지금은 제목도 작가의 이름도 잊어버린 어느 콩트가 생각난다.

무식하지만 자식 사랑이 끔찍한 아버지가 가훈을 써서 가져오라는 아들의 숙제 걱정에 밤잠을 설친다. 아버지가 무식한 줄 알지만 그런 아버지를 존경하는 아들도 걱정되기는 마찬가지였다. 그런데 까막눈인 아버지가 아침에 가훈이라며, 아들에게 붓글씨로 네 자를 정갈하게 쓴 화선지를 내어 주었다. 아들은 너무도 감격하여 이것을 학교에 가서 선생님에게 제출하였다. 그런데 이 숙제를 받아 든 선생님은 아연실색했다. 그 내용이 '外商謝絶(외상사절)'이었기 때문이다. 아버지는 가게 문에 붙어 있던 '外商謝絶'이 좋은 말인 줄 알고 몰래 떼 온 것이었다.

6 잠 깨우기

하인이 주인을 따라 봄날 언 강을 건너다가 주인이 물에 빠졌다. 하인이 주인의 상투를 붙잡아 반쯤 끌어 올리다 말고는 그와 약조를 하였다.

"나리께서는 또 눈이 오는데도 친구를 찾아가시겠습니까?"

"안 그러겠네!"

"쇤네의 마누라를 또 집적대겠습니까?"

"아닐세, 아니야!"

그제야 주인을 끌어내 주었다.

눈이 내리는데 친구를 찾아가는 것은 흥취 있는 일이지만, 하인에게는 고달프기가 자기 아내를 희롱하는 것보다 심하니, 추위를 견딜 수 없기 때문이다.

출전: 成大中(성대중)의 『靑城雜記(청성잡기)』

7 우리나라의 고사성어

魚池間(어지간)

忠州(충주)의 池重翼(지중익)이란 사람에게는 물고기 비늘이 있었기 때문에 魚氏(어씨) 성을 하사받았으니 충주 어씨와 충주 지씨는 본래 뿌리가 같다. 그래서 서로 멀지 않은 물건을 일러 '魚池間(어지간)'이라고 한다.

8 중국의 고사성어

杞憂(기우)

의미 杞(기)나라 사람의 근심이라는 의미로, 쓸데없는 걱정을 이르는 말.

杞(기)나라에 하늘이 무너져 의지할 곳이 없어질까 근심하며 자지도 못하고 먹지도 못하는 사람이 있었다. 또 이 사람의 근심을 함께 걱정하는 사람이 있어서 그를 일깨워 주었다.

"하늘은 氣(기)가 쌓인 것이어서 어느 곳도 形(형)이 없는 곳이 없는데 왜 무너질까 근심하는가?"

그 사람이 말하였다.

"자네 말대로 하늘이 기가 쌓인 것이라면 해와 달 그리고 별들은 떨어지지 않겠지?"

그러자 그가 말했다.

"해와 달 그리고 별들은 쌓인 기 중에서도 빛나는 것이기에 떨어지더라도 다치게 할 수는 없으니 걱정 말게."

출전: 『列子(열자)』「天瑞(천서)」

9 한자 문화 이야기

오곡이 풍성해지는 해 – 年(년) 자에 대해서

고대의 年(년) 자는 위는 곡식을 뜻하는 禾(화), 아래는 人(인) 자가 변형된 千(천) 자의 형태였다. 그래서 秊(년)은 禾와 千이 겹쳐서 사람이 볏단을 이고 있는 모양으로, 일 년에 한 번 이루어지는 풍성한 수확을 나타내며 본래의 의미는 '곡식이 익다'였다. 곡식이 대체로 일 년에 한 번 익기에 年(년)은 '一年(일 년)', '過年[과년: 한 해를 보냄]' 등과 같이 시간에 관한 의미를 나타내게 되었다.

『爾雅(이아)』「釋天(석천)」에서 "夏(하)나라에서는 歲(세)라 하였고 殷(은)나라에서는 祀(사)라 하였으며 周(주)나라에서는 年(년)이라 하였고 요순 시대에는 載(재)라 하였다."라고 하였다. 이것은 歲(세)·祀(사)·年(년)·載(재)의 의미가 모두 같음을 증명한다.

夏(하)나라는 어째서 歲(세)라고 했을까? 『爾雅今注(이아금주)』에서 "歲(세)는 본래 돌낫 같은 수확의 도구로 곡식을 수확한다는 뜻이다."라고 하였다. 고대에 곡식은 매년 한 번 익으며 한 해에 수확도 한 차례 했기 때문에 이러한 의미가 파생되어 시간 개념으로서 '年(년)'을 나타내게 되었던 듯하다.

殷(은)나라는 왜 祀(사)라고 했을까? 귀신을 섬기던 은나라 사람들은 계절마다 지내는 제사를 마무리하는 때를 한 해로 인식하였다. 孔穎達(공영달)은 사철의 제사가 끝나는 것에서 祀(사)의 뜻을 취하였다고 밝혔다.

堯舜(요순) 시대에는 왜 載(재)라고 했던가? 『說文解字注(설문해자주)』에서 載(재)는 纔(재)의 假借(가차)라 하고, 纔(재)는 '초목이 갓 자란다'는 뜻이며, 이것 역시 사계절의 始終(시종)을 일컫은 것이라고 하였다. 이는 공영달이 載(재)를 만물의 시종과 관련지어 풀이한 것과 비슷한 견해이다.

6

銀行 은행에서

근대적 형태의 銀行(은행)은 1878년에 일본 제일은행 부산 지점이 개설되면서 도입되었다. 1909년에 중앙은행으로서 舊(구) 한국은행이 設立(설립)되었지만 國權(국권)을 빼앗긴 후에 業務(업무)를 조선은행에 이관하고, 8·15 광복과 더불어 한국은행으로 復歸(복귀)하였다. 이제는 은행의 많은 업무가 온라인을 통해 이루어지고 있다.

유용한 한자어 I

銀行	돈 은, 가게 행
預金	맡길 예, 돈 금
貸出	빌릴 대, 날 출
擔保	맡을 담, 보증 설 보
償還	갚을 상, 갚을 환
利子	이자 리, 이자 자
計座	계산 계, 자리 좌
納付	들일 납, 줄 부
換錢	바꿀 환, 돈 전
對替	대할 대, 바꿀 체
銅錢	구리 동, 돈 전
紙幣	종이 지, 돈 폐
金融	돈 금, 통할 융

計座(계좌)
장부상에 금액의 증감을 계산하여 기입하는 자리로, 計定計座(계정계좌), 혹은 預金計座(예금계좌)의 줄임말로 쓰인다.

經濟(경제)
經國濟世(경국제세)의 줄임말로, 나라를 경영하고 세상을 구제한다는 의미이다.

유용한 한자어 II

계약서에 쓰이는 숫자–갖은자

일	一	壹
이	二	貳
삼	三	参
사	四	肆
오	五	伍
육	六	陸
칠	七	漆
팔	八	捌
구	九	玖
십	十	拾, 什
백	百	佰
천	千	仟, 阡
만	萬	萬, 万
억	億	億
조	兆	兆

收支(수지)

收支(수지)는 원래 收入(수입)과 支出(지출)을 합하여 이르는 말인데, 의미가 확장되어 각종 거래 관계에서 얻는 이익을 뜻하게 되었다. '수지 맞는 장사', '수지를 맞추다' 등으로 활용된다.

送金 보낸 송, 돈 금

手票 손 수, 쪽지 표

信用 믿을 신, 쓸 용

信託 믿을 신, 맡길 탁

與信 줄 여, 믿을 신

移替 옮길 이, 바꿀 체

殘額 남을 잔, 액수 액

貯蓄 쌓을 저, 모을 축

積金 쌓을 적, 돈 금

窓口 창 창, 구멍 구

通帳 통할 통, 장부 장

額面價 이마 액, 얼굴 면, 가격 가

1 부수의 활용

貝 조개 패

자형

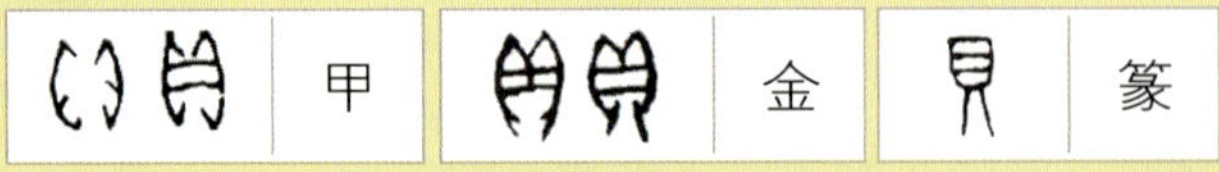

貝는 등 부분이 높이 일어나고 배 아래는 나뉘어서 갈라진 조개의 모양을 본떴다. 고대에 조개는 목걸이나 주술적인 장식물, 부장품으로 사용되었으며, 殷(은)나라와 周(주)나라 초기에는 열대 지방의 해안에서 나는 희귀한 조개가 주요 교환 수단의 하나였다. 따라서 貝를 부수로 하는 글자는 금전·재화 및 그것과 관련된 행위나 상태와 관련이 있다. 대표적인 글자는 다음과 같다.

- **財** 재 재물 — **財産** 재산
- **貧** 빈 가난하다 — **貧賤** 빈천
- **賂** 뢰 뇌물 — **賂物** 뇌물
- **資** 자 재물 — **資金** 자금
- **貪** 탐 탐하다 — **貪慾** 탐욕
- **購** 구 사다 — **購入** 구입

金 쇠 금

자형

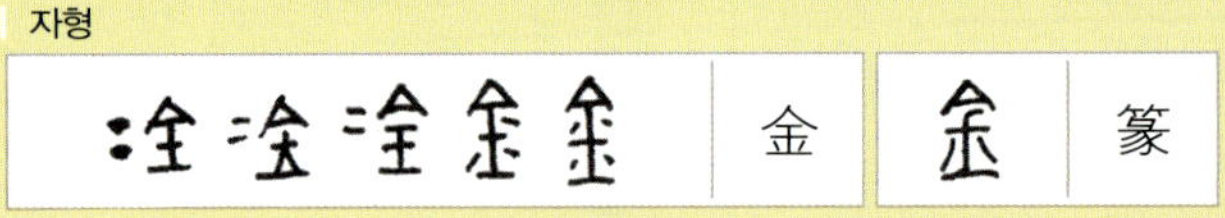

金은 금속이 흙 속에 묻혀 있는 것을 뜻한다고도 하고 도끼나 창 등의 청동기를 주조하던 거푸집과 주물 조각을 본뜬 글자라고도 한다. 金을 부수로 하여 여러 가지 종류의 금속, 금속으로 만든 용구, 그것의 상태, 그것을 만드는 일 등에 관한 문자를 이룬다. 대표적인 글자는 다음과 같다.

- **銅** 동 구리 — **靑銅** 청동
- **銀** 은 은 — **銀貨** 은화
- **鑄** 주 쇠 부어 만들다 — **鑄造** 주조
- **鉛** 연 납 — **亞鉛** 아연
- **鐵** 철 쇠 — **鋼鐵** 강철
- **銳** 예 쇠가 날카롭다 — **銳利** 예리

2 다른 글자 유사한 의미

財·貨

財(재)와 貨(화)는 모두 돈이나 그 밖의 값나가는 물건을 가리키는 말이다. 財(재)는 원래 사람이 일상생활을 영위하면서 필요한 식량이나 옷가지 등을 의미하다가 玉帛(옥백)·金錢(금전)으로까지 의미가 확대되었다. 그리고 貨(화)는 원래 아주 오랜 옛날에 상인들이 사고팔던 물건을 의미하는 말이었는데, 당시는 자급자족의 원시경제 시대로서, 그때 매매되던 물건은 일상 생활용품이 아닌 금이나 옥, 보석이나 비단 같은 사치스런 물품이었다. 여기에서 貨(화)는 재물·재화의 의미를 가지게 되었다. 하지만 이 두 글자의 끝에 物(물)자를 붙여 보면 그 차이점이 확연히 드러난다. 財物(재물)과 貨物(화물)이라는 어휘를 통해 볼 때, 財(재)에는 금전적인 의미가 강하며, 貨(화)에는 상품과 물품의 의미가 강하다는 것을 알 수 있다.

3 깊이가 있는 어원 이야기

不可殺[불가살: 불가사리]

'불가사리'는 아무리 해도 죽거나 없어지지 않는 사람이나 사물을 비유적으로 이르는 말이다.

고려 말에 쇠를 모조리 먹어 치우는 괴물이 있었는데, 죽이려 해도 할 수 없었기 때문에 '불가사리'라고 불렀다. 이놈을 불에 던지니 온몸이 불덩이가 되어 인가로 날아가 집을 모두 태워 버렸다고 한다.

4 한문으로 읽는 우리 속담

종루비협, 사평반목 鐘樓批頰, 沙坪反目.	의미 종로에서 뺨 맞고 사평에서 눈 흘긴다.

욕을 당한 자리에서는 아무 말도 못하고 뒤에 가서 불평하는 것을 비유적으로 이르는 말이다. 또 노여움을 애매한 다른 데로 옮기는 것을 비유적으로 이르는 말로도 쓰인다.

『論語(논어)』의 '遷怒(천노)'와 같은 의미이다. 또, 『戰國策(전국책)』의 "집에서 화났는데 시장에서까지 드러낸다.[怒於室者, 色於市.]"라는 말도 같은 의미이다.

5 주변에서 만난 한자

종로 지역은 조선 초기의 한양 천도와 함께 동서남북 4대문의 통로를 연결하는 十字街(십자가)가 되었으며, 여기에 국가 공인의 유일한 시전인 六矣廛(육의전) 등의 市廛商街(시전상가)가 형성되면서 조선 시대의 대표적인 상가로 발전하였다. 한편 종로 네거리에 도성의 각 문을 여닫는 시각을 알리는 鐘樓(종루)가 세워진 후에는 이 거리를 '종루십자가'라 하였다. 종로라는 이름이 여기에서 연유하였으며, 또한 도성문이 열리고 닫힐 때마다 사람들이 구름처럼 모였다가 흩어진다 하여 '雲從街(운종가)'라고도 하였다.

본래 '普信閣(보신각)의 종'이라고 말할 때는 鐘 자를 쓴다. 한편 鍾의 원래 의미는 '술잔'이다. 따라서 사진에서 보는 바와 같이 '鐘閣(종각)' 혹은 '梵鐘(범종)'과 같이 표기하는 것이 정확하다. 그러나 두 번째 사진과 같이 '鐘路'는 일반적으로 '鍾路'와 혼용된다.

6 잠 깨우기

도둑에게도 太平(태평)한 기상이 있다.

어떤 도둑이 부잣집에 들어가니, 돈과 재물이 집에 그득하고 항아리의 술이 한창 익어 향기가 코를 찔렀다. 도둑은 술꾼이었기에 항상 술을 실컷 마시고 싶었지만 가난해서 그럴 수 없던 차에, 술을 보고는 크게 기뻐 항아리째 들고 마셨다. 그러다 취하자 술항아리를 짊어지고 돌아가야겠다고 생각하

고는 여러 번 들어 보았으나 꿈쩍도 하지 않았다. 도둑은 마침내 밖으로 나와 소리쳤다.

"누가 술항아리를 지고 우리 집까지 가겠느냐? 품삯 20전이 예 있다!"

부잣집 사람들이 깜짝 놀라 일어나 '도둑이야!' 하고 소리치자, 취한 자는 그제야 자기가 도둑인 줄 알고 마루 아래로 기어 들어가 숨었다. 하인들이 작대기를 가지고 그를 쳐서 나오게 하니 도둑은 돌아보고 웃으며 말하였다.

"너희들은 작대기를 함부로 놀리지 마라. 내 눈 다칠까 두렵다."

부잣집 주인은 웃고서 도둑을 놓아주었다.

詩(시)와 禮(예)를 빙자해서 남의 무덤을 파헤치는 허위 지식인과 비교하면 天眞爛漫(천진난만)하다 하겠다.

출전: 成大中(성대중)의 『靑城雜記(청성잡기)』

7 우리나라의 고사성어

竹所虛文(죽소허문)

竹所(죽소) 金光煜[김광욱, 1580~1656]은 문장이 화려하고 넉넉했음에도 불구하고 나라의 문학을 관장하는 大提學(대제학)이 되지 못하였다. 그래서 '문장 짓는 헛공부'를 일러 '竹所虛文(죽소허문)'이라고 한다.

8 중국의 고사성어

奇貨可居(기화가거)

의미 희귀한 물건이나 사람은 미래를 위하여 사서 잘 재어 두는 것이 좋다는 말로, 좋은 기회를 기다려 큰 이익을 얻음, 또는 훗날 이용할 수 있는 사람을 돌봐 주며 기회가 오기를 기다림을 비유함.

전국 시대 韓(한)나라의 거상 呂不韋(여불위)는 타고난 장사 수완으로 많은 재산을 모았다.

당시 秦(진)나라 昭王(소왕)의 태자로 책봉된 安國君(안국군)에게는 20여 명의 아들이 있었다. 그런데 안국군이 가장 사랑하는 華陽夫人(화양부인)에게는 아들이 없었고 안국군의 사랑을 받지 못하는 후궁 夏姬(하희)에게는 子楚(자초)라는 아들이 있었다. 자초는 趙(조)나라의 수도 邯鄲(한단)에 인질로 잡혀 있었는데, 진나라가 여러 차례 조나라를 공격한 전력으로 예우도 받지 못하고 곤궁하게 살았다.

마침 한단에 장사하러 와 있던 여불위가 자초를 알아보고 말하였다.

"이 공자는 장차 기이한 보물이 될 수 있을 터이니 사 둘 만하다."

이때부터 여불위는 물심양면으로 그를 도우며, 뒷날 자신을 잊지 않겠다는 다짐을 받았다. 그러고는 자식이 없던 화양부인에게 미래를 위해 그를 양자로 삼게 하였다. 훗날 여불위는 莊襄王(장양왕)이 된 자초에 의해 진나라의 재상이 되어 많은 권세와 부를 누렸다.

출전: 『史記(사기)』「呂不韋列傳(여불위열전)」

9 한자 문화 이야기

한자로 본 姓(성)의 기원

姓(성)은 가족을 표시하는 칭호의 일종으로, 출생과 관련 있다. 고대사회는 母系氏族制(모계씨족제) 사회였다. 당시의 혼인은 族外群婚制(족외군혼제), 즉 甲(갑) 씨족의 남자들이 乙(을) 씨족으로 장가를 가서 동년배 여성들의 남편이 되는 것이었다. 그래서 여자 한 명에게는 한 명의 특정한 남편이 있는 동시에 다수의 부속된 남편이 있었다. 또 한 명의 남자에게는 한 명의 특정한 아내가 있는 동시에 다수의 부속된 아내가 있었다. 이 때문에 『白虎通(백호통)』에서, "옛날에는 三綱(삼강)과 六紀(육기)가 없어서 사람들이 어머니만 알 뿐 아버지는 몰랐다."라고 하였다.

또 許愼(허신)의 『說文解字(설문해자)』에 따르면, 姓(성)은 女(녀)와 生(생)으로 구성된 會意字(회의자)로, 여성이 출산한 아이를 가리킨다. 모계 중심의 태고 시대에 聖王(성왕)은 모친이 天神(천신)과의 특수한 교감으로 배태하여 낳은 경우가 많았기에 天子(천자)라고 불렀으며, 모친의 출생 지역이나 부족 명칭에 근거하여 姓(성)을 결정하였다. 이 때문에 姓(성)은 모계사회의 산물이라 할 수 있다. 그것은 『설문해자』 「女部(여부)」에 기록된 옛날의 姓(성)으로 사용된 글자들에서 분명히 알 수 있다.

- 姜(강) : 神農(신농)은 姜水(강수)에서 살았기에 그것으로 姓(성)을 삼았다. 段玉裁(단옥재)는 "신농의 어머니가 姜水(강수)에 살았기 때문에, 성으로 삼았다."라고 하였다.
- 姬(희) : 黃帝(황제)는 姬水(희수)에 살았기에 그것으로 성을 삼았다. 단옥재는 "황제의 어머니가 姬水(희수)에 살았기 때문에, 성으로 삼았다."라고 하였다.
- 姚(요) : 舜(순)은 姚墟(요허)에 살았기에 그것으로 성을 삼았다. 단옥재는 "순의 어머니가 姚墟(요허)에 살았기 때문에, 성으로 삼았다."라고 하였다.

이 외에 고대의 성으로 사용된 嬴(영)·姞(길)·妘(운) 등이 모두 '女(녀)' 자를 부수로 취하였다는 사실이 姓(성)의 모계씨족사회 기원을 증명해 준다.

姓(성)이 모계씨족사회의 산물이라고 말할 수는 있지만, 지금까지의 모든 성이 모계씨족사회로부터 유래된 것이라고는 할 수 없다. 사회가 발전함에 따라 姓(성)도 발전했다. 부계씨족사회가 모계씨족사회의 자리를 빼앗은 이후, 자손이 날로 번창하고 하나의 氏族(씨족)이 몇 개로 나누어졌다. 왕왕 한 명의 자식들이 몇 개의 성을 가지며 분화되기도 하였다. 『國語(국어)』「晉語(진어)」에 다음과 같은 기록이 있다.

> 黃帝(황제)의 자식이 25명이었는데, 그중에 姓(성)이 같은 사람은 2명뿐이었다. 青陽(청양)과 夷鼓(이고)만이 아버지의 성을 따랐다. …… 같은 태생이면서도 성이 다른 4명은 4명의 어머니에게서 태어난 아들들이었는데, 그것이 다시 12개의 성으로 나누어졌다. 그 뒤 황제의 자식은 25개의 종족으로 갈라졌고, 그중에 성을 획득한 자가 14명이었다. 그 姓(성)은 다음에 열거한 12개이다.
>
> 姬(희)·酉(유)·祁(기)·己(기)·滕(등)·箴(잠)·任(임)·荀(순)·僖(희)·姞(길)·儇(현)·依(의).

이 12개의 성 가운데 黃帝(황제)의 원래 성인 姬(희)를 제외하면, 나머지는 모두 새로 추가된 것이다. 그러나 문자 구조로 살펴보면 그중 姞(길)만이 고대의 성처럼 女(녀)를 부수로 한다. 이것은 단언하기는 어렵지만 모계씨족과 부계씨족의 교체기를 나타내는 일종의 흔적으로 이해된다.

부계사회에서 천자는 공훈에 대한 포상의 일종으로 신하들에게 姓(성)을 하사하였다. 이 때문에 성을 하사받은 신하들은 宗家(종가)의 영광을 이룰 수 있었다.

이처럼 문자의 형태에 반영되는 각종 사회 현상, 예를 들어, 姓(성)의 기원과 같은 것은 한자만이 보여 주는 특성이다.

7

法院
법원에서

우리나라는 조선 초기에 『經國大典(경국대전)』이라는 法典(법전)을 편찬하는 등 法治國家(법치국가)를 표방한 전통이 있다. 1948년 7월 17일에는 大韓民國憲法(대한민국헌법)이 公布(공포)됨으로써 司法權(사법권)의 독립이 헌법상 보장되었고, 1949년 법원조직법이 공포되어 근대적인 사법 제도를 갖추게 되었다. 大法院(대법원)은 서울특별시에 두며, 大法院長(대법원장)과 大法官(대법관) 외에 법률이 정하는 바에 따라 법관을 둘 수 있다.

유용한 한자어 I

法院	법 법, 관청 원
公判	공변될 공, 판가름할 판
支院	가지 지, 관청 원
法庭	법 법, 뜰 정
憲法	법 헌, 법 법
司法	맡을 사, 법 법
訴狀	송사할 소, 문서 장
勝訴	이길 승, 송사할 소
審理	살필 심, 다스릴 리
原告	근원 원, 고발할 고
被告	입을 피, 고발할 고
裁判	마름질할 재, 판가름할 판
判事	판가름할 판, 일 사
辯護士	말 잘할 변, 보호할 호, 선비 사
被疑者	입을 피, 의심할 의, 사람 자

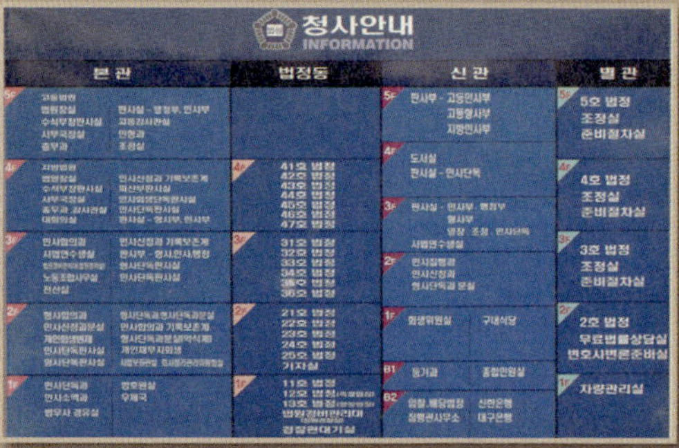

『經國大典(경국대전)』

조선 시대 통치의 기준이 된 법전으로, 고려 말부터 조선 성종 초까지 약 100년간 반포된 法令(법령), 敎旨(교지), 條例(조례) 및 慣例(관례) 등을 망라한 것이다.

유용한 한자어 Ⅱ

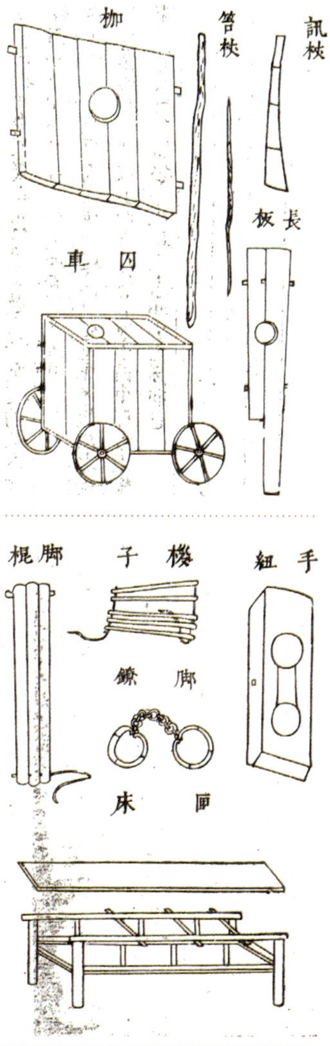

옛날의 刑具(형구)

檢事	검사할 검, 일 사
檢察	검사할 검, 살필 찰
告訴	고발할 고, 송사할 소
立件	설 립, 사건 건
拘束	잡을 구, 묶을 속
起訴	일으킬 기, 송사할 소
辯論	말 잘할 변, 논할 론
求刑	구할 구, 형벌 형
宣告	베풀 선, 알릴 고
抗告	겨룰 항, 고발할 고
猶豫	망설일 유, 머뭇거릴 예
執行	처리할 집, 행할 행
罰金	벌할 벌, 돈 금
懲役	징계할 징, 부릴 역

1 부수의 활용

网
그물 망

자형

网은 두 개의 막대기 사이에 줄을 엮어서 만든 그물의 모양을 본뜬 글자이다. 따라서 가운데의 X자 두 개는 교차하여 짠 그물눈이 된다. 과거에 그물은 새나 짐승을 사냥하고 물고기를 그물질하여 잡는 데 유용하게 쓰이던 도구이다. 网은 그 모양이 변형되어 罒나 㓁, 罓의 형태로 쓰이기도 한다. 이것을 부수로 한 글자는 여러 가지 종류의 그물이나, 그물을 쳐서 잡는 행위와 연관이 있으므로 범죄와 관련되기도 한다. 대표적인 글자는 다음과 같다.

- **罔** 망 그물, 없다　**罔極** 망극
- **羅** 라 그물　**網羅** 망라
- **罪** 죄 허물　**罪囚** 죄수
- **罰** 벌 형벌　**處罰** 처벌
- **罵** 매 욕하다　**罵倒** 매도

刀
칼 도

자형

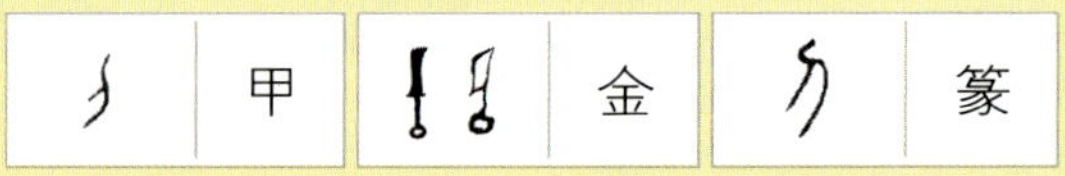

刀는 칼의 모양을 본뜬 글자이다. 위는 칼자루를 본떴고, 왼쪽은 칼날, 오른쪽은 칼등, 아래는 칼끝을 본떴다. 刀가 오른쪽에 놓여서 旁(방)으로 쓰일 때 드물게는 刀의 형태로 쓰이기도 하지만, 보통은 刂의 형태로 쓰이는데, 이를 '선칼도 방'이라고 부른다. 이것을 부수로 하는 글자는 날이 있는 연장, 혹은 칼을 이용하는 행위를 의미하는 경우가 많다. 대표적인 글자는 다음과 같다.

- **切** 절 끊다　**切斷** 절단
- **分** 분 나누다　**分散** 분산
- **判** 판 가르다　**判別** 판별
- **刻** 각 새기다　**刻骨難忘** 각골난망
- **劃** 획 긋다　**計劃** 계획
- **刑** 형 형벌을 주다　**刑罰** 형벌

2 다른 글자 유사한 의미

法·律 刑·罰

법원은 각종 소송 사건에 대하여 法律的(법률적)인 판단을 하는 곳이며, 법률을 위반한 사람은 刑罰(형벌)을 받게 된다. 의미상 두드러진 차이가 없어 보이는 法(법)과 律(률), 그리고 刑(형)과 罰(벌)은 각각 어떤 차이점을 갖는가?

法(법)과 律(률)은 가리키는 범위가 다르다. 정책·법령·제도·명령·형법 등은 모두 法의 범위에 속하고 律은 구체적인 법률 조문을 의미하는 말로 그 범위가 법에 비해 훨씬 좁다. '憲法(헌법)'의 '법'과 '規律(규율)'의 '율'에서 그 범위의 차이를 확인할 수 있다.

刑(형)과 罰(벌)은 처벌의 경중에 있어서 차이가 있으니, '벌'은 경미한 범법 행위에 대한 처벌을 의미한다. 비교적 가벼운 범죄 행위에 대해서는 '罰金(벌금)'을 내지만 무거운 범죄에 대해서는 '刑事(형사)' 재판에 따라 '刑量(형량)'을 부여받게 된다.

3 깊이가 있는 어원 이야기

鬱陵(울릉)

『삼국사기』에서 유래한 말이다.

鬱陵島(울릉도) 사람들이 자신의 강함을 믿고 복종하지 않기에, 신라 장군인 異師夫(이사부)가 나무로 사자를 만들어서 "너희들이 만약에 복종하지 않으면 내가 이 짐승을 풀어놓아 너희들을 죽이겠다."라고 위협하였다. 그래서 거짓

위엄으로 남을 협박하는 것을 '울릉대다'라고 한다.

4 한문으로 읽는 우리 속담

숙 록 피 대 전 熟鹿皮大典	의미 삶아 놓은 녹비 대전

이렇게도 해석할 수 있고 저렇게도 해석할 수 있는 법을 가리키는 말이다.

삶아 놓은 사슴 가죽은 왼쪽으로 당기면 왼쪽으로 향하고 오른쪽으로 당기면 오른쪽으로 향한다. 세상의 법을 집행하는 자들이 法文(법문)을 중요하게 여기지 않고 임의대로 관대하게 하거나 모질게 적용하는 경우가 많았기 때문에 이 말로 비웃었다.

다른 표현으로는 "삶아 놓은 녹비에 가로왈"이 있다. 이는 사슴 가죽에 쓴 가로 '曰(왈)' 자는 가죽을 잡아당기는 대로 '日(일)' 자도 되고 '曰(왈)' 자도 된다는 뜻으로, 사람이 일정한 주견이 없이 남의 말을 좇아 이랬다저랬다 함을 비유한다. 또 "귀에 걸면 귀걸이 코에 걸면 코걸이"도 뜻이 비슷한 속담이다.

5 주변에서 만난 한자

다음 두 사진 중 왼쪽 사진은 라면 가운데 인기가 많은 '辛(신)라면'이다. '辛辣(신랄)'이라는 짝퉁 라면도 외국에서 버젓이 판매된다고 들었다.

오른쪽 사진은 매운 떡볶이 판매점의 상호로 '辛떡'이라고 한다. 辛(신)은

五味(오미)의 하나이다. 五味(오미)는 酸(산)·苦(고)·甘(감)·辛(신)·鹹(함)으로 신맛·쓴맛·단맛·매운맛·짠맛이다.

辛(신)은 본래 고대에 刺字刑(자자형)을 시행하는 데 사용하였던 바늘 형태의 형벌 기구였다. 그런데 자자형이 워낙 잔혹하기에 '지독하다'는 뜻이 파생되었고, 이것이 '맵다'는 의미를 낳았다.

매운맛은 미각이 아니라 痛覺(통각)을 통해 느낀다고 하니 辛(신)이 맵다는 의미로 사용되는 것이 무리는 아닌 셈이다.

6 잠 깨우기

沈器遠[심기원, 1587~1644]이 金自點[김자점, 1588~1651]과 권력을 다투어 서로 원수가 되었다. 심기원이 역적으로 몰려 처형될 때 김자점이 首相(수상)이었는데, 이에 산 채로 능지처참하는 법을 만들자고 왕에게 청하였다.

"이 역적은 보통의 법률로 단죄해서는 안 되니, 먼저 팔과 다리를 자른 뒤에 죽여 반역자들을 징계해야 합니다."

그리하여 형을 집행하는 자가 먼저 심기원의 다리를 자르려 하자, 심기원이 모탕에 엎드려 있다가 놀라 말했다.

"이것이 무슨 형벌이냐?"

형을 집행하는 자가 말하였다.

"상공께서 명한 것이오."

심기원이 탄식하며 말했다.

"나를 대신해 김자점에게 말해 주게나. 당신도 반드시 이 형벌을 당하게

될 것이라고."

김자점이 처형될 때 과연 산 채로 능지처참되었고, 훗날 이 법은 폐지되었다.

출전: 成大中(성대중)의 『青城雜記(청성잡기)』

7 우리나라의 고사성어

坐客(좌객)

成侃(성간, 1427~1456)과 成俔(성현, 1439~1504)은 못생기고 체구도 왜소했지만 문장으로 명성이 높았기 때문에 반드시 여러 고관들이 잔치에 초대하여 坐客(좌객)으로 삼았다. 그래서 세상에서 용모가 못난 사람을 '坐客(좌객)'이라고 한다.

8 중국의 고사성어

和氏之璧(화씨지벽)

의미 화씨의 구슬이라는 뜻으로, 천하의 名玉(명옥)을 이르는 말. 또는 어떤 난관도 참고 견디면서 자신의 의지를 관철시키는 것을 비유함.

전국 시대 때, 楚(초)나라의 和氏(화씨)가 楚山(초산)에서 옥의 원석을 발견하여 厲王(여왕)에게 바쳤다. 여왕이 옥을 다듬는 사람에게 감정하게 하였더니, 보통 돌이라고 했다. 여왕은 화씨가 자기를 속였다고 하여 刖刑(월형)에 처해 그의 왼쪽 발을 잘랐다. 여왕이 죽고 武王(무왕)이 즉위하자, 화씨는 또 그 옥돌을 무왕에게 바쳤다. 무왕이 옥을 감정시켜 보니 역시 보통 돌이라고 하는 것이었다. 그러자 무왕은 화씨가 자기를 속였다고 오른쪽 발을 자르게 하였다. 무왕이 죽고 文王(문왕)이 즉위하자, 화씨는 초산 아래에서 그 옥돌을 끌어안고 사흘 밤낮을 울었다. 나중에는 눈물이 말라 피가 흘렀다. 문왕이 이 소식을 듣고 사람을 시켜 그를 불러 물었다.

"천하에 발 잘리는 형벌을 받은 자가 많은데, 어찌 그리 슬피 우느냐."

화씨가 말하였다.

"저는 발을 잘려서 슬퍼하는 것이 아닙니다. 보옥을 돌이라 하고, 곧은 선비를 거짓말쟁이라고 하니, 그것이 슬퍼서 울었습니다."

이에 문왕이 그 옥돌을 다듬게 하니 천하에 둘도 없이 훌륭한 옥이었다. 그리하여 그의 이름을 따서 이 옥을 '和氏之璧(화씨지벽)'이라고 불렀다.

출전: 『韓非子(한비자)』 「和氏(화씨)」

❖ 이 우언은 전국 시대의 遊說家(유세가)들이 목숨을 내놓고 군주들에게 유세하는 세태를 비유한 것이다.

9 한자 문화 이야기

한자로 본 고대의 刑法(형법)

형벌 이름으로 사용된 한자가 형벌 도구와 형벌 받는 부위를 합성한 것이 많은 이유는 형벌의 형식과 내용을 뚜렷이 하려는 의식 때문이다. 예를 들어 劓(의)는 코를 베는 형벌이다. 갑골문에는 로 쓰여 있는데, 왼쪽은 코를 나타내고 오른쪽은 코를 벨 때 쓰는 형벌용 칼을 나타낸다. 따라서 자연스럽게 형벌의 내용을 알 수 있다. 刵(이) 자의 왼쪽 부분은 귀를, 오른쪽 부분은 역시 형벌용 칼을 나타내기에 이것이 귀를 베는 형벌을 뜻함을 쉽게 상상할 수 있다.

형벌 명칭으로 사용된 한자 중에는 형태상 형벌 도구와 형벌 부위를 동시에 나타내지 않는 것도 있다. 黥刑(경형)은 墨刑(묵형)이라고도 하는데, 죄인의 이마에 범죄 내용을 새긴 후 검은 먹물로 메워 영원히 퇴색하지 않도록 하는 형벌이다. 黥(경) 자는 소전에 으로 쓰여 있으니, 黑[흑: 검다]과 刀[도: 칼] 두 글자의 합성이다. 이 두 개의 물건은 모두 형벌용 도구를 나타낼 뿐이다. 묵형이라 할 때의 墨[묵: 먹] 역시 형벌 도구를 표시한다.

黥(경) 자 대신에 天(천) 자를 쓰는 경우도 있다. 『周易(주역)』「睽(규)」에 "그 사람은 天刑(천형)과 劓刑(의형)을 당했다.[其人天且劓]"라고 하였는데 여기서 天(천)은 바로 이마를 뜻한다.

이렇게 본다면 黥(경)과 天(천)은 한 가지 형벌을 두 개의 이름으로 나타낸 것이며 형벌 도구와 부위를 각각 표시한다. 黥刑(경형)은 신체에 직접 가해지는 형벌로 죄인과 보통 사람을 구별하였기 때문에 엄청난 수치심을 유발하였다. 그래서 후대에는 다른 형벌과 병용되었다.

머리나 얼굴에 가해지는 형벌에는 귀를 베는 것[刵·耴], 코를 도려내는 것[劓], 먹으로 글자를 새겨 넣는 것[黥·墨]이 있다. 그러나 경미한 범죄를 처벌할 때는 무거운 형벌을 모방하여 시행하기도 하였다. 幪巾(몽건)은 黥刑(경형)을 모방하여 죄인에게 두건만 쓰게 하고 갓은 쓰지 못하게 하는 것이다. 草纓(초

영)은 劓刑(의형)에 처해야 할 것을 풀로 된 갓끈만을 사용하게 하는 것이다.

이런 형벌들은 후대로 내려오면서 髡刑(곤형)과 耐刑(내형)으로 발전하였다. 髡(곤)은 두발을 뜻하는 髟(표)와 머리가 벗겨진 사람을 나타내는 兀(올)의 합성이다. 耐(내)는 소전에 耏로 되어 있는데, 수염을 나타내는 而(이)와 털을 뜻하는 彡(삼)이 합쳐진 것이다. 그래서 髡(곤)은 머리를 깎는 형벌이고 耐(내)는 수염을 깎는 형벌이다. 『孝經(효경)』에서 "身體髮膚(신체발부)는 부모에게서 받은 것이기에 훼손할 수 없다."라고 하였다. 옛사람에게 수염과 머리털은 침해당할 수 없는 신성하고 아름다운 것이었다. 그래서 그것을 깎는 벌은 비록 육체에 직접적으로 고통이 가해지지는 않더라도 치욕감을 매우 크게 느끼게 했다.

이 외에 생식기를 거세하는 宮刑(궁형)과 발을 자르는 刖刑(월형)이 있다. 『설문해자』에는 刖(월) 자의 본자가 跀로 되어 있다. 사실 刖과 跀은 이체자이지만 나타내는 내용은 다르다. 하나는 형벌 도구만 나타나 있고[刖의 刀], 하나는 형벌 부위만 나타내었으니[跀의 足], 黥(경)과 天(천)의 관계와 마찬가지다. 그러나 刖에 사용된 실제 형벌 도구는 칼이 아니라 톱이다. 갑골문에 𠛢로 되어 있는데, 오른편은 손 하나가 톱 하나를 잡고 있는 형상이고, 왼편은 톱 가까이에 왼쪽 다리가 더 짧은 사람이 서 있는 형상이다. 이것은 톱으로 사람의 발을 자르는 형벌 장면을 본뜬 글자이다.

8

國會
국회에서

근대의 民主政治(민주정치)는 間接民主政治(간접민주정치)를 주류로 하는데, 이는 代議政治(대의정치) 또는 議會政治(의회정치)라고 일컬어진다. 議會主義(의회주의)는 民主的(민주적)으로 選擧(선거)된 합의기관에 의하여 多數決原理(다수결원리)로써 국가의 중요 정책을 결정하고 立法(입법)하는 정치 방식을 말한다. 대한민국 憲政史上(헌정사상) 최초의 制憲國會(제헌국회)는 1948년 5월 10일 총선거 실시로 구성되었다.

漢字 유용한 한자어 I

國會	나라 국, 모임 회
立法	세울 립, 법 법
政治	정사 정, 다스릴 치
投票	던질 투, 쪽지 표
選擧	뽑을 선, 뽑을 거
議長	의논할 의, 우두머리 장
議員	의논할 의, 사람 원
議席	의논할 의, 자리 석
與黨	참여할 여, 무리 당
野黨	들 야, 무리 당
會期	모일 회, 기일 기
國政監査	나라 국, 정사 정, 볼 감, 조사할 사
彈劾訴追	탄핵할 탄, 캐물을 핵, 송사할 소, 쫓을 추

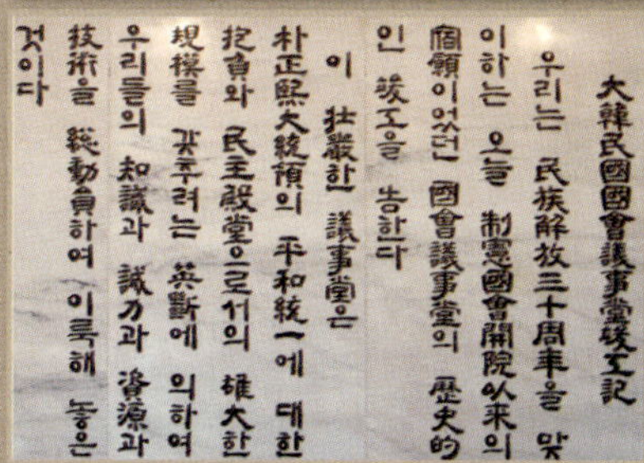

獬豸(해치)

是非(시비)와 善惡(선악)을 판단한다는 상상의 동물로, 해태라고도 한다. 머리에 외뿔이 난 양의 형상이라고 하였는데, 죄가 있는 사람을 뿔로 받아 버린다. 국회에는 두 개의 해치상이 있으며, 국회의사당 준공 100주년인 2075년에 꺼내어 발전된 민주주의를 축하하기 위해 해치상 아래에 백포도주 36병씩을 묻어 두었다.

유용한 한자어 II

漢字

國會 徽章(국회 휘장)

국회 휘장은 '國(국)' 자가 '或(혹)' 자로 오인될 수 있다는 지적이 있는 등의 연유로 2014년에 '국회'로 모양을 변경하였다. 무궁화와 '국회'를 표현한 금색은 명예와 고귀함을 나타내는 색으로, 국민의 대표기관인 국회의 권위를 상징한다.

한자어	뜻과 음
上程	올릴 상, 법 정
建議	아뢸 건, 의논 의
發議	펼 발, 의논 의
提請	제출할 제, 청할 청
票決	쪽지 표, 결정할 결
可決	옳을 가, 결정할 결
否決	아닐 부, 결정할 결
決議	결정할 결, 의논 의
過半數	지날 과, 반 반, 수 수
委員會	맡길 위, 사람 원, 모임 회
聽聞會	들을 청, 들을 문, 모임 회
法律案	법 법, 법 률, 안건 안
審議	살필 심, 의논할 의
代議民主主義	대신 대, 의논할 의, 백성 민, 주인 주, 주될 주, 옳을 의

1 부수의 활용

言 말씀 언	자형					
		甲	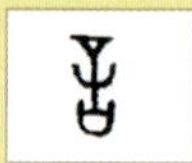	金		篆

言은 辛(신)과 口(구)가 합쳐진 글자로, 辛은 형벌의 도구를 가리키며 口는 맹세의 문서를 의미한다. 따라서 言은 지키지 못하였을 때 대가를 치를 것을 전제로 하는 맹세의 말, 삼가서 말한다는 의미를 가진다. 이것을 부수로 한 글자는 말이나 말과 관련한 온갖 행위와 관련이 있다. 대표적인 글자는 다음과 같다.

- **語** 어 말씀 　 **語學** 어학
- **託** 탁 부탁하다 　 **付託** 부탁
- **詐** 사 속이다 　 **詐欺** 사기
- **訓** 훈 가르치다 　 **訓戒** 훈계
- **訪** 방 묻다, 찾다 　 **訪問** 방문
- **評** 평 평가하다 　 **批評** 비평

2 다른 글자 유사한 의미

治·理

治(치)와 理(리)는 모두 동사로는 '다스리다', 형용사로는 '잘 다스려진 상태'를 나타내며, 亂[란: 어지럽다]의 반대말로 태평·안정·질서의 의미를 지닌다. 현재는 의미상 차이가 없어 보이지만 글자의 유래를 따져 나가면 큰 차이가 있다.

治(치)는 水(수) 부수에서 보듯이 원래 治水(치수), 즉 물을 다스리는 것을 의미하며, 理(리)는 玉(옥) 부수에서 보듯이 원래는 옥을 다듬는 것을 의미하였다. 좋은 옥을 얻으려면 옥돌[璞(박)]의 紋理(문리), 즉 무늬의 결에 따라서 잘 다듬어야 한다. 따라서 理(리)는 도리·이치의 의미까지 가지게 된다. 處理(처리)·整理(정리)·總理(총리)에서는 '다스림'의 의미를, 原理(원리)·道理(도리)·心理(심리)에서는 '이치'의 의미를 확인할 수 있다. 治(치)로 이루어진 단어에서는 비교적 광범위하게 '다스림'의 의미를 확인할 수 있다. 治國(치국)·治療(치료)·治安(치안)·治粧(치장)·政治(정치)·統治(통치) 등이 그 예이다.

3 깊이가 있는 어원 이야기

昌被(창피)

초나라 屈原(굴원)은 「離騷經(이소경)」에서

폭군 桀(걸)·紂(주)의 행적은 어찌 그리 창피한가	何桀紂之昌被兮
급한 걸음으로 지름길 갔기 때문이네	夫唯捷徑以窘步

라고 하였는데, 그 주석에서 "옷을 입고 띠를 매지 않은 것을 '昌被(창피)'라고 한다."고 하였다. 또 『博雅(박아)』에서 "'昌(창)'은 '裮(창)'과 같다. '裮(창)'은 옷을 풀어 헤치고 띠를 매지 않은 것이다."라고 하였다. 이후로 창피는 체면이 깎이는 일이나 아니꼬운 일을 당함, 또는 그에 대한 부끄러움을 의미하는 말로 쓰인다.

4 한문으로 읽는 우리 속담

활 구 자　승 어 사 정 승 活狗子, 勝於死政丞.	의미 산 강아지가 죽은 정승보다 낫다.

蘇齋(소재) 盧守愼[노수신, 1515~1590]이 辭職(사직)을 요청하는 상소에서 쓴 말인데, 비록 천한 신분으로 살더라도 귀한 신분으로 죽는 것보다 낫다는 의미이다.

5 주변에서 만난 한자

이 사진 중 첫 번째는 대학생들이 주로 가는 주점의 간판인데 옥호가 '友酒有喜(우주유희)'이다.

일반적으로 '우주'라고 하면 '宇宙'를 떠올리고 '유희'라고 하면 '遊戱'를 떠올리게 된다. 그런데 이와 같은 언어 관습을 전복하고, 술을 의미하는 '酒(주)' 자를 넣어 주점의 옥호를 만들었다. 즉 친구와 어울려 술을 마시니 그 속에 기쁨이 있다는 정도의 의미이리라. 아무튼 나름 識字(식자) 좀 있는 대학생들이 왕래하는 대학가에 어울리는 주점의 이름이다.

두 번째 사진 역시 주점의 간판인데, 낮에는 일하고 밤에는 공부한다는 의미의 성어인 '晝耕夜讀(주경야독)'을 낮에는 공부하고 밤에는 술 마신다는 의미의 '晝讀夜酒(주독야주)'로 재치 있게 변형시켰다.

6 잠 깨우기

元傅[원부, ?~1287]가 일찍이 퇴근해 밥을 먹고 있을 때 門生(문생) 네댓 명이 찾아와서 인사를 드리기에 그들을 앉으라 하고 함께 이야기를 나누었다.

"내가 외람되게도 재상의 우두머리 자리에 오르게 되었는데, 재주가 뜻에 미치지 못하니 여론이 어떠한가?"

모두 감히 대답을 하지 못하였는데 方于宣(방우선)이 아랫자리에 있다가 대답하였다.

"사람들이 말하기를 '公(공)께서 정치하는 것은 공의 姓(성)과 같다.'고들 합니다."

이는 '모가 없다'는 의미로, '元(원)'과 '圓(원)'의 음이 같은 것에 착안한 말이다.

원부가 크게 웃으며 말하였다.

"나는 나의 성을 법으로 삼아 굴러서 이 지위에까지 이르렀다. 그대가 그대의 성을 법으로 삼는다면 장차 어떤 지경에 이르겠는가?"

이는 방우선의 姓(성)인 '方(방)'이 '모나다'인 데서 착안한 말이다.

출전: 『高麗史(고려사)』

7 우리나라의 고사성어

孝寧大君鼓皮(효령대군고피)

왕위를 동생에게 양보한 孝寧大君[효령대군, 1396~1486]이 마음을 다스리기 위하여 山寺(산사)에 이르러 두 손으로 종일 북 하나를 두드리니, 북 가죽에 온통 보풀이 일었다. 이로부터 세상에서 유약하여 힘이 없는 물건을 '孝寧大君鼓皮(효령대군고피)'라고 하니, 우리말로는 '효령대군의 북 가죽'이라는 뜻이다.

8 중국의 고사성어

完璧(완벽)

의미 구슬을 온전히 돌려보낸다는 말로, 완전무결한 것에 대한 비유임.

전국 시대 말기에 趙(조)나라의 惠文王(혜문왕)은 천하제일의 보물로 알려진 화씨의 구슬[和氏之璧]을 우연히 손에 넣었다. 이 소문을 들은 秦(진)나라의 昭襄王(소양왕)이 15개의 城(성)과 화씨의 구슬을 바꾸자고 요청하였다. 혜문왕이 진나라가 구슬만 차지하고 성을 주지 않을까 염려하자 藺相如(인상여)가 대답하였다.

"달리 갈 신하가 없다면 신이 구슬을 가지고 가겠습니다. 성이 조나라로 들어오면 구슬은 진나라에 두고, 성이 들어오지 않으면 신이 구슬을 완전[完璧]하게 하여 조나라로 가지고 오겠습니다."

인상여가 구슬을 가지고 진나라에 갔지만 소양왕은 궁녀와 좌우의 신하들에게 구슬을 보여 줄 뿐 성을 줄 뜻이 전혀 없어 보였다. 그러자 인상여가 소양왕의 마음을 눈치채고 말했다.

"구슬에 흠이 있습니다. 제가 왕께 보여 드리겠습니다."

소양왕으로부터 구슬을 받아 든 인상여는 구슬을 조나라에 돌려보내 주지 않으면 구슬을 부수고 자신은 기둥에 머리를 부딪쳐 죽겠다고 위협했다.

그러자 신하들의 만류와 주변국의 시선을 의식한 소양왕은 인상여와 구슬을 돌려보낼 수밖에 없었다.

출전: 『史記(사기)』「廉頗藺相如列傳(염파인상여열전)」

9 한자 문화 이야기

한자에 반영되어 있는 氏(씨)

姓(성)은 모계사회에서 생성되었다. 氏(씨)는 모계사회의 흔적인 姓(성)에 기초하여 부계사회에서 생성되었다.

인류의 역사로 볼 때 원시집단체제에서 모계사회로의 발전은 커다란 진보이자 삶의 질이 높아지는 중요한 사건이었다. 이후 부계사회로 발전하는 과정에서 인류의 혼인 제도는 더욱 엄격해졌으며 그로 인해 자손은 날로 번창하였다. 이 때문에 각자의 독립된 후손을 구별하기 위한 분파의 符號(부호)가 요구되어 氏(씨)가 만들어졌다.

신분제 사회가 형성된 후에 氏(씨)는 姓(성)에서 갈라져 나온 부호일 뿐만 아니라 남자의 신분과 지위를 구별하는 지표가 되었다. 이와 관련한 글이 『白虎通(백호통)』「姓名(성명)」에 나온다.

> 氏(씨)는 무엇인가? 공적과 덕성을 귀하게 여기고 기예와 힘을 천하게 여기는 것이다. 어떤 사람은 그의 관직이 씨가 되고 어떤 사람은 그가 종사하는 일이 씨가 되어서, 씨를 들으면 곧 그 사람을 알 수 있다. 이렇게 하는 이유 중 하나는 사람들이 선한 일을 행하도록 권하기 위해서이다.
>
> 조부의 字(자)를 씨로 삼는 것은 어째서인가? 그것은 諸侯(제후)의 후손을 구별하여 멸망한 나라를 일으키고 끊어진 세대를 이어 주기 위해서이다. 왕의 아들을 王子(왕자)라 하고 왕의 손자를 王孫(왕손)이라 한다. 제후의 아들은 公子(공자)라 하고 공자의 아들은 公孫(공손)이라 하며 공손의 아들은 각각 그 조부의 字(자)로 씨를 삼는다.

위의 설명에 따르면 氏(씨)는 신분의 높고 낮음, 귀하고 천함을 구별케 한다. 관직에 있는 자는 관직명이 씨가 되고 특수한 직업이나 기예에 종사하는 자는 그 직업이나 기예가 씨가 된다. 왕의 아들을 王子(왕자)라 하고 왕의 손자를 王孫(왕손)이라 하며 제후의 아들을 公子(공자)라 하고 공자의 아들을 公孫(공손)이라 하는 것도 그러한 경우이다.

商(상)나라와 周(주)나라 무렵에 卿大夫(경대부)가 封邑(봉읍)을 소유하게 되자 봉읍의 지명을 씨로 삼았다. 그들의 자손은 그들이 살던 지역을 씨로 삼기도 하고 조부의 諡號(시호)를 씨로 삼기도 하였다. 이처럼 姓(성)과 氏(씨)의 관계와 등급이 형성되면서 귀족 내부에서는 지위의 높낮이가 드러나게 되었고, 그 결과 성만 있고 씨가 없는 평민, 이름만 있는 노예와 귀천이 구분되었다.

許愼(허신)은 氏(씨)를 풀이하여 "巴蜀(파촉) 사람들은 산기슭에 돌출되어 매달려 있는 형상의 암석이나 흙덩이를 氏(씨)라고 부른다."라고 하였다. 이것은 小篆(소전)의 氏(씨)의 형태에 근거하여 추측한 것이다. 『설문해자』에는 씨가 氏로 되어 있는데 옆으로 보면 산[山] 위에 획이 하나 더해진 것 같고, 바로 보면 산기슭에 어떤 물체가 떨어져 있는 것 같다.

段玉裁(단옥재)는 "姓(성)은 위에서 통괄하는 것이고 氏(씨)는 아래에서 구별하는 것"이라고 개괄하였다. '아래에서 구별하는 것'이란 동일한 姓(성)을 가진 자손이 각자의 관직과 기예, 혹은 조부의 이름과 字(자)를 바탕으로 씨를 삼는 일을 가리킨다. 이 때문에 姓(성)은 공통적인 데 비해 氏(씨)는 가지각색이며, 하나의 姓(성)에서 여러 개의 氏(씨)가 형성되고 여러 개의 氏(씨)는 또 합쳐져서 하나의 집단이 될 수 있다. 구체적인 예를 살펴보자.

祝(축)씨의 기원 중 하나는 고대의 祝史(축사)이다. '축사'는 제사를 맡은 관리로, 제사를 지낼 때 신에게 드리는 말을 만들고 성의를 통하게 하는 일을 한다. 하나의 직업이면서 기술인 셈이다. 갑골문에서 祝(축)은 祝으로 되어 있는데, 사람들이 신 앞에 무릎을 꿇고 입으로 말을 지어 기도하는 형상을 나타낸다.

巫(무)씨는 고대에 노래하고 춤추면서 신내림을 받던 사람이었다. 『설문해자』에서는 "형상이 없는 것을 섬겨 춤을 추어 신내림을 받는 여자로, 두 소매의 모양을 본떴다."라고 풀이하였다. 갑골문에는 巫로 되어 있고, 소전에는 巫로 되어 있는데 소매를 드리우고 춤추는 형상을 나타낸다. 고대의 男巫(남무)는 관직의 일종이었다.

卜(복)씨는 고대에 점을 담당하던 관직이었다. '卜(복)'은 거북이 등껍질을 구운 후 그것에 나타나는 갈라진 무늬를 본뜬 것이다. 『설문해자』에서도 거북이를 굽는 것 또는 구워진 거북이 껍질의 갈라진 무늬라고 하였다. 갑골문에는 으로 되어 있다.

史(사)씨는 고대에 기록하는 일을 담당하던 관직이었다. 『설문해자』에서는 史(사)를 일을 기록하는 사람이라고 하였다. 갑골문에는 라고 되어 있고 소전에는 라고 되어 있으니, 일하는 모양을 나타낸다.

弓(궁)씨는 『周禮(주례)』에서 활 만드는 일을 담당하는 사람이라고 하였다. 갑골문에는 으로 되어 있는데 활의 형상을 본뜬 것이다.

나라와 봉읍 혹은 거주지로 씨를 삼는 경우는 글자에 성읍을 표시하는 邑(읍)자가 많은데 鄘(용)·鄭(정)·郝(학)·邵(소)·郭(곽) 등이 그 예이다. 阜(부)가 있는 글자 중에도 국명 또는 지명인 경우가 있으니 陳(진)·陶(도)·陜(섬)·陸(육)·陽(양) 등이 그것이다. 예전에는 산을 등지고 물을 가까이 두고 사는 경우가 많았기 때문에 씨에 水(수)가 포함되어 있는 경우가 많았으니 漆(칠)·淇(기)·濟(제)·汲(급) 등이 그것에 해당된다.

오늘날의 姓(성) 중에는 옛날부터 내려오는 성을 따른 경우도 있지만 고대의 氏(씨)를 따른 경우가 더 많다. 그러나 현재는 성과 씨의 구별이 없어졌다. 이러한 현상은 秦(진)나라 이후에 나타났다. 顧炎武(고염무)에 따르면, 사마천이 『사기』를 쓸 무렵에 성과 씨의 구분이 모호해졌다고 한다. 그 이유는 제후들이 서로 공격하고 정벌당하던 춘추 시대에 작은 나라들이 멸망하면서 公族(공족)이나 大夫(대부) 그리고 그 후예들이 평민이 되기 시작했는데 전국 시대에는 이러한 현상이 더욱 심해졌기 때문이다. 秦(진)나라가 六國(육국)을 멸망시키면서 수많은 왕자와 왕손, 공자와 공손들이 모두 진나라의 臣民(신민)이 되어 신분적 지위가 존재하지 않게 되었다. 그래서 귀천을 구별해 주던 씨의 필요성이 없어졌을 것이다.

9

區廳
구청에서

區廳(구청)의 機構(기구) 및 組織(조직)은 自治區(자치구)인 서울특별시의 경우 구청장·부구청장 아래 1擔當官(담당관) 5局(국) 24課(과) 1所(소)가 설치되어 있으며, 監査擔當官(감사담당관)·行政管理局(행정관리국)·財務局(재무국)·生活福祉局(생활복지국)·都市管理局(도시관리국)·建設交通局(건설교통국)·保健所(보건소)가 있다. 자치구의 구청장은 지방선거를 통해 선출한다.

유용한 한자어 I

區廳　구 구, 관청 청

稅務　세금 세, 일 무

認許可　인정할 인, 허락할 허, 옳을 가

文化行政　글월 문, 화할 화, 행할 행, 정사 정

企劃豫算　꾀할 기, 계획할 획, 미리 예, 셀 산

福祉政策　복 복, 복 지, 정사 정, 계책 책

都市計劃　도읍 도, 시가 시, 꾀할 계, 계획할 획

道路管理　길 도, 길 로, 맡을 관, 다스릴 리

災難治水　재앙 재, 재앙 난, 다스릴 치, 물 수

駐車管理　머무를 주, 수레 차, 맡을 관, 다스릴 리

保健衛生　보전할 보, 건강할 건, 지킬 위, 살 생

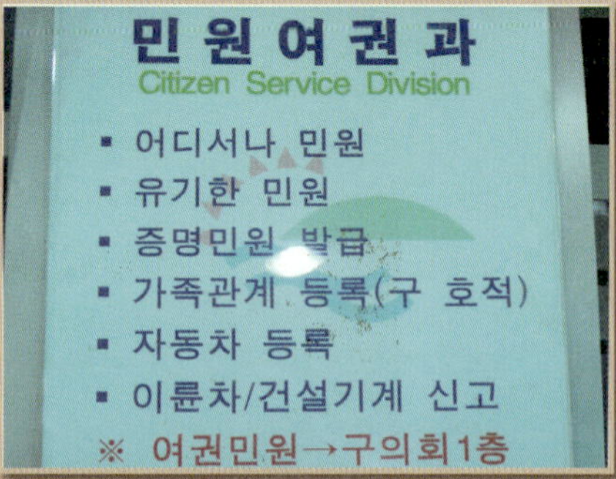

區(구)
지방 행정 구역의 하나로 특별시, 광역시 및 인구 50만 이상의 대도시에 두는, 洞(동) 위의 행정 구역 단위.

유용한 한자어 II

民願	백성 민, 바람 원
發給	발행할 발, 줄 급
交付	주고받을 교, 줄 부
戶籍	집 호, 문서 적
謄本	베낄 등, 문서 본
抄本	뽑을 초, 문서 본
住民登錄	살 주, 백성 민, 올릴 등, 기록할 록
印鑑證明	도장 인, 식별할 감, 증거 증, 밝힐 명
出生申告	날 출, 날 생, 말할 신, 아뢸 고
死亡申告	죽을 사, 죽을 망, 말할 신, 아뢸 고
婚姻申告	혼인할 혼, 혼인할 인, 말할 신, 아뢸 고

區廳長(구청장)

지방자치단체장에는 市長(시장), 道知事(도지사), 區廳長(구청장), 郡守(군수)가 있는데, 이 중 구청장은 區(구)를 대표함에도 불구하고 구청장이라는 명칭을 쓴다. 區(구)는 1943년 총독부령으로 당시 경성부 출장소를 區(구)로 개편하면서 생겨났으며, 최고 책임자를 區長(구장)이라고 하였는데, 광복 후 구장을 구청장으로 개칭하였다. 구청장을 구장으로 불러야 한다는 주장이 제기되기도 하였으나 일제의 잔재라는 의견이 분분하여 무산되었다.

1 부수의 활용

广
집 엄

자형

广	篆

广은 세칭 '엄 호'라고 하는데, 원래의 이름은 '집 엄'이다. 집 중에서도 바위에 의지하여 지은 집을 가리키고, 가옥의 덮개에 해당하는 지붕을 본뜬 글자이다. 따라서 이것을 부수로 하는 글자는 건축물, 혹은 그 구성 성분과 관련이 있다. 대표적인 글자는 다음과 같다.

- **廳** 청 관청 　**市廳** 시청
- **店** 점 가게 　**店員** 점원
- **庵** 암 초막 　**庵子** 암자
- **廚** 주 부엌 　**廚房** 주방
- **序** 서 담, 차례 　**順序** 순서
- **府** 부 창고, 관청 　**政府** 정부
- **廟** 묘 사당 　**宗廟** 종묘

2 다른 글자 유사한 의미

官·吏

官(관)과 吏(리)는 모두 관리, 관원을 나타내는 말로 쓰인다. 그런데 官(관)은 본래는 官府(관부), 즉 행정기관을 의미하였는데, 후에 뜻이 확장되어 관리를 가리키게 되었다. 官이 집을 의미하는 宀를 부수로 한다는 점에서 이를 유추해 볼 수 있다. 官廳(관청)·官家(관가)·官舍(관사)·官衙(관아) 등의 단어에서 행정기관을 뜻하는 官의 의미를 확인할 수 있다.

반면, 吏(리)는 원래 벼슬아치를 의미한다. 후대로 오면서 官(관)과 吏(리)가 모두 벼슬아치를 뜻하는 말로 쓰이게 되면서, 官(관)은 일반 관원을, 吏(리)는 낮은 직책의 관원을 가리키는 말로 구분하여 쓰이게 되었다. 말단 행정 업무를 담당하는 관원인 胥吏(서리), 감옥에서 죄수를 감시하는 일을 맡은 관원인 獄吏(옥리) 등에서 이를 확인할 수 있다.

〈경상감영 宣化堂(선화당)〉

3 깊이가 있는 어원 이야기

突弁(돌변)

지금은 뜻밖에 갑자기 달라짐, 또는 그런 변화를 일러 突變(돌변)이라고 하는데 본래는 突弁(돌변)이라고 쓴다. 『詩經(시경)』의,

젊고 예쁘며	婉兮孌兮
쌍상투 튼 총각을	總角丱兮
얼마 되지 않아 만나 보니	未幾見兮
우뚝이 관을 쓰고 있도다	突而弁兮

에서 유래한 말이다.

4 한문으로 읽는 우리 속담

노 축 암
怒蹴巖 **의미** 성나 바위 차기

분노를 참지 못하고 분별없이 화풀이를 하다가 도리어 자기에게 해가 이르는 것을 말하는데, 화가 나서 바위를 차면 내 발을 스스로 상하게 한다는 의미이다.

5 주변에서 만난 한자

작은 글씨로 "自立의 의지는 있으나 목돈을 마련할 길이 없어 어려움을 겪는 분들이 많습니다. 서울시는 민간후원기관과 협력하여 저소득 가구가 매달 일정액을 적립하면 같은 금액만큼을 추가로 적립해 드리는 「희망플러스통장」을 통해 내일의 희망을 갖도록 돕고 있습니다."라고 쓰여 있다. 이로 볼 때, '일어서자'를 '일어서自'로 표기한 것은 '自立(자립)'을 의미한다고 하겠다. 우리말과 한자가 뒤섞인, 말도 안 되는 문장이지만 각인 효과가 높은 광고이다.

6 잠 깨우기

어떤 조정의 관리가 晋州(진주) 牧使(목사)로 나아갔는데, 정책과 명령이 가혹하고 세금 징수에 법도가 없어 비록 山林(산림)에서 나는 과일이나 채소라도 돈이 될 만한 것이면 하나도 남겨 두지 않고 모조리 거두어 갔기에 절간의 중들까지 피해를 입었다.

하루는 중이 牧使(목사)를 찾아뵈니 목사가 말하였다.

"너희 절의 瀑布(폭포)가 아름답더구나."

중은 폭포가 어떤 물건인지도 모르고 '또 세금을 징수하려나 보다.'라는 생각에 두려워하며 답하였다.

"우리 절의 폭포는 올 여름에 돼지가 다 먹어 버렸습니다."

출전: 徐居正(서거정)의 『太平閑話滑稽傳(태평한화골계전)』

7 우리나라의 고사성어

白文善虛文書(백문선허문서)

白文善(백문선)이 書吏(서리)가 되어 허위 문서로 사람들을 속이는 일이 많았다. 그래서 '허위 문서[虛文書]'를 '白文善'(백문선)'이라고 한다.

한편 신뢰할 수 있는 문서는 '吉挾無改印(길협무개인)'이라 하였으니, 柳夢寅(유몽인)의 『於于野談(어우야담)』에 다음과 같은 기록이 있다.

> 서울의 아전 周挾(주협)이라는 사람은 戶數(호수)를 아주 잘 기억하였다. 당시에 주협에게 조사를 받은 자들은 그것을 신표의 증거로 삼고 고치지 않았다. 서울이나 지방이나 호적을 相準(상준)한 말미에 '周挾無改印(주협무개인)'을 먹물로 찍어서 신표로 삼았는데 '周' 자의 '冂'을 길게 늘여 다섯 자를 외곽처럼 감쌌기 때문에 '吉挾(길협)'이라고 잘못 이르게 되었다.

8 중국의 고사성어

漁夫之利(어부지리)

의미 어부의 이득이라는 말로, 쌍방이 다투는 사이에 제삼자가 이득을 챙기는 것을 비유함.

전국 시대에 趙(조)나라의 惠文王(혜문왕)이 燕(연)나라를 침공하려 하자 蘇代(소대)가 연나라를 위하여 혜문왕을 설득하러 나섰다.

"오늘 신이 易水(역수)를 지나다가 문득 강변을 바라보니 조개[蚌蛤]가 조가비를 벌리고 햇볕을 쬐고 있었습니다. 이때 갑자기 도요새[鷸]가 날아와서 부리로 조갯살을 쪼았습니다. 깜짝 놀란 조개는 화가 나서 조가비를 굳게 닫고 도요새의 부리를 놓아주지 않았습니다. 그러자 다급해진 도요새가 '이대로 오늘도 내일도 비가 오지 않으면 너는 말라 죽고 말 것이다.'라고 하자, 조개도 지지 않고 '내가 오늘도 내일도 놓아주지 않으면 너야말로 굶어 죽고 말 것이다.' 하고 싸웠습니다. 이렇게 둘이 옥신각신하는 사이에 그곳을 지나가던 어부가 그만 둘 다 잡아 버리고 말았습니다. 지금 조나라가 연나라를 치려고 합니다. 그러나 연나라와 조나라가 오래도록 싸워 백성들을 피폐하게 한다면, 이웃의 강대한 秦(진)나라가 어부가 되어 두 나라를 다 차지할까 걱정입니다. 바라건대 왕께서는 이 점을 숙고해 주십시오."

말을 듣고 난 혜문왕이

"옳은 말이오."

라고 하고는 곧장 침공 계획을 철회했다.

출전: 『戰國策(전국책)』「燕(연)」

❖ 漁夫之利(어부지리)는 말 한마디로 참혹한 전쟁을 중지시킨 위대한 우언이다. 중국에서는 '蚌鷸之爭(방휼지쟁)'이라고 한다.

9 한자 문화 이야기

첫 번째 자식을 버리거나 잡아먹던 풍습

似(사)는 자식의 모습이 부모와 비슷함을 의미한다. 한나라의 許愼(허신)은 肖(초)를 似(사)로 풀이하여 "骨肉(골육)이 서로 비슷하다는 뜻이니 자식이 부모를 닮지 않은 것을 不肖(불초)라고 한다."라고 하였다.

肖(초)가 골육이 서로 비슷하다는 의미에서 행동과 덕이 서로 비슷해야 한다는 뜻으로 확장되었으니 전통관념 속에서 아버지들이나 할아버지들의 행동과 덕은 모두 본보기가 되는 것이다. 그렇게 때문에 肖(초)와 賢(현)은 특정한 상황에서 동의어가 된다.

棄(기)는 周(주)나라의 시조인데, 그의 어머니 姜嫄(강원)이 거인의 발자국을 밟고 임신을 하였다. 사유재산을 계승할 때는 자식을 확인할 필요가 있는데, 확인할 수 없는 자식은 버림을 받았다. 주나라의 시조인 棄(기)는 바로 后稷

(후직)으로, 태어나자마자 버림을 받았기에 이런 이름이 붙었다. 棄(기)의 전설은 모계사회가 부계사회로 변해 가는 역사를 반영한다. 棄는 갑골문에 로 되어 있으니, 키 속에 아이를 담고 두 손으로 키를 잡아서 거꾸로 버리는 모습을 형상화하였다. 이것은 어린아이를 버리는 일이 오랜 역사 기간 동안 보편적으로 존재했다는 사실을 나타낸다.

아이를 버리는 관습과 비슷한 것은 長子(장자)를 잡아먹는 습속이다. 『墨子(묵자)』「魯問(노문)」에 "초나라 남쪽에 사람을 잡아먹는 나라가 있다. 그 나라는 장자가 태어나면 해부하여 요리해 먹으니 宜弟(의제)라고 한다. 맛이 좋으면 임금에게 보내는데, 임금이 만족하면 아비에게 상을 내린다."라고 하였다. 또 『墨子(묵자)』「節葬(절장)」에 "옛날 越(월)나라 동쪽 輆沫國(해말국)은 장자가 태어나면 해부하여 요리해 먹으니 의제라고 한다."라고 하였다. 이런 자료를 보면 동한 시대에 이르기까지 중국 주변의 나라에 자식을 잡아먹는 풍속이 여전히 남아 있었음을 알 수 있다.

여기에서 생각해 볼 것은 잡아먹는 대상이 반드시 長子(장자)이며 잡아먹는 목적은 '宜弟(의제)'라는 것이다. 남자의 입장에서 말한다면 신혼 직후에 낳는 장자가 자기의 친자임을 보증할 수 없기 때문에 잡아먹어서 친자로서 침해받지 않는 재산 상속권을 확보하는 것이기에 '의제'라고 한다. 『後漢書(후한서)』「元后傳(원후전)」에서 보이는, 羌胡(강호)가 부인이 처음 시집와서 낳은 아들을 죽이는 관습도 이와 마찬가지다.

元子(원자)를 버리고 장자를 잡아먹는 것은 모두 친자임이 확인 불가능한 자식을 버리려는 동일한 목적에서 비롯되었다.

옛 문헌에 따르면 殷(은)나라의 왕위는 형세산에 계승된 경우가 많다.

『史記(사기)』「管蔡世家(관채세가)」를 보면, 주나라의 武王(무왕)도 장자로서 왕위를 계승한 것이 아니었다. 이러한 사실은 장자를 버리거나 잡아먹는 옛 풍습과 일맥상통한다. 전국 시대에는 사람들이 자식을 내버리는 것에 대하여 특별히 장자를 내버리는 것이라고는 생각하지 못하였다. 왜냐하면 종법제가 확립된 이후 적장자를 세우는 관습과 완전히 배치되기 때문이다.

출전: 黃巽齋(황손재)의 『漢字文化叢談(한자문화총담)』

10

福德房
복덕방에서

복덕방은 고려 시대 이후의 客主(객주)와 居間(거간)에서 기원을 찾아볼 수 있다. 객주는 去來(거래)를 斡旋(알선)하는 일종의 위탁매매업자를 뜻하며, 거간은 그들 가운데 타인 간의 거래를 성립시키는 사람을 의미하였다. 거간은 취급하는 상품에 따라 그 이름이 달라지는데, 不動産(부동산)의 賣買(매매)·賃借(임차) 및 典當(전당) 등을 주로 仲介(중개)하였던 이들을 '家居間(가거간)'·'家儈(가쾌)'라고 불렀다. '가쾌'는 특히 서울과 평양 등 대도시에서 많이 쓰였던 말로, 이들이 모여 사무실을 차린 것이 이른바 '福德房(복덕방)'이다. 현재는 不動産仲介業(부동산중개업)으로 이름뿐 아니라 형태와 제도도 변모하였고, 최근에는 온라인을 통한 중개·거래로 변화하는 추세이다.

유용한 한자어 I

福德房	복 복, 덕 덕, 방 방
不動産	아닐 부, 움직일 동, 재산 산
公認仲介士	공변될 공, 인정할 인, 가운데 중, 끼일 개, 선비 사
公示地價	공변될 공, 보일 시, 땅 지, 값 가
土地臺帳	흙 토, 땅 지, 토대 대, 장부 장
登記簿	올릴 등, 기록할 기, 문서 부
契約書	맺을 계, 맺을 약, 문서 서
賣渡	팔 매, 건넬 도
買受	살 매, 받을 수
讓渡	넘겨줄 양, 건넬 도
分讓	나눌 분, 넘겨줄 양
抵當	막을 저, 당할 당

不動産투기 복덕방이 助長

한사람(18개월새) 22번까지 賣買

國稅廳「亞細亞」轉賣者에 5億

아파트地區에 6개支店

5백85명대상 投機알선

카터·티토 韓半島거론

北傀메시지 美에 傳達한듯

投機(투기)와 投資(투자)

投機(투기)는 기회를 틈타 큰 이익을 보려고 하는 일로, 시세 변동을 예상하여 차익을 얻기 위하여 하는 매매 거래를 의미하고, 投資(투자)는 생산 활동과 관련되는 일에 자본을 대거나 시간이나 정성을 쏟아서 이익을 얻는 것을 의미한다. 투자와 투기는 둘 다 이익을 추구한다는 점에서는 같으나, 투자는 생산 활동을 통해 이익을 추구하는 반면, 투기는 사회 경제에 혼란을 줄 수 있는 비윤리적인 방법으로 이익을 얻는 경우가 많은데, 이러한 투기가 투자로 미화되기도 하여 사회적 문제가 되고 있다.

유용한 한자어 II

부동산 용어

公示地價(공시지가)
국토교통부 장관이 조사·평가하여 공시한 표준지의 단위 면적당 가격으로, 양도세·상속세 등 각종 토지 관련 세금의 과세 기준이 된다.

土地臺帳(토지대장)
토지에 관한 장부로, 토지의 소재, 地番(지번), 地目(지목), 面積(면적), 소유자의 住所(주소)와 姓名(성명), 지상권자의 주소와 성명 등을 기재한다. 地籍簿(지적부)라고도 한다.

延面積(연면적)
총면적. 건물 각 층의 바닥 면적을 합한 전체 면적.

容積率(용적률)
대지 면적에 대한 건물 연면적의 비율. 토지 이용도를 나타낸다.

建蔽率(건폐율)
대지 면적에 대한 건물의 바닥 면적의 비율. 건물 밀도를 나타낸다.

한자어	뜻과 음
傳貰	전할 전, 세낼 세
賃借	빌릴 임, 빌릴 차
賃貸料	빌릴 임, 빌릴 대, 요금 료
垈地	집터 대, 땅 지
新築	새 신, 쌓을 축
延面積	늘일 연, 평면 면, 넓이 적
容積率	담을 용, 넓이 적, 비율 률
建蔽率	건물 건, 덮을 폐, 비율 률
驛勢圈	역 역, 세력 세, 범위 권
住商複合	살 주, 장사 상, 겹칠 복, 합할 합
近鄰生活施設	가까울 근, 이웃 린, 살 생, 살 활, 베풀 시, 베풀 설

1 부수의 활용

心
마음 심

자형

心은 사람의 신체 기관 가운데 심장을 본떠서 '마음'을 뜻하게 되었다. 이것이 왼쪽에 놓일 때는 忄의 형태로 쓰이고 '심방 변'이라고 부르며, 간혹 恭(공)의 하단부와 같이 ⺗의 형태로 변형되어 쓰이기도 한다. 心을 부수로 하여 사람의 감정과 같은 심리 활동, 사람의 성품이나 성질, 사유 활동과 의지 등 마음의 움직임에 관한 문자를 이룬다. 대표적인 글자는 다음과 같다.

- **怒** 노 성내다 　 **憤怒** 분노
- **恭** 공 공손하다 　 **恭敬** 공경
- **思** 사 생각 　 **思考** 사고
- **恕** 서 용서하다 　 **容恕** 용서
- **愁** 수 시름 　 **鄕愁** 향수
- **愚** 우 어리석다 　 **愚鈍** 우둔
- **慕** 모 그리워하다 　 **愛慕** 애모
- **悅** 열 기쁘다 　 **喜悅** 희열

2 다른 글자 유사한 의미

見·視

見(견)과 視(시)는 모두 '보다'는 뜻을 가지고 있다. 見聞(견문)·發見(발견)·偏見(편견)에서의 見(견), 視覺(시각)·視線(시선)·視聽(시청)에서의 視(시)는 모두 눈을 뜨고 사물을 바라보는 행위와 관련이 있다. 하지만 이 두 글자는 미세한 차이점이 있다. 視(시)는 바라보는 동작만을 나타낼 뿐, 보았는지 보지 않았는지 그 결과는 중요하지 않다. 반면 見(견)은 확실히 보았다는 결과가 내포되어 있다. 어떠한 실물을 보게 되면 그것을 가지고 싶은 욕심이 생기는 것을 일러 見物生心(견물생심)이라고 하며, 나라가 위태로움을 보게 되면 자신의 목숨까지 바치는 것을 見危授命(견위수명)이라고 한다. 見蚊拔劍(견문발검)은 모기를 보고 칼을 빼어 든다는 뜻으로, 사소한 일에 크게 성내어 덤빈다는 의미의 성어이다.

3 깊이가 있는 어원 이야기

蒙㺚鬼神(몽달귀신)

蒙㺚鬼神(몽달귀신)은 총각이 죽어서 된 귀신으로, 도령귀신·도령신·몽달귀라고도 한다.

몽고의 㺚狚族(달단족)이 우리나라의 국경을 침범하여 근심거리가 되었다. 우리나라 사람들이 그들을 모두 몰아낼 수 없었는데, 신령한 중이 몽둥이로 그들을 쫓아내니, 蒙古㺚狚(몽고달단)이 두려워하며 도망갔다고 한다. 그래서 交市(교시)를 할 때에 蒙㺚軍(몽달군)이 있게 되었다고 한다. 이 말이 蒙㺚鬼神(몽달귀신)으로 와전되었다고 한다.

4 한문으로 읽는 우리 속담

호전걸육 虎前乞肉	의미 호랑이에게 고기 달란다.

인색하거나 탐욕스러운 사람에게 돈이나 물건을 달라고 해 봐야 소용이 없음을 비유적으로 이르는 말이니, "고양이 앞에서 생선 구걸한다."라는 말과 같다.

5 주변에서 만난 한자

1980년대까지는 공동주택의 이름이 한자로 된 것이 많아서 '京南(경남)'이나 '名門(명문)'처럼 쉬운 한자로 된 공동주택의 이름을 흔히 볼 수 있었다. 1990년대에는 '來美安(래미안)'처럼 한자 조어로 된 이름이 유행하였다. 일각에서는 한문도 아니고 우리말은 더더욱 아니며, 발음으로는 외국어 같은, 국적불명의 이름이라고 비난을 하지만 참신한 데다 한자가 지닌 고유의 조어력을 십분 이용한 점은 높이 사야 한다. 2000년대에 이르면 우리말과

한자를 뒤죽박죽 뒤섞은 이름이 사용된다. '백년가약'은 원래 '百年佳約'이라고 표기해야 하지만 '백년家약'이라고 표기하였다. '평생 지키는 아름다운 약속'이라는 의미의 '백년가약'이라는 말 속에 '평생을 살 수 있는 집'이라는 의미를 교묘히 조합한 것이다.

최근에는 '그대家'라는 이름도 등장하였다. 이 역시 우리말과 한자를 뒤섞은 것인데, 그대의 집이라는 의미이리라. 이처럼 한자는 시대의 변천에 따라 전통적 방법과 함께 다양한 측면에서 이용되고 있음을 볼 수 있다.

6 잠 깨우기

선조의 딸이자 申翊聖(신익성)의 아내인 貞淑翁主(정숙옹주)가 자기 집 뜰이 좁은 것을 못마땅하게 여겨 선조에게 불평했다.

"이웃집이 너무 가까워 말소리가 이웃집에 다 들리고 처마가 짧아 집 안이 다 보입니다. 이웃집을 사들이고 싶습니다."

선조가 말하였다.

"말소리가 낮으면 들리지 않을 터이고 처마는 막으면 보이지 않을 것이다. 어찌하여 꼭 뜰이 넓어야 한단 말이냐? 사람의 거처는 무릎이 들어갈 정도면 충분하니라."

그러고는 갈대로 엮은 발 두 개를 주며 말하였다.

"이 발을 쳐서 가리면 되겠구나."

공주는 감히 대꾸를 하지 못하였다.

출전: 『記聞叢話(기문총화)』

7 우리나라의 고사성어

唐窮相(당궁상)

石洲(석주) 權韠[권필, 1569~1612]은 어릴 때 용모가 아름답고 온화하여, 중국 사람이 크게 칭찬하며 귀한 관상이라고 했다. 뒤에 북한산의 절을 유람하였는데, 그 절에 있는 附君堂神像(부군당신상)을 술에 취하여 때려 부수었다. 중국 사람이 다시 그의 관상을 보고 크게 슬퍼하며 천하의 궁색한 관상이라고 여겼는데, 마침내 그가 지은 시 한 편의 내용이 권력자의 심기를 건드리게 되어 죽었다. 唐窮相(당궁상)이란 '중국 사람이 말한 궁색한 관상'을 의미한다.

8 중국의 고사성어

孟母三遷之教(맹모삼천지교)

의미 맹자의 어머니가 맹자를 교육시키기 위하여 묘지·시장·글방 부근으로 세 번 집을 옮겼다는 말로, 교육에 미치는 환경의 중요성을 강조함.

맹자의 어머니는 현명하고 덕이 있었다. 그녀는 어린 맹자를 데리고 처음에는 묘지 부근에 살았다. 그러자 맹자가 매일 葬事(장사) 지내는 흉내를 내거나 무덤 만드는 놀이를 하였다. 맹자의 어머니는 묘지 부근이 아이를 키울 곳이 못 된다고 생각해 시장 옆으로 이사하였다.

시장 옆에서 살게 된 맹자는 매일 물건 파는 놀이를 하며 지냈다. 그러자 시장 부근 역시 아이를 키울 곳이 못 된다고 생각한 맹자의 어머니는 글방 부근으로 이사를 갔다.

글방 근처에 살게 된 맹자는 예법을 익히고 글 배우는 일에 열중하며 어른을 공경하는 태도를 보였다.

출전: 『列女傳(열녀전)』

〈孟母斷機處(맹모단기처)·孟母三遷祠(맹모삼천사)〉

9 한자 문화 이야기

모계사회에서 부계사회로의 전환에 대한 이정표 '嫁(가)'

『설문해자』에 "嫁(가)는 여자가 남자에게 가는 것이다. 女(녀)의 뜻과 家(가)의 소리를 취하였다."라고 하였다. 어원으로 풀이하면 嫁(가) 자는 여자가 따르는 집으로, 여자가 남자의 부락으로 가서 부부가 되는 것을 의미한다.

모계씨족 시대에는 남자가 여자의 부락으로 가서 결혼하였지만 부계씨족 시대로 접어들면서 여자가 남자의 부락으로 가서 결혼하는 것으로 바뀌었다.

그러므로 嫁(가) 자는 이러한 역사적 변화의 최종 완성을 나타내는 지표라고 할 수 있다.

고대에 '家(가)'는 남편을 뜻하였다. 『詩經(시경)』「桃夭(도요)」에 "이 아가씨 시집감이여, 그 室家(실가)를 화순하게 하리로다.[之子于歸, 宜其室家.]"라고 하였고, 『毛詩正義(모시정의)』에서는 "여자에겐 남편[家]이 있고, 남자에겐 아내[室]가 있다. 室家(실가)는 부부를 말한다. 여기서 말한 家人(가인)에서 家(가)는 남편과 같다."라고 하였다. 『孟子(맹자)』「滕文公(등문공)」에서 "장부가 태어나면 그를 위해 아내가 있기를 원하고 여자가 태어나면 그를 위해 남편이 있기를 원한다.[丈夫生而願爲之有室, 女子生而願爲之有家.]"라고 하였다. '有室(유실)'은 아내가 있음을, '有家(유가)'는 남편이 있음을 가리킨다.

후대에는 妻(처)가 아내를 지칭하는 室(실)과 나란히 쓰이게 되었다. 아내가 죽고 다시 장가들어 맞이한 여자를 '繼室(계실)'이라 하는데, 속칭 '再娶(재취)'라고도 한다.

11

病院
병원에서

우리나라에 세워진 최초의 근대 醫療(의료) 기관은 廣惠院(광혜원)인데 이후 濟衆院(제중원)으로 명칭이 바뀌었다. 우리나라 최초의 근대식 의학교육기관은 서울대학교 醫科大學(의과대학)의 뿌리인 醫學校(의학교)이다. 1879년에 처음으로 種痘法(종두법)을 실시함으로써 근대 의술을 도입한 松村(송촌) 池錫永[지석영, 1855~1935]이 의학교 설립을 주도하였으며 초대 교장을 지냈다.

유용한 한자어 I

病院	병 병, 집 원
醫師	의원 의, 스승 사
看護師	볼 간, 보호할 호, 스승 사
患者	병 환, 사람 자
手術	손 수, 재주 술
注射	물댈 주, 쏠 사
採血	캘 채, 피 혈
治療	다스릴 치, 병 고칠 료
痲醉	마비 마, 취할 취
感染	느낄 감, 물들 염
免疫	면할 면, 전염병 역
抗體	겨룰 항, 몸 체
豫防	미리 예, 막을 방

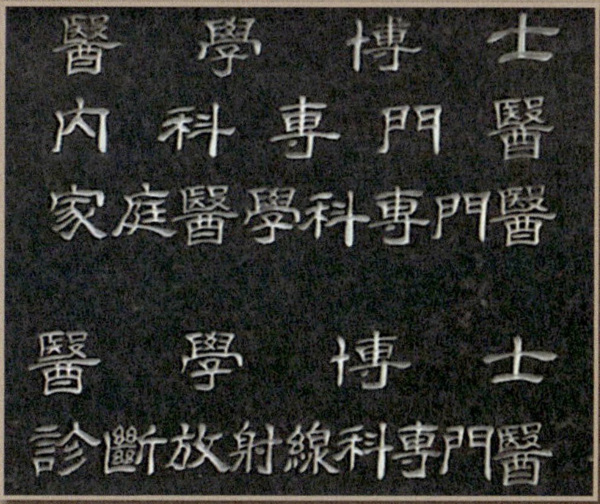

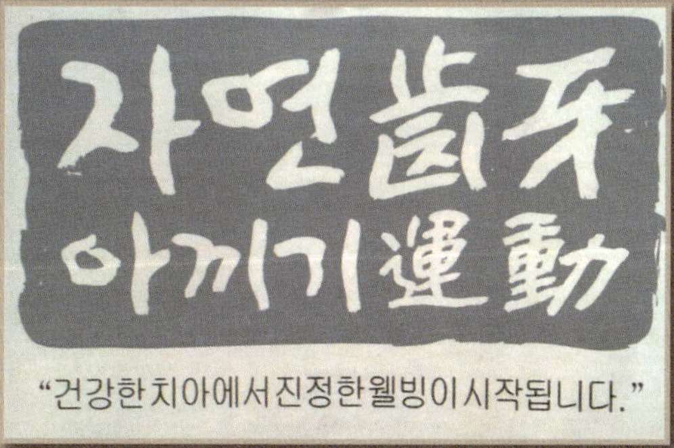

유용한 한자어 Ⅱ 漢字

病院(병원)의 진료 과목

內科(내과)
齒科(치과)
眼科(안과)
皮膚科(피부과)
整形外科(정형외과)
成形外科(성형외과)
産婦人科(산부인과)
泌尿器科(비뇨기과)
放射線科(방사선과)
耳鼻咽喉科(이비인후과)
家庭醫學科(가정의학과)
再活醫學科(재활의학과)
小兒青少年科(소아청소년과)
精神健康醫學科(정신건강의학과)

診療	진찰할 진, 병 고칠 료
檢診	검사 검, 진찰할 진
臨床	임할 림, 침상 상
輸血	나를 수, 피 혈
輸液	나를 수, 액체 액
快差	쾌할 쾌, 나을 차
退院	물러날 퇴, 집 원
重傷	심할 중, 다칠 상
難治	어려울 난, 고칠 치
應急室	응할 응, 급할 급, 방 실
內視鏡	안 내, 볼 시, 거울 경
後遺症	뒤 후, 남을 유, 증세 증
醫療保險	치료할 의, 병 고칠 료, 지킬 보, 위험 험

1 부수의 활용

疒
병질 엄

자형

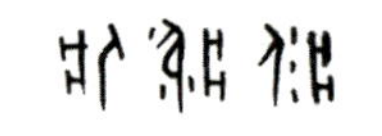	甲		篆

疒은 세칭 '병질 엄'이지만 원래의 이름은 '병들어 누울 녁'이다. 사람이 병이 들어 고통이 심하면 침상에 의지해서 휴양을 한다. '疒'은 사람이 병들어 침대에 기대어 있는 모습을 나타낸 글자로, 의지하다, 질병의 뜻으로 쓰인다. 이것을 부수로 한 글자는 병이나 상해, 그리고 그에 수반되는 고통 등의 감각과 관련이 있다. 대표적인 글자는 다음과 같다.

· **病** 병 질병	**病患** 병환	· **疾** 질 질병	**痼疾** 고질
· **痛** 통 아프다	**苦痛** 고통	· **症** 증 증세	**症狀** 증상
· **癡** 치 어리석은 병	**癡呆** 치매	· **疲** 피 지치다	**疲勞** 피로

2 다른 글자 유사한 의미

疾·病

疾(질)과 病(병)은 모두 신체에 이상이 생겨 괴로움을 느끼게 되는 현상을 말한다. 동의어이기는 하지만 강도에 차이가 있으니, 疾(질)이 심해지면 病(병)이 된다.

중국 고대의 전설적 名醫(명의)인 扁鵲(편작)과 관련한 유명한 이야기가 있다.

편작이 제나라 桓公(환공)을 처음 보았을 때 "왕의 疾(질)은 피부에 있습니다." 라고 하였지만, 환공은 듣지 않았다. 얼마가 지난 후 "왕의 病(병)은 살 속까지 퍼졌습니다."라고 하였지만 역시 환공은 듣지 않았다. 그 후 환공의 병은 장과 위에 퍼졌다가 나중에는 골수에까지 퍼져서 손을 쓸 수 없게 되었다. 이 고사에서 보듯이 엄밀히 말해서 病(병)은 疾(질)이 강도가 높아진 것이다. 하지만 일상적으로는 별 차이 없이 쓰이고 있다.

3 깊이가 있는 어원 이야기

藥酒(약주)

조선 후기의 학자인 趙在三(조재삼)은 藥酒(약주)가 藥峯(약봉) 徐渻[서성, 1558~1631]에게서 유래하였다고 주장하였다. 사전에서 "약주는 술밑을 여과하여 만든 맑은 술이다. 원래 약주라는 것은 약효가 있다고 인정되는 종류의 술이거나 처음부터 약재를 넣고 빚은 술을 뜻한다. 그러나 맑은 술을 뜻하는 것으로 의미가 변하고 술의 높임말로 쓰이게 되었다."라고 약주에 대하여 서술하고 있다. 『松南雜識(송남잡지)』에서는 "藥峯(약봉)이 술을 좋아하여 특별히 거듭 빚은 술을 만들었기에 '藥酒(약주)'라고 불렀으니 藥酒(약주)는 藥峯家(약봉가)에서 시작된 것으로, 금으로 장식한 술독[金罍]에 넣고 藥(약)을 섞은 술과는 다르다."라고 하였다. 위 기록을 본다면 약봉가에서 빚어낸 술이 '약주'라는 말을 만들어 낼 정도로 특별한 것이었음을 미루어 짐작할 수 있다. 그런데 '약주'가 '약봉'에서 유래하였다는 기록은 조선의 실학자인 徐有榘(서유구)의 『林園經濟志(임원경제지)』

에서도 볼 수 있다. 『임원경제지』에서는 "徐忠肅公[서충숙공=서성]이 좋은 청주를 빚었는데 그의 집이 藥峴[약현: 현재 서울의 중림동]에 있었기 때문에 그 집 술을 약산춘이라 한다."라고 하였다.

물론 약주의 어원에 대한 설이 분분하기에 『송남잡지』의 기록만 맞다고 주장할 수는 없겠지만 약이 들어간 술이라서 藥酒(약주)라고 풀이하는 것은 望文生義(망문생의)의 어리석음을 범하는 일이 아닐 수 없다.

4 한문으로 읽는 우리 속담

관저복통 官猪腹痛	의미 관 돝 배 앓기

'관청 돼지의 배앓이를 보듯 한다.'는 의미로, '무관심하게 보아 근심하지 않는다.'는 뜻이니, "越(월)나라 사람이 秦(진)나라 사람이 야위는 것을 무관심하게 본다."는 말과 같다.

5 주변에서 만난 한자

어느 여성병원의 광고이다. '모처럼'은 '벼르고 별러서 처음으로' 혹은 '일껏 오래간만에'라는 의미의 부사로, 당연히 한자어가 아닌 순우리말이다. 그런데 이것을 '母처럼'이라고 표기하였으니, '어머니처럼'이라는 의미로 사용하였다. 만약 순우리말로 '모처럼'이나 '어머니처럼'이라고 표기하였다면 광고의 효과는 현저히 떨어졌을 것이다. 이 문구를 만든 이가 알고 했는지는 모르겠지만, 母(모)는 어머니의 모습을 본뜬 상형문자이므로 그 효과는 배가된다.

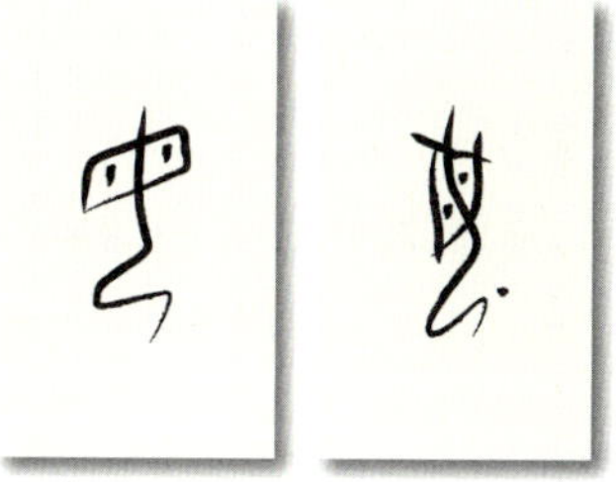

6 잠 깨우기

普雨[보우, 1301~1382]가 제주도로 귀양 갔을 때 이런 말을 하였다.

"내가 죽으면 나라의 말이 되어 올 것이다. 그러니 특별히 銀製(은제) 구유를

만들어 죽을 담고 여러 말들을 향해 '普雨(보우)'라고 부르면 나와서 죽을 먹을 것이다."

훗날 과연 그의 말대로 하였더니 흰말 한 마리가 은구유로 가서 죽을 먹는 것이었다. 마침내 그것을 왕의 말로 삼았는데, 대단한 명마인 데다가 사람의 뜻을 잘 알았기에 왕이 매우 아꼈다. 그런데 말이 갑자기 병이 나서 거의 죽게 되자 왕이 말하였다.

"이 말이 죽는다고 말하는 자는 죽이리라."

하루는 말의원이 진언하였다.

"말의 병이 심해져서 사흘간 죽도 못 먹고 사흘간 누워 일어나지 못합니다."

왕이 말하였다.

"죽겠구나!"

말의원이 말하였다.

"전하께서 이미 죽을 것이라고 말씀하셨으니, 신의 소견으로도 죽을 것 같습니다."

출전: 趙在三(조재삼)의 『松南雜識(송남잡지)』

7 우리나라의 고사성어

無足可觀(무족가관)

尹趾完[윤지완, 1635~1718]이 四柱錄(사주록)을 가지고 중국에 가서 관상을 보았는데, 중국 사람이 '無足可觀(무족가관)'이라고 써 주니, 모두 '볼만한 것이 없는 사람[不足以可觀]'이라고 여겼다. 그런데 어느 날 갑자기 다리가 불구가 되고 나서 바로 재상에 임명되어 업적을 남기니, '無足可觀(무족가관)'은 발이

없어진 뒤에야 볼만한 일이 있다는 말이었다. 그러나 세간에서는 '볼만한 것이 없다.'는 말로 쓰인다.

8 중국의 고사성어

脣亡齒寒(순망치한)

의미 입술이 없으면 이가 시리다는 말로, 서로 떨어질 수 없는 밀접한 관계를 비유함.

춘추 시대 말기에 晉(진)나라의 헌공이 虢(괵)나라를 공격하기 위해 虞(우)나라에 길을 빌려 달라고 요청하였다. 우나라의 현인인 宮之奇(궁지기)는 헌공의 속셈을 알아차리고 임금에게 간언했다.

"괵나라와 우나라는 한 몸이나 다름없는 사이입니다. 만일 괵나라가 망한다면 우나라도 망할 것입니다. 옛 속담에, '수레의 짐받이 판자와 수레는 서로 의지하고, 입술이 없으면 이가 시리다.[輔車相依, 脣亡齒寒.]'라고 하였습니다. 이것은 바로 우나라와 괵나라의 경우와 마찬가지입니다. 절대로 길을 빌려 주어서는 안 됩니다."

그러자 우나라 임금이 말하였다.

"晉(진)과 우리는 같은 종족인데 어찌 해치겠는가?"

끝내 우나라 임금이 간언을 듣지 않자 궁지기가 말했다.

"우나라는 올해 안에 망할 것이다."

후환을 두려워한 궁지기는 가족과 함께 우나라를 떠났다. 결국 진나라는 궁지기가 예견한 대로 괵나라를 정벌하고 돌아오는 길에 우나라를 정벌하였다.

출전: 『春秋左傳(춘추좌전)』

9 한자 문화 이야기

무모한 歷史家(역사가)들

한자 연구는 크게 두 가지이다. 하나는 문장 해석을 통한 고전 이야기하기 혹은 문헌의 고증이고, 다른 하나는 한자의 발전만을 탐구하는 것이다. 좁은 의미로 보면 뒤의 것만 한자 연구라고 말할 수 있지만 넓은 의미로 보면 앞의 것까지 포함시킬 수 있다. 중국 사람 중에 오래전부터 한자 연구에 착수하여 상당한 업적을 남기고 있는 집단이 淸朝(청조)의 考證學派(고증학파)이다.

고증학파의 연구 대상이 한자에만 국한되는 것은 아니겠지만 그 중심은 한자 연구이다. 朝鮮(조선)에서 청대 고증학파의 영향을 받은 인물로는 秋史(추사) 金正喜(김정희)·茶山(다산) 丁若鏞(정약용) 등이 손꼽힌다. 한자 연구에만 한정한다면 이분들의 노력이 고증학파에 미치지 못할는지 모르겠지만, 조선의 한자 연구를 개시했다는 점에서는 이분들의 공로를 저버릴 수 없다.

근래의 한자 연구는 언어학·성음학·고고학 등 다양한 과학 분야의 지원을 받아 한층 더 발전하고 있다. 중국과 일본 그리고 歐美(구미)의 학자들은 속속 새로운 연구를 발표하고 있다. 그러나 거의 모든 과학 분야가 본격적으로 발전하지 못하고 있는 조선이기에 한자 연구라고 해서 특별히 발전하기란 본래 어려운 일일 듯하다. 김정희나 정약용의 후예를 자처할 인물마저 없는 형편이기에 이 방면에까지 구미와 일본의 학자를 뒤좇지 않을 수 없다.

흔히 우리나라의 큰 학자들은 조선식의 한문을 발전시켜 중국 이외의 지역에서 제일인 것처럼 自矜(자긍)하는 경향이 있다. 그러나 그것은 하나의 편견에 불과하다. 『주역』식 문장이나 한문 풍월 속에 아직도 小中華(소중화)의 면목을 보전하는지는 모르겠지만 과학적 연구에 있어서는 구미를 쳐다보기조차도 어려운 형편이다. 이것뿐이라면 무엇이 대단하겠는가?

지금 우리는 좀 더 딱한 경우에 직면했다. 오늘날 중국인의 한자음이 漢唐(한당)의 古音(고음)이 아니고, 우리의 한자음도 삼국 시대의 고음과 꼭 같다고 단언하지 못한다. 音(음)만 그럴 뿐 아니라 訓(훈)도 그렇다. 이러한 지경임에도 우리나라의 역사가들은 한자의 음과 훈을 들어서 삼국 시대의 사실을 臆測(억측)하기에 조금도 주저하지 않는다. 그분들의 주장이 요행히 적중한다 하더라도 과학적 시각에서 본다면 무모한 대담성을 면치 못할 것이다.

樂浪(낙랑)의 '樂' 자를 예로 들어 보자. 어떤 사람은 오늘날의 음을 표준하여 '악', '락'과 비슷한 음으로 해석하고, 또 어떤 사람은 오늘날의 훈을 표준 삼아 '풍류'와 비슷한 음으로 해석한다고 하자. 과연 이 '樂' 자의 고음과 고훈이 오늘날의 것과 같다는 것을 무엇으로 증명하겠는가? 그것에 대한 확증이 없는 이상 양편 모두 독단적 판단을 내렸다는 비난을 피할 수 있을까?

한자에 대한 광의의 연구를 주장하는 것은 한가롭게 보일 수 있다. 그렇지만 그것에 대한 협의의 연구, 즉 한자의 발전을 탐구하는 것만은 눈앞의 급한 문제로 제기하지 않을 수 없다. 이 협의의 연구야말로 역사가들의 많은 言論(언론)을 더욱더 광채 나게 하든지 그만 水泡(수포)로 돌아가게 하든지 하는 최후의 심판을 내리게 되리라 생각한다.

출전: 홍기문 저, 김영복·정해렴 편역, 『홍기문 조선문화론선집』, 현대실학사, 1997

12

韓醫院
한의원에서

韓醫學(한의학)은 西洋醫學(서양의학)에 대응하는 개념으로, 우리나라에서 형성·발전된 의학을 의미한다. 한의학은 중국·일본 등 한자 문화권 지역의 醫學(의학)과 교류하면서 발전하였으며 東洋哲學的(동양철학적)인 이론과 방법에 근거를 두고 있다. 특히 허준의 『東醫寶鑑(동의보감)』은 전통의학의 높은 수준을 잘 보여 준다. 우리나라는 조선 초기부터 자체적 의학 연구와 개발에 힘을 쏟았으며 현재는 상당한 과학화를 이루었다.

漢字 유용한 한자어 I

韓醫院 한국 한, 의원 의, 집 원

韓醫師 한국 한, 의원 의, 스승 사

鍼灸 바늘 침, 뜸 구

診脈 진찰할 진, 맥 맥

湯藥 끓일 탕, 약 약

藥方文 약 약, 방법 방, 글월 문

補藥 도울 보, 약 약

人蔘 사람 인, 인삼 삼

鹿茸 사슴 록, 녹용 용

藥草 약 약, 풀 초

解毒 풀 해, 독 독

補養 도울 보, 양기 양

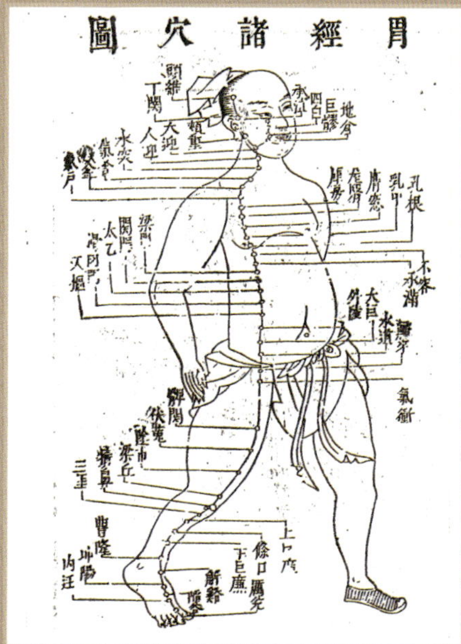

『東醫寶鑑(동의보감)』

조선 시대 醫官(의관)인 허준이 선조의 명에 따라 편찬한 醫書(의서)로, 우리나라와 중국의 의서를 집대성하여 임상의학적 방법에 따라 내·외과 등의 전문과별로 나누어 각 병마다 진단과 처방을 내렸다. 동양에서 가장 우수한 의학서의 하나로 평가되며, 「湯藥篇(탕약편)」에는 수백 종의 鄕藥名(향약명)이 한글로 적혀 있다. 광해군 5년[1613]에 간행되었으며, 2009년 유네스코 세계기록유산으로 지정되었다.

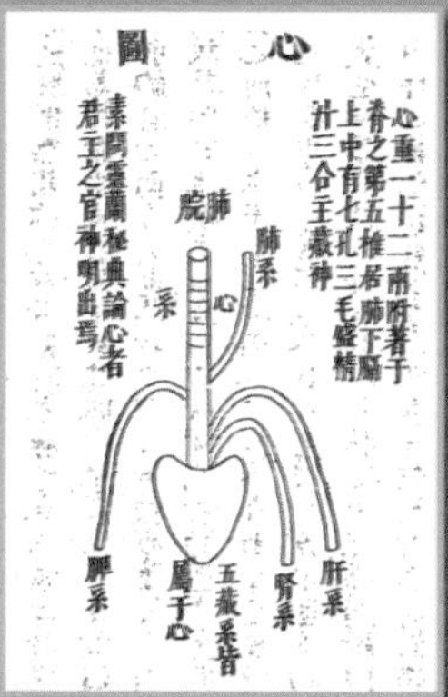

약방에 감초

甘草(감초)는 콩과에 속하는 여러해살이풀인데, 그 뿌리는 한약재로 널리 쓰인다. 한약에 감초를 넣으면 맛을 순하게 만들기에 그것을 넣는 경우가 많아서, 한약방에는 감초가 반드시 있었다. '약방에 감초'는 한약에 빠지지 않는 감초처럼 어떤 일에나 빠짐없이 참석하는 사람이나 꼭 있어야 할 물건을 비유적으로 표현하는 말이다.

牛溲馬勃(우수마발)

牛溲(우수)는 소 오줌을 뜻하고, 馬勃(마발)은 말똥을 의미하는데, 둘 다 약의 재료로 쓰였다. 또 약초의 이름이라고도 한다. 한편, 하찮고 쓸모없는 것을 우수마발이라 하는데, 가치 없는 글을 빗대어 '우수마발 같은 글'이라고 표현하기도 한다.

한자어	뜻과 음
五臟六腑	다섯 오, 내장 장, 여섯 륙, 장부 부
肝臟	간 간, 내장 장
心臟	염통 심, 내장 장
脾臟	지라 비, 내장 장
肺臟	허파 폐, 내장 장
腎臟	콩팥 신, 내장 장
胃臟	밥통 위, 내장 장
大腸	큰 대, 창자 장
小腸	작을 소, 창자 장
膽	쓸개 담
膀胱	오줌통 방, 오줌통 광
萬病通治	일만 만, 병 병, 통할 통, 다스릴 치
百藥無效	일백 백, 약 약, 없을 무, 효험 효

1 부수의 활용

肉
고기 육

자형

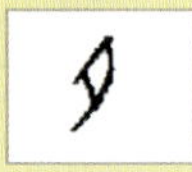
甲

篆

肉은 저며 놓은 고깃덩어리를 형상화하여 '고기'의 뜻을 나타낸다. 바깥의 획은 큰 덩이의 고기 모양을 본떴고, 가운데 두 획은 고기의 결이다. 곧 새나 짐승의 큰 고깃덩어리를 일컫는다. 이것이 부수로 쓰일 때 대다수의 경우 '月'의 형태를 취하는데, 세칭 '육달월'이라고 부른다. 달의 뜻을 가진 '月(월)'과 외관상으로는 구분할 수 없고, 이 부수가 속해 있는 글자의 의미를 통해서만 구분할 수 있다. '肉(육)'을 부수로 하는 글자는 신체 각 부분의 명칭, 고기의 종류, 신체의 성질이나 상태 등과 관련이 있다. 대표적인 글자는 다음과 같다.

- **胃** 위 밥통 **胃癌** 위암
- **肩** 견 어깨 **比肩** 비견
- **脯** 포 저며 말린 고기 **肉脯** 육포
- **肥** 비 살찌다 **肥滿** 비만
- **肺** 폐 허파 **肺炎** 폐렴
- **肢** 지 사지 **肢體** 지체
- **膾** 회 잘게 저민 날고기 **生鮮膾** 생선회
- **腐** 부 썩다 **腐敗** 부패

酉
닭 유

자형

甲
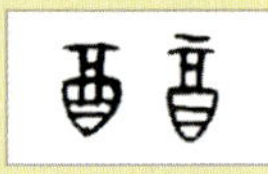
金

篆

酉는 원래 뚜껑이 있는 술그릇을 본뜬 글자로 '술'의 뜻을 나타냈는데, 후대에 소리를 빌려서 十二支(십이지) 중의 하나인 닭을 뜻하게 되었다. 그런데 가차한 뜻인 '닭'이라는 의미가 酉를 독점하게 되자 다시 水를 보태어 酒[주: 술]를 만든 것이다. 酉를 부수로 한 글자는 술 종류나 그 밖에 발효시켜서

만드는 식품, 술을 빚는 일, 술과 관련된 행위, 술을 마신 후의 상태 변화 등과 관련이 있다. 대표적인 글자는 다음과 같다.

- **酒** 주 술 **酒量** 주량
- **醯** 혜 식혜 **食醯** 식혜
- **酷** 혹 술이 독하다 **酷毒** 혹독
- **醉** 취 술에 취하다 **滿醉** 만취
- **釀** 양 술을 빚다 **釀造** 양조
- **醋** 초 식초 **醋酸** 초산
- **酬** 수 술을 권하다 **酬酌** 수작
- **醒** 성 술이 깨다 **覺醒** 각성

2 다른 글자 유사한 의미

危·險

危(위)와 險(험)은 모두 위태롭고 편안하지 못한 상황을 의미한다. 하지만 그 본의에 있어서는 차이가 있다. 危(위)는 본래 벼랑처럼 높은 곳에서 사람이 두려움에 떨고 있는 상황을 의미하는데, 후에 뜻이 확장되어 위험과 위급을 뜻하게 되었다. 危(위)가 포함된 단어로 危機(위기)·危殆(위태)·危急(위급)·安危(안위) 등이 있고, 층층이 쌓아 놓은 알의 위태로움이라는 뜻으로, 몹시 아슬아슬한 위기를 이르는 말인 累卵之危(누란지위)가 있다. 險(험)은 지세가 울퉁불퉁하거나 도로가 막혀 있는 상황을 의미하므로, 위험하다는 뜻과 함께 상황의 어려움을 뜻하기도 한다. 險(험)이 포함된 단어로 險難(험난)·險惡(험악)·險固(험고)·險談(험담)·保險(보험) 등이 있다.

3 깊이가 있는 어원 이야기

針方席[침방석: 바늘방석]

『晉書(진서)』에서 “杜錫(두석)이 愍懷太子(민회태자)의 中允(중윤)이 되어서 자주 간언을 하자, 태자가 두석이 앉는 자리의 방석 속에 바늘을 넣어 두니, 찔려서 피가 흘렀다.”라고 하였다. 지금 ‘바늘방석[針方席]’이란 말이 여기에서 유래하였다.

송나라 蘇軾(소식)은 「遷居臨皐亭(천거임고정)」이라는 시에서,

칼 섞인 쌀에 위험한 밥이 있고	劍米有危炊
바늘 놓인 방석에 편한 자리 없네	鍼氈無穩坐

라고 하였다.

4 한문으로 읽는 우리 속담

산 저 저 귀
山底杵貴 의미 산 밑에 절굿공이가 귀하다.

모든 물건은 생산되는 곳이 도리어 생산되지 않는 곳보다 귀하다는 뜻이다.

5 주변에서 만난 한자

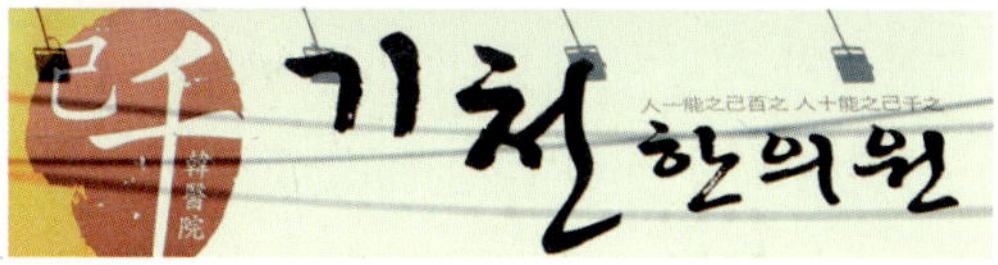

이 사진들은 모두 한의원 간판이다. 한의원 이름 중에는 심오한 의미를 담은 것이 있으니 가볍게 보아 넘길 일이 아니다.

첫 번째 사진에는 '里仁'이라고 되어 있다. 이는 四書(사서)의 하나인『論語(논어)』에 나오는 공자의 말로 "里仁(이인)이 爲美(위미)하니 擇不處仁(택불처인)이면 焉得知(언득지)리오."에서 뽑은 말이다. 우리말로 풀이하면, "마을의 인심이 仁厚(인후)한 것이 아름다우니, 인심이 좋은 마을을 선택하되 仁(인)에 처하지 않는다면 어떻게 지혜롭다 하겠는가."이다.

두 번째 사진에는 '己千'이라고 되어 있다. 이 말 역시 사서의 하나인『中庸(중용)』의 "人一能之(인일능지)어든 己百之(기백지)하며 人十能之(인십능지)어든 己千之(기천지)니라."라는 말에서 뽑은 것으로, 우리말로 풀이하면 "남이 한 번에 할 수 있거든 나는 백 번을 하며, 남이 열 번에 할 수 있거든 나는 천 번을 하여야 한다."는 의미이다.

6 잠 깨우기

咸陽(함양)의 한 선비가 몸가짐을 매우 삼가서 매일 반드시 양쪽 볼기를 씻었다. 사람들이 그것을 괴이하게 여겨 물어보면,

"세상일은 알 수가 없소. 내가 지금 비록 조심하고 있으나 혹여 관가에 죄를 얻어 바지를 벗고 笞刑(태형)을 받을 때 볼기에 때가 시꺼멓게 끼어 있으면 그

부끄러움을 어찌하겠소?"

라고 하였다. 훗날 그가 과연 죄가 아닌 일로 체포 송치되어 관청 뜰에서 笞杖(태장)을 맞게 되었는데, 볼기 색이 유달리 깨끗하기에 官長(관장)이 탄식하며 말하였다.

"볼기가 저렇게 깨끗하니 이 사람은 참선비로다!"

마침내 태장을 한 대도 때리지 않고 그를 赦免(사면)해 주었다.

또 한 선비가 죄를 짓고 체포 송치되었는데, 두 볼기가 그을음같이 검어서 사람의 피부같지 않았기에 관장이 소리 높여 죄목을 열거하려다가 그만 웃음을 터뜨리고 그만두었다. 그 역시 태장을 한 대도 때리지 않고 그대로 사면해 주었다. 그러나 볼기를 깨끗이 닦은 선비가 몸가짐을 매우 삼간 것은 세상을 경계할 만하다.

출전: 李德懋(이덕무)의『靑莊館全書(청장관전서)』

7 우리나라의 고사성어

鷄卵有骨(계란유골)

尨村(방촌) 黃喜[황희, 1363~1452]는 비록 지위가 높은 정승이었지만, 종종 끼닛거리가 부족하여 오랫동안 굶주려 부황이 들었다. 그래서 임금이 하루 동안 남대문으로 들어오는 物貨(물화)를 모두 황희에게 보내 주라고 명하였는데, 그날 마침 큰비가 내려서 들어오는 것이 없었다. 그러던 차에 해질녘이 되어서 계란 한 꾸러미가 들어왔는데, 삶아서 먹으려고 하니 모두 곯아 있었다. '骨(골)'은 우리말로 '壞[썩었다]'는 뜻이다. 이처럼 운수가 나쁜 사람은 모처럼 좋은 기회를 만나도 역시 일이 잘 안됨을 비유하는 말이다.

출전: 趙在三(조재삼)의 『松南雜識(송남잡지)』

8 중국의 고사성어

背水陣(배수진)

의미 물을 등지고 진을 친다는 말로, 어떤 일에 결사의 각오로 임함을 비유함.

기원전 204년, 漢(한)나라의 淮陰侯(회음후) 韓信(한신)은 수만 명의 병사를 이끌고 趙(조)나라 공격에 나섰다. 전략적 요충지인 井陘(정경) 입구에서 30리 떨어진 지점에 군영을 설치하였다. 조나라에서는 군사 20만 명을 동원하여 한나라가 쳐들어올 길목에 방어선을 구축하였다. 조나라의 전략가 李左車(이좌거)가 군사를 매복시켰다가 지나가는 한나라 군사를 공격하자고 건의하였지만 재상 陳餘(진여)는 비겁하다며 묵살하였다.

이 정보를 입수한 한신은 밤중에 몰래 날랜 기병 2,000명을 선발하여 조나라의 성채 바로 뒤편에 잠입시켰다.

"우리가 달아나는 것을 보면 조나라 군사는 우리를 쫓아올 것이다. 이때 조나라 성채 꼭대기에 한나라의 깃발을 꽂아라. 또 병사 1만 명은 정경의 입구에서 이동하여 강을 등지고 진을 치도록 하라.[背水陣]"

이튿날, 한나라 군대가 강을 등지고 진을 친 것을 본 조나라 군사는 한신이 병법을 모른다며 비웃었다. 둥둥 북을 울리며 한나라 군사가 먼저 공격하였다. 그러자 조나라는 20만 대군을 움직여 대응하였다. 한신이 거짓으로 배수진까지 후퇴하자 기선을 제압하였다고 판단한 조나라 군사는 한신을 맹렬히 추격하였다.

배수진을 친 한나라 군사는 더 이상 물러설 곳이 없었으므로 조나라의 대군에 결사적으로 대항하였다. 한편, 매복했던 한나라 군사는 조나라의 성채를 점령하였다. 한나라 군사의 항전에 지친 조나라 군사가 성채로 돌아가려고 하였으나, 이미 한나라의 깃발이 꽂혀 있었다.

출전: 『史記(사기)』「淮陰侯列傳(회음후열전)」

9 한자 문화 이야기

背山臨水(배산임수)

동양에서 宅地(택지)를 정할 때 가장 이상적으로 여기는 배치는 산을 등지고 물을 바라보는 지세, 즉 背山臨水(배산임수)이다. 주거지를 배산임수 지역에 정하는 것은 산 남쪽이 햇볕이 드는 곳이며, 또한 매서운 찬바람을 막을 수 있기 때문이다. 그래서 산의 남쪽과 물의 북쪽은 이상적 주거지인 동시에 농경에 가장 적합한 곳이기도 하다.

산의 남쪽을 陽[양: 양지]이라 하며, 그 반대를 陰[음: 음지]이라 한다. 산의 남쪽은 높은 산이 태양을 마주하는 곳이다. 그래서 양지가 되며, 산의 북쪽은 태양을 등지고 있어서 음지가 된다. '陰陽(음양)' 두 글자에는 阜[阝의 본자: 언덕 부] 부수가 공통으로 있는데, '阜'는 본래 산언덕이라는 뜻이다. 반대로 물의 陽(양)은 물의 북쪽을 뜻하고, 물의 陰(음)은 물의 남쪽을 뜻한다. 예를 들면, 洛陽(낙양)은 洛水(낙수)의 북쪽에 있으며 漢陽(한양)은 漢水(한수)의 북쪽이며 涇陽(경양)은 涇水(경수)의 북쪽이다.

고대에는 산 북쪽 언덕에 집을 짓는 일이 없었는데, 만일 그곳에 집을 짓는다 하더라도 북쪽을 등지고 남쪽을 향하도록 하였다. '愚公移山(우공이산)'의 이야기를 이러한 관점에서 바라보면 흥미로운 점이 발견된다. 이 이야기에서 "北山(북산)의 愚公(우공)은 산을 마주하고 살았는데, 산 북쪽이 막혀 있어 출입할 때마다 멀리 돌아서 다녀야 했다."라고 하였다. 산을 마주하고 살았다는 것은 집 앞문이 산을 마주하고 있어 문을 열면 산이 보이고 문을 나서면 산을 올라가야 한다는 뜻이다. 그래서 산 북쪽이 길을 막고 있어 출입하기가 멀다고 한 것이다. 이러한 고사를 통해 보듯이, 당시에도 북쪽을 등지고 남쪽을 향하여 지은 집을 이상적으로 여겼다는 사실을 알 수 있다.

13

藥局
약국에서

藥學(약학)의 근간은 그리스 로마 시대부터 이어져 온 藥草學(약초학)에서 찾아볼 수 있다. 19세기에는 약초와 약초제제의 성질에 대한 관심이 증폭되었는데, 특히 화학에서 얻은 새로운 과학적 지식을 적용시켜, 순수 성분들을 제외하고도 알약, 주입액, 팅크제, 추출물 등의 調劑(조제)에 많은 발전이 있었다. 이 시기에는 약품의 거래가 팽창하고 생약학(pharmacognosy)이라는 새로운 과학적 분야가 발전하면서 약초를 검증하는 화학적 검사 및 테스트들이 개발되어 약초의 품질관리가 일상화되었다. 아스피린 등 구매 가능한 화학적 치료약이 시장에서 증가하면서 약초제제의 사용은 쇠퇴하여, 1950년대에는 약초가 정규약을 만드는 데 거의 사용되지 않았다.

– Roy Porter 저, 여인석 역,『의학 놀라운 치유의 역사』, 네모북스, 2010

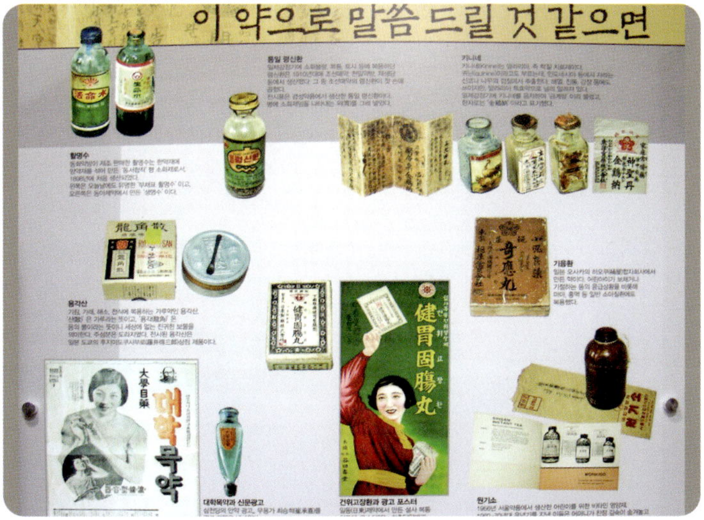

漢字 유용한 한자어 I

藥局	약 약, 방 국
藥師	약 약, 스승 사
製藥	지을 제, 약 약
服用	먹을 복, 쓸 용
醫藥品	의원 의, 약 약, 물건 품
救急藥	구원할 구, 급할 급, 약 약
處方箋	처리할 처, 방법 방, 문서 전
調劑	고를 조, 약제 제
效能	효험 효, 능할 능
特效	특별할 특, 효험 효
副作用	버금 부, 일어날 작, 작용 용

유용한 한자어 II

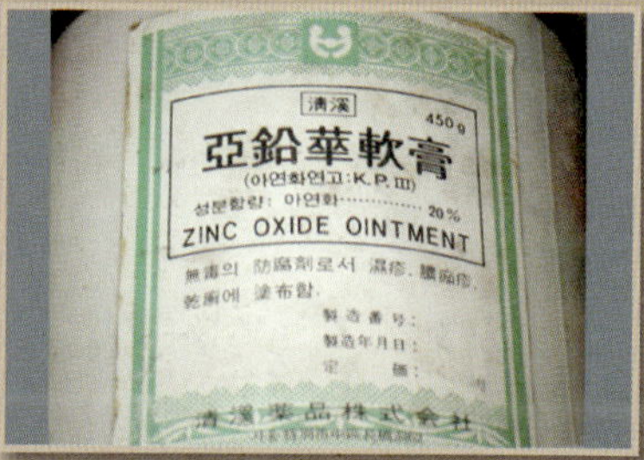

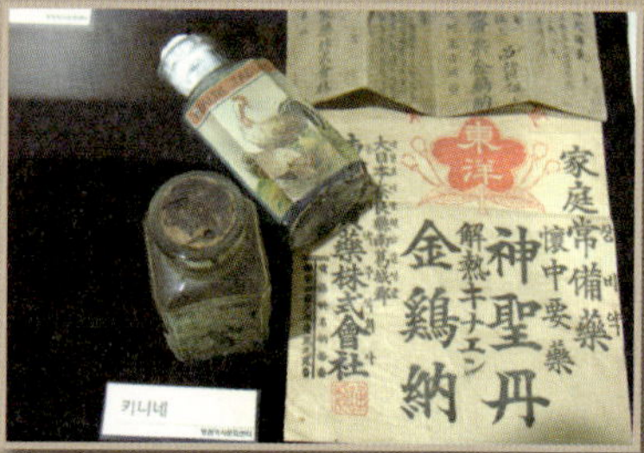

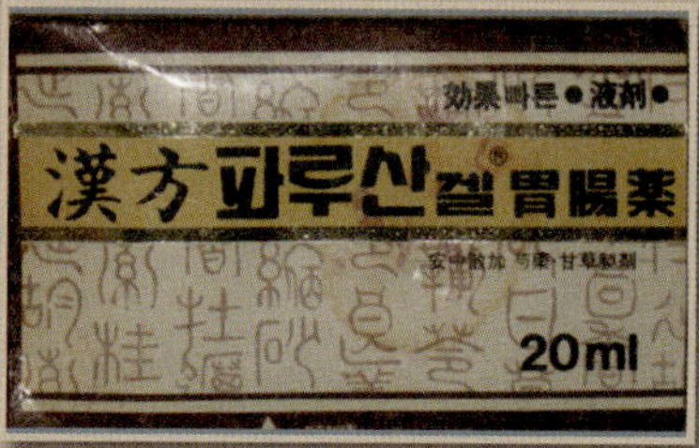

錠劑	덩이 정, 약제 제
顆粒劑	낟알 과, 낟알 립, 약제 제
液劑	진액 액, 약제 제
軟膏劑	부드러울 연, 기름 고, 약제 제
點眼劑	점 찍을 점, 눈 안, 약제 제
消炎劑	없앨 소, 염증 염, 약제 제
睡眠劑	잘 수, 잘 면, 약제 제
抗癌劑	막을 항, 암 암, 약제 제
鎭痛劑	누를 진, 아플 통, 약제 제
止瀉劑	그칠 지, 설사할 사, 약제 제
解熱劑	풀 해, 열 열, 약제 제
強壯劑	강할 강, 씩씩할 장, 약제 제

1 부수의 활용

艸
풀 초

자형

篆

艸는 세칭 '초 두'라고 하지만 원래의 이름은 '풀 초'이다. '艸'가 한자의 머리가 될 때 ⺾의 형태를 취한다. 두 개의 屮(철)이 합쳐져 있는데, 屮은 초목이 처음 나오는 모양을 본뜬 것이다. 屮이 두 개 합쳐져 있는 글자는 그것이 함께 나와서 떨기로 생겨남을 나타낸다. 따라서 艸는 가지런히 자란 풀의 상형이다. 이것을 부수로 한 글자는 각종 풀에 관한 여러 가지 이름, 풀의 상태, 풀 종류로 만든 물건 등과 관련이 있다. 대표적인 글자는 다음과 같다.

- **草** 초 풀　　**草原** 초원
- **苦** 고 씀바귀, 괴로움　　**苦痛** 고통
- **芳** 방 꽃향기　　**芳香** 방향
- **花** 화 꽃　　**無窮花** 무궁화
- **茶** 차, 다 차나무　　**綠茶** 녹차
- **荒** 황 풀 우거지다　　**荒廢** 황폐

2 다른 글자 유사한 의미

憂 · 患

內憂外患(내우외환)은 '내부의 근심과 외부의 환난'이라는 말로, 안팎으로 근심과 걱정에 싸여 있는 상황을 의미한다. 이렇듯 憂(우)와 患(환)은 모두 '근심'의 뜻을 가지고 있지만, 의미상 차이가 있다.

憂(우)는 비교적 엄중한 상황에서 쓰이는 경우가 많으며 또한 '두려움'의 의미를 지닌다. 나랏일을 근심하고 염려하는 사람을 '憂國之士(우국지사)'라고 한다. 그리고 '杞人之憂(기인지우)' 혹은 '杞憂(기우)'라는 말은 杞(기)나라 사람이 하늘이 무너지고 땅이 꺼질까 몹시도 걱정하고 두려워하였다는 의미의 성어이다.

患(환)은 '有備無患(유비무환)'이나 '識字憂患(식자우환)'과 같은 성어에서 보듯이 '근심'의 뜻을 가지는데, 이 외에 '재난' 혹은 '질병'을 의미하는 말로 쓰이기도 한다. '病患(병환)'이 있는 사람을 '患者(환자)'라고 하며, 병이나 상처가 난 자리를 '患部(환부)'라고 한다.

3 깊이가 있는 어원 이야기

藥鼻[약비: 약코]

몹시 괴롭다는 의미로 사용된다.

관아의 물건을 사사로이 써 버린 영남의 어떤 구실아치가 '藥鼻(약비)'라는 두 자를 가득 쓴 큰 종이를 가지고 본관 수령에게 청하였다.

"여기에 도장을 찍어 주시면 거액의 공금을 갚을 수 있습니다."

수령이 그 말을 따랐다.

그 아전은 먼 고을의 큰 부잣집에 들어가 다짜고짜 주인을 찾았다. 주인 늙은이가 나오자 종이를 내보이며

"지금 임금의 약에 쓸 늙은이의 코를 구하고 있습니다."

라고 말하고 바로 칼을 빼어 코를 베려고 하니, 늙은이의 자제들이 애걸복걸하며 코에 대한 贖錢(속전)으로 수만 금을 바쳤다고 한다.

4 한문으로 읽는 우리 속담

숙호충비
宿虎衝鼻 **의미** 자는 범 코 찌르기

가만히 있는 사람을 공연히 건드려 화를 입거나 일을 불리하게 만듦을 이르는 말이다. '범 수염 뽑기[拔虎鬚]', '용 비늘 건드리기[嬰龍鱗]'라는 말과 같다.

5 주변에서 만난 한자

화장품 시장에 韓方(한방)을 표방하는 화장품이 다수 등장하여 큰 호응을 얻고 있다. 이들 화장품은 한약재를 사용하였다고 하는데, 그 이름도 마치 한약 같은 것이 상당수 있고 제품의 이름도 한자로 지어 붙였다. 옆의 사진에 보이는 화장품의 제품명은 '玉容散(옥용산)'이다. 아마도 옥과 같은 얼굴로 만들어 주는 효능을 지닌 散劑(산제)라는 의미이리라. 약의 이름에 붙이는 '散(산)' 자를 사용하여 마치 한약과 같이 약효가 있는 제품이라고 소비자가 느끼도록 하는 효과를 노렸다. 그런데 散은 본래 가루약을 의미하기에 적절해 보이지는 않는다. 또 상품 뒷면에는 피부를 비단처럼 보호하기 때문에 '保緞(보단)'이라 한다는 설명이 있다.

6 잠 깨우기

金仁福(김인복)은 우스갯소리를 잘하였는데 애꾸였다. 沈銓(심전)이 전주 부윤으로 있을 때 김인복이 그를 찾아갔다.

심전은 그의 말 기세를 꺾어 버릴 요량으로 모든 通引(통인), 房子(방자), 使令(사령) 중에서 애꾸를 골라 그의 시중을 들게 하고 여염집 여자 중에서 애꾸를 골라 官婢(관비)처럼 꾸며 동침하게 하였으며 그가 머물 집도 애꾸의 집으로 정하였다. 그 집이 관아에서 멀었으니, '멀다'는 것은 또한 우리말로 '애꾸'라는 의미이다.

조석으로 문안하고 왕래하는 사람 중에 애꾸 아닌 이가 없는데도 김인복은 오히려 부끄러워하지 않고 심부름꾼에게 말하였다.

"令監(영감) 덕택에 편히 자기는 했으나 盜賊(도적)을 만나면 살피고 망볼 사람이 적어 무섭습니다."

심전이 그 말을 이해하지 못하고 여러 差人(차인)들이 숙직을 빼먹는가 걱정하여 살피게 하였다. 그러자 김인복이 말하였다.

"그만두십시오. 비록 다섯 사람이 있다고는 하나 모두 애꾸이니, 만약 도둑을 막게 한다면 두 사람 반밖에 안 되잖습니까?"

온 府中(부중)이 크게 웃었다.

출전: 李濟臣(이제신)의 『淸江先生鯸鯖瑣語(청강선생후청쇄어)』

7 우리나라의 고사성어

龍哥(용가)

근위병인 龍順雨(용순우)는 어리석고 정직하였다.

한번은 통행금지 시간을 어기고 밤길을 가다가 巡察官(순찰관)과 마주칠 것 같자 다리 밑에 숨었다. 이날 밤은 마침 '龍(용)'과 '虎(호)'가 암호였다.

순찰관이,

"龍哥(용가)!"

라고 암호를 말하자, 용순우가 자기를 부르는 줄 알고 급히 나와서,

"제가 용가입니다."

라고 하였다. 순찰관이 웃으면서 보내 주었다. 이때부터 세상에서 어리석은 사람을 '龍哥(용가)'라고 부르게 되었다.

8 중국의 고사성어

緣木求魚(연목구어)

의미 나무에 올라가 물고기를 구하려고 한다는 말로, 목적과 수단이 맞지 않아 불가능한 일을 하고자 함을 비유함.

맹자가 齊(제)나라 宣王(선왕)에게 말하였다.

“왕께서는 군사를 일으키며 군사와 신하들을 위태롭게 해서 제후들과 원한을 맺은 뒤에야 마음이 통쾌하시겠습니까?”

“아닙니다. 내 어찌 이것을 통쾌하게 여기겠습니까? 장차 나의 크게 하고자 하는 바를 구하려 함입니다.”

“왕께서 크게 하고자 하시는 바를 들을 수 있겠습니까?”

왕이 웃으면서 말하지 않자, 맹자가 말하였다.

“살지고 단 음식이 부족합니까? 가볍고 따뜻한 옷이 부족합니까? 아니면 아름다운 볼거리가 부족하며 아름다운 음악이 부족하며 총애하는 사람들로 앞에서 부리는 이가 부족합니까? 왕의 신하들이 이것들을 충분히 공급하니, 어찌 이 때문이겠습니까?”

“아닙니다. 이 때문이 아닙니다.”

“그렇다면 왕이 크게 하고자 하시는 바를 알 수 있겠습니다. 영토를 확장하며 진나라와 초나라에게 조회를 받으며 중국에 임하여 사방의 오랑캐들을 다스리는 것이겠군요. 무력으로 천하를 통일하려는 바람은 마치 나무에 올라가서 물고기를 구하는 것과 같습니다.”

“이와 같이 심합니까?”

“이보다도 더 심합니다. 나무에 올라가 물고기를 구하는 것은 비록 물고기를 얻지 못하더라도 뒤따르는 재앙이 없거니와, 전쟁으로 왕이 바라는 바를 추구한다면 마음과 힘을 다하더라도 뒤에 반드시 재앙이 있을 것입니다.”

출전: 『孟子(맹자)』「梁惠王(양혜왕)」

9 한자 문화 이야기

한자와 도량형(1)

東漢(동한)의 許愼(허신)은 『說文解字(설문해자)』에서 고대의 도량형은 인체를 기준으로 삼고 있다고 하였다. 周(주)나라 제도에서 寸(촌)·尺(척)·咫(지)·尋(심) 등 度量(도량)을 나타내는 여러 글자들은 모두 인체를 표준으로 하였다는 것이다.

사람의 평균 신장이 세월의 변화에 따라 달라졌으므로 인체를 기준으로 한 각종 도량형 역시 시대에 따라 달라지게 마련이다. 따라서 寸(촌)·尺(척)·咫(지)·尋(심)의 실제 길이는 시대에 따라 다르며, 정확하게 추정하기가 어렵다. 영국의 길이 단위인 'yard'는 영국 국왕 헨리 1세[1069~1135]의 코끝에서 엄지손가락 끝까지의 거리에 근거하여 확정된 것이다. 北宋(북송) 말기의 황제 휘종[1082~1135]은 헨리 1세와 동시대 인물인데, 그의 가운데 손가락이 寸(촌)의 길이로 사용되었다. 이처럼 동양과 서양을 막론하고 인체의 어떤 부분을 도량의 기준으로 삼았다는 사실을 알 수 있다.

과거 사람들은 거구를 일컬어 '8척 남짓[八尺有餘]'이라는 말을 즐겨 사용하였다. 현재 1척이 약 30.3cm인 것을 감안하면 키가 무려 2m 42cm나 되는 사람이다. 그러나 그때나 지금이나 그렇게 큰 거인은 존재하기가 어렵다. 정밀한 도량형이 발명되기 이전에 옛사람들은 보통 손의 너비로 사물을 측정하였다. 즉 오른손의 엄지와 검지를 쭉 펴서 그것을 한 뼘이라 하였는데, 옛사람들은 이 한 뼘을 한 척으로 삼았다. 고대 문헌 중에는 도량과 관계있는 기록이 적지 않지만 복잡하고 분명치 않다. 따라서 尺(척)이 도대체 얼마인지 분명하지 않으며 시대마다 기록마다 조금씩 차이가 있다. 『大戴禮(대대례)』「王言(왕언)」에서 "손가락을 펴서 寸(촌)을 알고 손을 펴서 尺(척)을 알고 팔을 펴서 尋(심)을 안다.[布指知寸, 布手知尺, 舒肘知尋.]"라고 하였다. 尺(척)의 10분의 1을 寸(촌)이라 하고 尺(척)의 8배를 尋(심)이라고 하는 것이 일반적인 견해이다.

14

商店
상점에서

우리나라의 대표적 시장으로 손꼽히는 南大門市場(남대문시장)은 조선 태종 14년인 1414년에 政府賃貸廛(정부임대전)으로 開市(개시)하였다. 그리고 선조 41년인 1608년에 大同米(대동미)·布(포)·錢(전)의 출납을 맡아보기 위해 지금의 남창동에 宣惠廳(선혜청)이 설치됨에 따라 지방의 特産物(특산물) 등을 매매하는 시장이 자연스럽게 형성되었다. 이후 市廛(시전)이 들어서면서 본격적인 상업 활동이 시작되었다. 지금은 시장을 현대식 대형 점포와 구분하여 傳統市場(전통시장), 在來市場(재래시장)이라고 부른다.

유용한 한자어 I

商店	장사 상, 가게 점
市場	저자 시, 마당 장
罷場	마칠 파, 마당 장
呼客	부를 호, 손 객
呼價	부를 호, 값 가
割引	나눌 할, 끌 인
賣場	팔 매, 마당 장
販賣	팔 판, 팔 매
賣出	팔 매, 날 출
在庫	있을 재, 창고 고
交換	주고받을 교, 바꿀 환
還拂	돌려줄 환, 치를 불
景品	경사스러울 경, 물건 품
顧客	돌아볼 고, 손님 객

김홍도의 〈장터길〉

김홍도의 〈보부상〉

去來(거래)·酬酌(수작)

去來(거래)는 원래 '오고 가다'는 의미인데, '주고받음' 또는 '사고팖'이라는 의미로 확장되었다. '거래를 하다', '거래가 활발하다' 등으로 활용된다. 아울러 '酬酌(수작)' 역시 원래는 술잔을 주고받는 것을 의미하였지만, 지금은 다른 사람의 행동이나 계획을 얕잡아 이르는 말로 쓰여서 '수작 부리다', '엉뚱한 수작' 등으로 활용되고 있다.

都賣商	모두 도, 팔 매, 장사 상
小賣商	작을 소, 팔 매, 장사 상
青果物	푸를 청, 열매 과, 물건 물
乾魚物	마를 건, 물고기 어, 물건 물
鐵物店	쇠 철, 물건 물, 가게 점
洋靴店	서양 양, 신 화, 가게 점
洋服店	서양 양, 옷 복, 가게 점
布木店	베 포, 무명 목, 가게 점
食肉店	먹을 식, 고기 육, 가게 점
魚物廛	물고기 어, 물건 물, 가게 전
金銀房	금 금, 은 은, 방 방
時計鋪	때 시, 셀 계, 가게 포
藥令市	약 약, 명령할 령, 저자 시

1 부수의 활용

衣

옷 의

자형

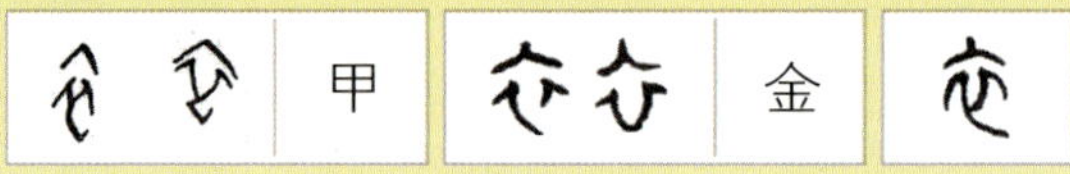

甲 金 篆

衣는 몸에 걸친 의복에서 깃 부위의 모습을 본떠서 '옷'의 의미를 나타낸다. 衣가 왼쪽에 올 때는 衤의 형태가 되는데, 示(시)의 변형태인 礻와 혼동하기 쉬우므로 주의가 필요하다. 이것을 부수로 하는 글자는 의류, 의류의 상태, 그에 관한 동작 등을 나타내는 경우가 많다. 대표적인 글자는 다음과 같다.

· **表** 표 겉옷, 겉	**表面** 표면	· **衾** 금 이불	**衾枕** 금침
· **裔** 예 옷자락	**後裔** 후예	· **裁** 재 마름질하다	**裁縫** 재봉
· **袖** 수 소매	**袖手傍觀** 수수방관	· **被** 피 이불, 입다	**被害** 피해

2 다른 글자 유사한 의미

豆·菽

豆(두)와 菽(숙)은 콩을 의미하는 동의어로 쓰이지만, 원래는 서로 연관이 없는 글자였다. 菽(숙)의 본의는 '큰 콩'이며, 의미가 확장되어 콩 종류의 총칭으로 쓰였다. 반면, 豆(두)는 본래 제사나 연회 때 사용하던 머리 부분이 불룩하고 다리가 긴 食器(식기)의 모양을 본뜬 글자였는데, 漢代(한대)에 와서야 비로소 '콩'을 의미하는 말로 쓰이게 되었다. 사용 빈도에 있어서, 오래전에는 菽(숙)을 많이 사용하다가 후대로 오면서 豆(두)를 더 많이 사용하게 되었다고 하는데, 우리말에서도 豆腐(두부)·豆乳(두유)·綠豆(녹두) 등의 단어에서 보

이는 것처럼 豆(두)가 많이 쓰인다. 한편 콩과 보리도 구별하지 못할 정도로 어리석은 사람을 가리켜 '菽麥(숙맥)'이라고 하는데, 이는 '菽麥不辨(숙맥불변)'에서 온 말이다.

3 깊이가 있는 어원 이야기

靑瓦匠(청와장)

옛날 우리나라에 어떤 사람이 청기와 만드는 법을 터득해 이익을 독점하여 부자가 되었는데, 다른 사람에게 기술을 알려 주지 않고 죽었다.

이는 廣陵散(광릉산)이 전해지지 않는 것과 같다. 晉(진)나라의 嵇康(혜강)이 타인에게 전수하지 않기로 맹세하고 어떤 객으로부터 廣陵散(광릉산)이라는 곡조를 배웠다고 한다. 혜강이 처형을 당할 때 거문고를 가져오게 하여 廣陵散(광릉산)을 연주하였는데, 연주가 끝나자 "이 곡은 더 이상 전해지지 않을 것이다."라고 하였다.

이처럼 비법이나 기술 따위를 자기만 알고 남에게는 알려 주지 않는 사람, 혹은 그런 心術(심술)을 '靑瓦匠(청와장)' 또는 '청기와 장수'라고 한다.

4 한문으로 읽는 우리 속담

휴 류 계 수
鵂鶹計數 의미 부엉이의 셈치기

부엉이는 수를 셀 때 반드시 짝수로 세고 홀수로 세지 않는다. 아무리 많은 수라도 쌍으로 세는데, 정작 쌍의 총수는 모른다. 이 때문에 부엉이는 홀수로 잃어버리면 바로 알아채지만 짝수로 잃어버리면 알지 못한다. 그래서 계산이 분명치 못한 사람을 부엉이에 비유한다.

5 주변에서 만난 한자

첫 번째 사진은 국을 전문적으로 판매하는 식당의 간판으로, '국이랑'이라고 쓰여 있다. 그런데 '국이랑'이라는 상호만으로는 의미가 명확하게 전달되지 않는다. 옆에 국 대접을 그려 놓았지만 국이 연상되지 않기는 마찬가지다. 그래서 '국' 자 밑에 국을 의미하는 한자인 '湯(탕)' 자를 부기하여 그 의미를 분명하게 만들었다.

두 번째 사진은 첫 번째 사진과 반대 현상을 보여 주는 예이다. 꽃을 파는 가게로 상호는 '花音(화음)'이다. 일반적으로 '화음'이라고 하면 '높이가 다른 둘 이상의 음이 함께 울릴 때 어울리는 소리'를 의미하는 '和音'을 연상하게 된다. '和音'은 긍정적인 가치를 지닌 어휘이기 때문에 동음이의 효과를 꾀했을지도 모를 일이다. '花音'의 의미를 분명하게 해 주기 위하여 우리말로 '꽃소리'라고 부기하였다. 한자 특유의 조어력을 잘 이용한 實例(실례)라고 하겠다.

6 잠 깨우기

判書(판서) 朴啓賢(박계현)이 만년에 어린 소나무를 뜰에 심었는데, 客(객)이 농담 삼아 말하였다.

"소나무를 심어 그것으로 정자를 만들려고 하는 짓은 세상이 모두 비웃나니, 이것을 심어 무엇 하겠습니까?"

공이 농담 삼아 대답하였다.

"내가 죽거든 棺(관) 짜는 목재로 삼을까 하오."

客(객)이 말하였다.

"그때는 마땅히 제가 조문객이 되겠습니다."

그러자 옆에 있던 목수가 말하였다.

"관은 쇤네가 짜 드리고 싶습니다."

공이 크게 웃었다.

출전: 李睟光(이수광)의 『芝峯類說(지봉유설)』

7 우리나라의 고사성어

金德諴中衣底(김덕함중의저)

'김덕함의 고쟁이 아랫단'이라는 뜻이다.

醒翁(성옹) 金德諴[김덕함, 1562~1636]은 淸白吏(청백리)로, 병조판서가 되고도 여전히 해진 옷을 입었는데, 특히 옷의 아랫단을 여러 번 기웠다. 그래서 '기운 옷'을 일컬어 '김덕함의 고쟁이 아랫단'이라고 한다.

여러 번 기운 누더기 옷을 비유할 때 '懸鶉百結(현순백결)'이라는 말도 쓴다. 懸鶉百結(현순백결)은 거꾸로 매달린 메추라기처럼 누덕누덕 많이 기워 짧아진 옷을 의미한다.

8 중국의 고사성어

多多益善(다다익선)

의미 군사를 많이 거느릴수록 더욱 잘 통솔할 수 있다는 말로, 오늘날에는 여러 방면에서 많을수록 더욱 좋다는 뜻으로 쓰임.

한나라 高祖(고조) 劉邦(유방)이 여러 장군의 능력에 대해서 韓信(한신)과 이야기를 나누다가 물었다.

"과인 같은 사람은 얼마나 많은 군대의 장수가 될 수 있겠는가?"

한신이 말하였다.

"황송하오나 폐하께서는 한 10만쯤을 거느릴 수 있습니다."

"그렇다면 그대는 어떠한가?"

"예, 신은 많으면 많을수록 더욱 좋습니다.[多多益善]"

그러자 고조가 말하였다.

"많으면 많을수록 더욱 좋다? 그렇다면 그대는 어찌하여 10만을 거느리는 장수감에 불과한 과인에게 사로잡혔는가?"

그러자 한신이 대답하였다.

"폐하께서는 병사의 장수가 아니라 장수의 장수이십니다. 이것이 신이 폐하에게 사로잡힌 이유입니다. 더욱이 폐하가 장수를 거느리시게 된 것은 천명이지 사람의 힘으로 할 수 있는 것이 아닙니다."

출전: 『史記(사기)』「淮陰侯列傳(회음후열전)」

9 한자 문화 이야기

한자와 도량형(2)

고대에 활과 화살을 계량 기구로 사용하였다는 사실을 弓[궁: 활]과 矢[시: 화살]가 들어간 한자를 통하여 알 수 있다.

弓은 '활'을 뜻한다. 중국에서는 매우 이른 시기부터 활을 사용하였다. 商(상)나라 갑골문에는 이 弓 자뿐만 아니라 弓이 들어간 彈(탄)·弗(불)·弔(조)·疆(강) 등의 글자도 발견된다. 그중 疆(강)은 지경, 즉 땅의 경계를 뜻하는 글자이다. 疆 자는 弓과 두 개의 田(전)을 취하였는데, 畺(강)은 두 구역의 밭을 표시한다. 이는 활을 이용하여 토지를 측량하였음을 짐작게 한다. 따라서 弓이 '활'의 의미에서 토지 측량의 계량 기구나 단위로 의미가 확장되었음을 확인할 수 있다.

또 矢(시)가 계량 기구로 사용되었음은 短[단: 짧다]에 관한 許愼(허신)의 설명을 통하여 알 수 있다. 『說文解字(설문해자)』에서 "短(단)은 짧은 거리를 뜻하니 화살[矢]로 표준을 삼았다."라고 하였다. 이 말에 나타난 허신의 생각은 옛사람들이 화살을 활용해 거리를 측량했다는 것이다. 短(단) 외에 矱[확: 자], 矮[왜: 키 작다], 矲[패: 키 작다] 등의 글자도 이러한 사실을 증명한다.

15

食堂 식당에서

나는 밤에 앉아 있어도 일찍이 배고픈 줄을 몰랐는데, 어떤 손님이 "年老(연로)하면 두 가지 이상의 좋은 飯饌(반찬)과 珍味(진미)를 恒常(항상) 먹어야 한다."는 『예기』의 내용을 근거로 삼아, 좋은 음식을 보내 주었기에 그의 말에 따라 먹었다. 그가 보내 준 음식을 다 먹은 후로는 문득 배가 고프면 다른 음식을 계속 먹었다. 또 저녁에 飽食(포식)하면 다음 날 아침에는 반드시 갑절로 虛飢(허기)가 졌다. 나는 이 일을 통해 奢侈(사치)로부터 儉素(검소)한 데로 들어가기가 어렵다는 것을 알았기에, 이 이야기를 써서 子孫(자손)들을 警戒(경계)한다.

– 李瀷(이익)의 『星湖僿說(성호사설)』, 「入儉難(입검난)」

김홍도의 〈주막〉

漢字 유용한 한자어 I

食堂	먹을 식, 집 당
外食	바깥 외, 음식 식
朝餐	아침 조, 음식 찬
晩餐	저녁 만, 음식 찬
點心	점 찍을 점, 마음 심
食單	밥 식, 단자 단
別味	다를 별, 맛 미
韓定食	한국 한, 정할 정, 음식 식
白飯	흰 백, 밥 반
粉食	가루 분, 음식 식
洋食	서양 양, 음식 식
中華料理	가운데 중, 빛날 화, 헤아릴 료, 다스릴 리

김홍도의 〈점심〉

饅頭(만두)

『事物紀原(사물기원)』에서 "諸葛亮(제갈량)이 瀘水(노수)를 건너려고 할 때였다. 그 지방의 풍속은 사람을 죽여서 그 머리로 신에게 제사를 지낸다고 하였다. 제갈량은 양고기와 돼지고기를 다지고 밀가루로 사람의 머리 모양을 만들어 제사를 지내니 '饅頭(만두)'라는 이름이 여기에서 유래하였다."라고 하였다.

유용한 한자어 II

茶飯事(다반사)

차를 마시고 밥을 먹는 일을 의미하며, 원래는 恒茶飯(항다반)이라고 쓴다. 차를 마시고 밥을 먹는 것은 매일 반복되는 일로 특별하지 않기에 '예사로운 일'이라는 뜻으로 쓰이게 되었다. '그런 일은 茶飯事(다반사)다', '日常茶飯事(일상다반사)'와 같이 활용된다.

虛飢	빌 허, 주릴 기
療飢	치료할 료, 주릴 기
後食	뒤 후, 음식 식
間食	사이 간, 음식 식
茶菓	차 다, 과자 과
菜食	나물 채, 음식 식
飯饌	밥 반, 반찬 찬
飽食	배부를 포, 먹을 식
味覺	맛 미, 깨달을 각
食道樂	먹을 식, 도리 도, 즐거울 락
山海珍味	산 산, 바다 해, 보배 진, 맛 미
珍羞盛饌	보배 진, 음식 수, 성대할 성, 반찬 찬

1 부수의 활용

食 밥 식

자형

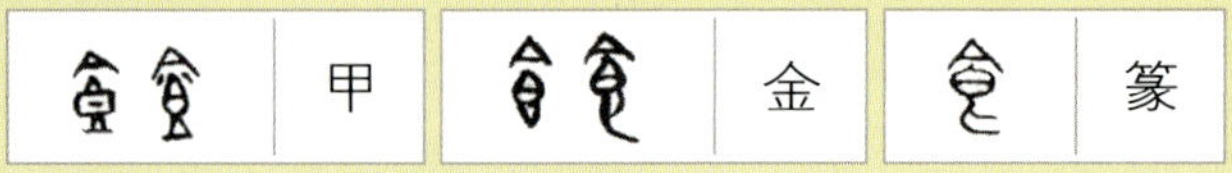

食은 식기에 음식을 담고 뚜껑을 덮은 모양을 본떠서 '음식', '먹다'는 뜻을 나타낸다. 그릇에 밥을 가득 담아 놓았기에 밥그릇의 뚜껑이 뾰족이 솟아 있다. 食이 왼쪽에 올 때는 𩙿 혹은 飠의 자형이 된다. 이것을 부수로 하여 여러 가지 종류의 음식물이나 음식과 연관 있는 감정, 먹는 행위 등과 관련 있는 글자를 이룬다. 대표적인 글자는 다음과 같다.

- **飯** 반 밥 — **白飯** 백반
- **飮** 음 마시다 — **飮料** 음료
- **飢** 기 굶주리다 — **飢餓** 기아
- **飽** 포 배부르다 — **飽食** 포식
- **養** 양 기르다 — **養育** 양육
- **餘** 여 음식이 남다 — **餘分** 여분
- **饒** 요 음식이 넉넉하다 — **豊饒** 풍요
- **饗** 향 대접하다 — **饗宴** 향연

米 쌀 미

자형

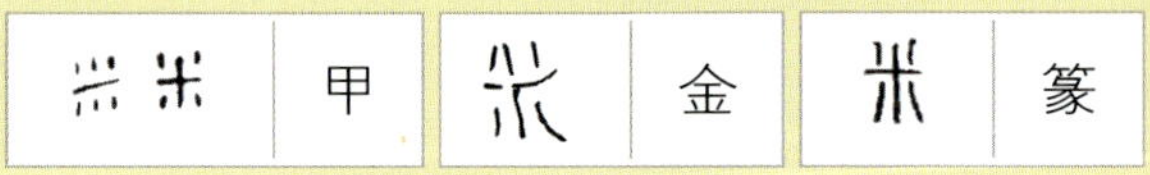

米는 벼·기장과 같은 곡식의 모양을 본떠서 '쌀'의 뜻을 나타낸다. 겉껍질을 벗겨 내지 않은 곡식의 알맹이를 형상화한 글자로, 네 점은 모여 있는 쌀알맹이다. 이것을 부수로 하는 글자는 각종 곡물의 열매, 곡물의 상태, 또 그것을 가공한 식품과 관련이 있다. 대표적인 글자는 다음과 같다.

- **粒** 립 쌀알 — **粒子** 입자
- **粉** 분 곡식의 가루 — **粉末** 분말
- **粥** 죽 죽 — **豆粥** 두죽
- **粗** 조 곡식이 거칠다 — **粗雜** 조잡
- **粟** 속 조 — **滄海一粟** 창해일속
- **精** 정 쌀을 곱게 슳다 — **精密** 정밀
- **糖** 당 엿 — **糖分** 당분
- **粹** 수 정미한 쌀, 순수하다 — **純粹** 순수

2 다른 글자 유사한 의미

飢·餓

飢(기)와 餓(아)는 배고픔을 의미한다는 점에서 동의어지만, 배고픔의 정도에 있어서는 차이가 있다. 飢(기)는 일반적으로 배 속이 비어서 음식이 먹고 싶은 상태, 혹은 먹어도 배부르게 먹지 못한 상태를 가리킨다. 반면 餓(아)는 음식이 없어서 전혀 먹지 못하여 죽음에 이를 정도의 상태를 가리킨다. 虛飢(허기)는 속이 비어 배가 고픈 상태를 의미하고 飢渴(기갈)은 배고프고 목이 마른 것이며 飢饉(기근)은 흉년이 들어 양식이 모자라 굶주린 상황을 의미한다. 반면, 餓死(아사)는 배가 고파서 죽음에 이른 것이며 餓鬼(아귀)는 배는 엄청나게 큰데 목구멍이 바늘구멍 같아서 음식을 먹을 수 없어 항상 굶주림으로 괴로워하는 귀신이다. 하지만 飢(기)와 餓(아)가 배고픔의 정도상 차이 없이 쓰이는 경우도 많다.

3 깊이가 있는 어원 이야기

酒前喙[주전훼: 주전부리]

술을 마시기 전에 먼저 안주를 먹으면 술이 잘 받고 또 심하게 취하지도 않기에 '주전부리[酒前喙]'라는 말이 생겨났다. 그러나 이후로는 '세 끼 식사 외에 시도 때도 없이 쉬지 않고 입을 놀려 먹어 대는 것'을 '주전부리'라고 하였다.

4 한문으로 읽는 우리 속담

무 장 기 갱
無醬耆羹 의미 장 없는 놈이 국 즐긴다.

자격을 갖추지 못한 자가 자기의 능력을 헤아리지 못하고 도리어 먼저 나댈 때를 이르는 말이다.

'돈 한 푼 없는 놈이 자두치떡만 즐긴다.', '돈 없는 놈이 善價(선가) 먼저 물어본다.', '돈 없는 놈이 큰 떡 먼저 든다.'는 말이 모두 같은 의미이다.

5 주변에서 만난 한자

屋號(옥호)가 '心인 음식점의 간판을 찍은 사진이다. 문장부호인 '과 한자 心(심)을 조합하여 만든 옥호이다. 그러나 어지간히 감각적인 사람이라도 이것이 '점심'을 의미하는 것임을 금방 알기는 어려우리라. 그래서 옆에 '점심'이라고 우리말을 덧붙였다.

이 옥호를 만든 사람은 아마도 '점심'의 어원을 잘 알고 있는 듯하다. 본래 '點心(점심)'은 위장에 점을 찍을 정도로 적은 양을 먹는다는 뜻의 佛家語(불가어)에서 유래하였다.

6 잠 깨우기

음식을 극도로 호사롭게 하는 자로서 패망을 자초하지 않는 경우가 드무니 평민은 굶어 죽고 귀족은 패망한다.

許宜(허의)라는 자는 부잣집에서 生長(생장)하여 입맛을 극도로 호사스럽게 하여 천하의 珍羞盛饌(진수성찬)도 그의 입에는 모두 물리는 것이었다. 그러다 병이 나자 먹을 만한 것이 없어 마침내 굶어 죽고 말았으니, 당시 사람들의 비웃음거리가 되었다. 金自點(김자점)은 패망하려 할 때에 온갖 부드러운 음식들이 모두 단단하다 하여 갓 부화한 병아리를 먹었고 鄭厚謙(정후겸) 역시 그러했는데 모두 얼마 안 되어 처형당하였다. 근래에 한 세도가에서 떡국을 만드니, 어린아이의 五官[오관: 耳·目·口·鼻·形]과 四肢(사지)를 모두 갖춘 모양 같았는데, 얼마 되지 않아 패망하였다 한다.

출전: 成大中(성대중)의 『青城雜記(청성잡기)』

7 우리나라의 고사성어

恥恥漢川(치치한천)

宗室(종실)인 漢川都正(한천도정)은 성질이 탐욕스럽고 야비하였는데, 시장에서 물건을 사 와서는 나중에 바꾸는 일이 많았다. 심지어 생선으로 국을 끓였다가도 입맛에 맞지 않으면 돌려주고 돈을 달라고 하였다. 그래서 한천도정 같이 탐욕스럽고 야비한 사람을 욕할 때 '恥恥漢川(치치한천)'이라고 하였는데, 이 말이 와전되어 '至至下賤(지지하천)'이 되었다.

8 중국의 고사성어

朝三暮四(조삼모사)

의미 아침에 밤을 세 되, 저녁에 네 되 준다는 말로, 간사한 꾀를 써서 남을 속임을 비유함.

宋(송)나라의 狙公(저공)은 원숭이를 사랑하여 여러 마리를 길렀다. 저공은 원숭이의 뜻을 알고 원숭이 또한 저공의 마음을 잘 알았다. 저공이 집안 식구들의 먹을 것을 줄여서 원숭이의 배를 채워 주다가 이윽고 먹을 것이 부족해졌다. 그래서 먹이를 줄이려고 하였는데, 원숭이들이 앞으로 자기 말을 잘 듣지 않을까 걱정스러웠다. 그리하여 먼저 원숭이를 속여 말하였다.

"너희들에게 밤을 아침에 세 되 주고 저녁에 네 되 주려는데, 어떠냐?"

그러자 원숭이들이 모두 일어나서 화를 냈다. 잠시 뒤에 저공이 다시 말하였다.

"좋다. 너희들에게 밤을 아침에 네 되 주고 저녁에 세 되 주려는데, 어떠냐?"

이에 원숭이들이 모두 엎드려 절하고 기뻐하였다.

출전: 『列子(열자)』「黃帝(황제)」

9 한자 문화 이야기

육식의 역사(1)

고기를 불에 직접 구워서 먹는 요리 방법은 중국에서 일찍부터 행해졌는데, 그와 같은 요리법을 炙[자: 굽다]라고 불렀다. '炙'는 月[고기육 변]과 火[화: 불]로 구성되어 불 위에 고기를 받쳐 놓은 자형이다. 고기를 구울 때는 지금의 바비큐와 같이 고기를 꼬챙이에 찔러서 구웠다. 꼬챙이를 의미하는 한자는 '串[관: 꿰다]'인데 이것은 대단히 알기 쉬운 상형문자로서, 고기에 꼬챙이를 찌른 모양을 그대로 본떴다.

구운 고기를 의미하는 炙(자)라는 글자를 사용한 성어로, 잘 알려진 '人口(인구)에 膾炙(회자)되다.'라는 표현이 있다. 膾(회)란 동물의 고기를 날것으로 먹는 요리를 말한다. 膾炙(회자)란 肉膾(육회)와 구운 고기로, 맛있는 요리의 대명사이다. 따라서 회와 구운 고기는 언제든지 사람들의 입맛을 자극하기 때문에, 어떤 인물의 멋진 행동이나 뛰어난 시문 등이 많은 사람들의 입에 오르내려 세상에 널리 알려지는 것을 '인구에 회자되다.'라고 말하게 되었다.

『禮記(예기)』에서 "고기의 날것을 잘게 썬 것을 회라고 한다."라고 말한 것과 같이, 膾(회)의 고기는 가늘게 채를 써는 것이 보통이었다. 그리고 인간사회에서 철저한 예절을 주장한 공자는 식사에 관해서도 형식에 맞게 짜여진 요리를 애호했다는 일화가 『論語(논어)』에 나오는데, 그 가운데에 "회는 가는 것을 싫어하지 않았다."라는 말이 있다. 이 기술로 미루어 보면 회는 될 수 있는 대로 가늘게 썬 것이 좋았던 듯하다.

또 한 가지 중요한 고기 조리 방법으로 건조가 있다. 즉 고기를 말리는 것이다. 고기를 건조시키면 상하지 않고 당분간은 보존할 수 있다. 이러한 말린 고기를 '脩(수)' 혹은 '脯(포)'라고 부른다. 殷(은)나라의 暴君(폭군) 紂(주)왕이 만들었다고 하는 酒池肉林(주지육림)의 이야기처럼, 실제로 고대 중국에서 그와 같은 연회를 벌였다고 한다면, 나뭇가지에 걸린 고기는 아마 말린 고기였을 것이다.

출전: 阿什哲次(아십철차) 저, 이기형 역, 『한자의 수수께끼』, 학민사, 1994

16

汽車驛
기차역에서

서울역은 우리나라 역의 상징적 존재로서, 1900년 京城驛(경성역)으로 개장하였으며, 1905년 南大門驛(남대문역)으로 명칭이 변경되었다. 1923년에 다시 경성역으로 바뀌었고 1925년 驛舍(역사)가 준공되었다. 1946년 광복 1주년을 맞아 일제 강점기의 명칭인 경성부를 서울시라 칭하면서부터 서울역이라 불리게 되었다. 京釜線(경부선)과 京義線(경의선)의 始終着(시종착) 역이다.

유용한 한자어 I

汽車	증기 기, 수레 차
電鐵*	전기 전, 쇠 철 *電氣鐵道의 준말
軌道	바퀴자국 궤, 길 도
旅客	나그네 려, 손 객
線路	줄 선, 길 로
驛舍	역참 역, 집 사
列車	벌일 렬, 수레 차
下車	내릴 하, 수레 차
同伴席	한가지 동, 짝 반, 자리 석
驛務員	역참 역, 일 무, 사람 원
機關士*	기계 기, 기관 관, 선비 사 *士: 직업의 이름에 붙이는 말

國內 主要 驛(국내 주요 역)

大田驛(대전역), 東大邱驛(동대구역)
釜山驛(부산역), 光州驛(광주역)
木浦驛(목포역)

유용한 한자어 II

1930년대 부산역

國內 主要 線路(국내 주요 선로)

京釜線(경부선): 서울과 부산 사이를 잇는 철도.

京元線(경원선): 서울과 원산 사이를 잇는 철노. 1914년 8월 16일에 개통되었으나, 국토 분단으로 용산에서 백마고지까지만 운행되고 있다. 길이는 88.8km.

京春線(경춘선): 서울과 춘천 사이를 잇는 철도.

湖南線(호남선): 경부선의 대전과 목포 사이를 잇는 철도.

漢字語	訓音
緩行	느릴 완, 갈 행
直行	곧을 직, 갈 행
片道	조각 편, 길 도
往復	갈 왕, 돌아올 복
換乘	바꿀 환, 탈 승
運賃	옮길 운, 품삯 임
驛廣場	역참 역, 넓을 광, 장소 장
待合室	기다릴 대, 모일 합, 집 실
買票所	살 매, 표 표, 곳 소
乘車券	탈 승, 수레 차, 문서 권
乘降場	탈 승, 내릴 강, 장소 장

1 부수의 활용

車
수레 차·거

자형

	甲		金		篆

車는 수레를 가로로 본 모양을 본뜬 상형자이다. 옛 글자체는 수레를 위에서 내려다본 모양이었는데, 한쪽 바퀴와 차 축 부분만을 떼어 내 현재의 車처럼 단순화시켰다. 이것을 부수로 하는 글자는 수레 상자나 수레바퀴와 관계가 있으며, 사람이나 물건을 태우고 싣는 것을 의미하는 경우가 많다. 대표적인 글자는 다음과 같다.

- **轍** 철 바퀴자국 **前轍** 전철
- **輪** 륜 수레바퀴 **輪廓** 윤곽
- **輿** 여 많다 **輿論** 여론
- **輸** 수 보내다 **輸出** 수출
- **輯** 집 모으다 **編輯** 편집
- **載** 재 싣다 **積載** 적재

馬
말 마

자형

	甲		金		篆

馬는 말의 머리·갈기·꼬리 및 말의 날렵한 다리를 본뜬 글자이다. '馬'를 부수로 하는 글자는 여러 종류의 말이나 말과 비슷한 동물의 명칭, 말의 상태, 말 다루기 등과 관련이 있다. 대표적인 글자는 다음과 같다.

- **馳** 치 말을 달리다 **背馳** 배치
- **驅** 구 말을 몰다 **乘勝長驅** 승승장구
- **騎** 기 말을 타다 **騎兵** 기병
- **駑** 노 말이 둔하다 **駑鈍** 노둔
- **騰** 등 말이 뛰어오르다 **急騰** 급등

2 다른 글자 유사한 의미

江·河

江(강)과 河(하)는 넓고 길게 흐르는 큰 물줄기를 의미하는 말로 쓰이지만 원래는 일반명사가 아니라 고유명사이므로 동의어는 아니다. 江(강)은 중국 대륙의 중앙부를 횡단하는 중국에서 가장 긴 강이면서 세계에서 세 번째로 긴 강인 長江(장강)을 가리키고, 河(하)는 고대 중국 문명의 발생지이면서 중국 제2의 강인 黃河(황하)를 가리킨다. '江南(강남)' 지역은 원래 중국의 장강, 즉 양자강 이남 지역을 가리키는 말이다. 그리고 '百年河淸(백년하청)'은 토사의 양이 많아 항상 누런빛을 띠고 있는 황하의 물이 맑아지기를 무작정 기다린다는 뜻으로, 아무리 기다려도 실현될 수 없는 일을 의미한다.

3 깊이가 있는 어원 이야기

還木魚[환목어: 도루묵]

조선의 인조가 公州(공주)를 순행할 때 木魚(목어)가 수라상에 올라왔다. 인조는 매우 맛있다고 생각하여 생선의 이름을 '銀魚(은어)'로 바꾸라고 하였다. 인조가 환궁한 후 다시 은어를 진상하였는데, 너무 맛이 없었기에 "도로 木魚(목어)로 부르라."라고 명하였다. 그래서 지금의 '도루묵[還木魚]'이란 이름이 붙었다.

4 한문으로 읽는 우리 속담

오 비 이 락
烏飛梨落 **의미** 까마귀 날자 배 떨어진다.

아무 관계도 없이 한 일이 공교롭게도 때가 같아 억울하게 의심을 받거나 난처한 위치에 처하게 됨을 이르는 말이다. 중국의 한시 「君子行(군자행)」에서 "오이 밭에서는 신을 고쳐 신지 말고 오얏나무 아래에서는 갓을 바로 고쳐 쓰지 말라.[瓜田不納履, 李下不整冠.]"고 한 것과 유사한 의미이다.

5 주변에서 만난 한자

한자는 비슷하게 생긴 글자가 많기 때문에 주의하지 않으면 잘못 쓰기 쉽다. 흔히 잘못 쓰는 글자 중 하나는 賣(매)와 買(매)이다. 賣는 '팔다'는 뜻이고 買는 '사다'는 뜻이며 음은 모두 '매'이다. 그렇기 때문에 '표를 사는 곳'이라고 할 때는 '買票所(매표소)'가 맞고 '표를 파는 곳'이라 할 때는 '賣票所(매표소)'가 맞다.

어떤 기차역에 두 가지 안내 표지가 같이 있는 것을 볼 수 있다.

6 잠 깨우기

금강산의 중이 동냥을 하다가 함경도에 들어갔는데, 함경도 사람들은 귀천을 막론하고 모두 노끈을 얽어 만든 갓에 개가죽으로 만든 옷을 입고 있었다. 중이 처음에는 조금 양반의 낯을 가려 절을 하다가 시간이 지나자 무시하였고 사람들 역시 그를 꾸짖지 않았다.

마침 계모임 하는 곳을 지나다가 술통을 치며 동냥을 하는데, 상석에 앉아 있는 사람은 옷차림이 무리 중에서 조금 산뜻하였다. 그는 중이 자기에게 따로 절하지 않은 것에 성이 나서 잡아다가 죄를 묻고 매를 치려 하였다. 중이 싹싹 빌며 용서해 달라고 애걸하였고 여러 사람이 나서서 말려 준 덕에 간신히 매질을 모면하였다. 상석에 앉은 자가 좌중을 돌아보며 웃고는 대단히 의기양양하게 중을 불러 술을 주며 말했다.

"네가 남쪽에서 왔으니 나와 조금은 말상대가 되겠구나."

중의 나이와 지나온 곳, 머문 곳 등을 꼬치꼬치 물으매, 중 역시 조금 취하여 입에서 나오는 대로 대꾸하다가 분한 기운이 가슴에 가득 차서 속으로 탄식하였다.

'고작 저 개자식이 나를 이처럼 곤욕스럽게 만드니, 중이 참으로 개만도 못하구나!'

그때 갑자기 강아지 한 마리가 울타리에서 튀어나와 짖다가 자리를 향해 앉자 중이 재빨리 개 앞으로 달려가 절하고는 지나온 곳과 머문 곳, 이름과

나이를 낱낱이 진술하니 상석에 앉은 자에게 대답할 때와 똑같았다. 이어서

"맞이해 절을 올리는 것이 조금 늦었으니, 죽을죄를 졌습니다. 죽을죄를 졌습니다!"

라고 사죄하였다.

상석에 앉은 자가 괘씸하게 여겨 큰 소리로 꾸짖었다.

"개한테 절하는 것도 중의 예인가? 또 무슨 하소연을 하는가?"

중이 이에 머리를 들고 성난 기색으로 대꾸하였다.

"개에게서 털을 빌린 자조차 사람을 윽박질러 절하게 하는데, 본래 개털을 지니고 있는 분이야 더할 나위가 있겠습니까? 제가 참으로 벌을 받을까 겁이 나 감히 절하지 않을 수 없었고, 또 늦게 절한 죄를 용서해 달라고 빌었습니다."

좌중은 모두 아무 말도 하지 못하였다.

출전: 成大中(성대중)의 『靑城雜記(청성잡기)』

7 우리나라의 고사성어

貴達馬(귀달마)

조선의 정승 洪貴達[홍귀달, 1438~1504]은 청렴하고 검소하였다. 정승의 지위에 있었으나 그의 말이 살찌지 않았기에 비루먹은 말을 '貴達馬(귀달마)'라고 부른다.

또 鄕廳馬(향청마)는 留鄕所(유향소)*에서 타는 말로, 오랫동안 매어 두고 잘 먹이지 않았다. 그래서 야윈 말을 '鄕廳馬(향청마)'라고도 부른다.

* 留鄕所(유향소): 고려·조선 시대에, 지방의 수령을 보좌하던 자문 기관으로, 풍속을 바로잡고 향리를 감찰하며, 민의를 대변하였다.

8 중국의 고사성어

刻舟求劍(각주구검)

의미 배에 새겨 표시해 두고 칼을 찾는다는 말로, 시세의 추이를 모르고 하나만을 고집하는 융통성 없음을 비유함.

楚(초)나라의 어떤 사람이 배를 타고 강을 건너고 있었다. 그런데 지니고 있던 칼이 물속에 빠지자 뱃전에 표시하며 말하였다.

"여기가 내 칼이 떨어진 곳이다."

배가 멈추자 표시해 둔 곳을 따라 물속에 뛰어들어 칼을 찾았다. 그러나 배는 이미 칼이 빠진 곳을 지나왔고 칼은 움직이지 않기에 칼을 찾을 수 없었다.

출전: 『呂氏春秋(여씨춘추)』「察今(찰금)」

9 한자 문화 이야기

육식의 역사(2)

개고기와 관련해서 많이 사용하는 성어로 羊頭狗肉(양두구육)이 있다. 이는 좋은 물건을 간판으로 내걸고 그보다 못한 물건을 파는 것이다. 이 말은『晏子春秋(안자춘추)』에 나오는 "소머리를 문에 매달고 안에서 말고기를 판다.[懸牛首于門而賣馬肉于內也.]"라는 어구가 변한 것이라고 한다. 이 역시 외면과 내실이 일치하지 않는 경우를 비유하는 말인데, 소가 양으로 바뀌고 말이 개로 바뀐 것이 '양두구육'이란 성어이다.

'羊頭狗肉(양두구육)'의 狗(구)는 개를 뜻한다. 고대에는 狗(구)와 犬(견), 이 두 글자의 의미에 차이가 있어서 犬(견)은 成犬(성견), 즉 다 자란 개를 의미하였고 狗(구)는 빳빳한 털이 자라기 전의 강아지를 가리켰다. 그리고 후자는 자주 식용되곤 하였다.

중국에서는 본래 개고기를 먹는 습관이 보편적으로 있어서 고대부터 개를 식용으로 판매해 왔다. 『史記(사기)』의 기록에 따르면, 漢(한)나라를 세운 인물인 劉邦(유방)의 부하였던 樊噲(번쾌)는 본디 개를 식육으로 가공하는 업자였다.

개고기를 먹는 습관은 일찍이 아시아 각지와 오세아니아에 분포되어 있었고 지금도 복건성이나 광동성 등 중국 남방 지역에서는 개고기를 먹는 것이 드문 일이 아니다. 또 한국에서도 개고기는 더위를 쫓는 음식으로, 특히 여름에 즐겨 먹었다. 홍콩도 본래 개고기를 즐겨 먹는 지역인데, 애완동물 보호를 위해서 개 식용을 엄중히 금지하였다. 그러자 드러내 놓고 '狗肉(구육)'이라고 할 수 없어서 홍콩에서는 개고기를 '香肉(향육)'이라 불렀다. 또 홍콩에서 사용되고 있는 광동 방언으로 狗(구)와 九(구)는 발음이 같기 때문에 九(구)를 나누어 三六香肉(삼육향육)이라는 은어로 개고기를 표현한다고 한다.

출전: 阿什哲次(아십철차) 저, 이기형 역, 『한자의 수수께끼』, 학민사, 1994

17

空港
공항에서

우리나라 최초의 飛行士(비행사)는 1922년 서울에서 비행을 선보인 안창남이다. 우리나라의 공항은 여의도 비행장, 김포공항을 거쳐 仁川國際空港(인천국제공항)으로 이어졌다. 空港(공항)이 구비하여야 할 시설로는 航空機(항공기)를 안전하게 離陸(이륙)·着陸(착륙)시키는 데 필요한 着陸臺(착륙대), 滑走路(활주로), 誘導路(유도로), 駐機場(주기장), 格納庫(격납고), 管制施設(관제시설), 給油施設(급유시설), 소방시설, 구급시설 등이 있다.

漢字 유용한 한자어 I

空港　하늘 공, 항구 항

發券　발행할 발, 문서 권

搭乘　탈 탑, 탈 승

離陸　떠날 리, 뭍 륙

着陸　붙을 착, 뭍 륙

航空券　배 항, 하늘 공, 문서 권

航空機　배 항, 하늘 공, 기계 기

滑走路　미끄러울 활, 달릴 주, 길 로

飛行場　날 비, 갈 행, 장소 장

國內線　나라 국, 안 내, 줄 선

國際線　나라 국, 사이 제, 줄 선

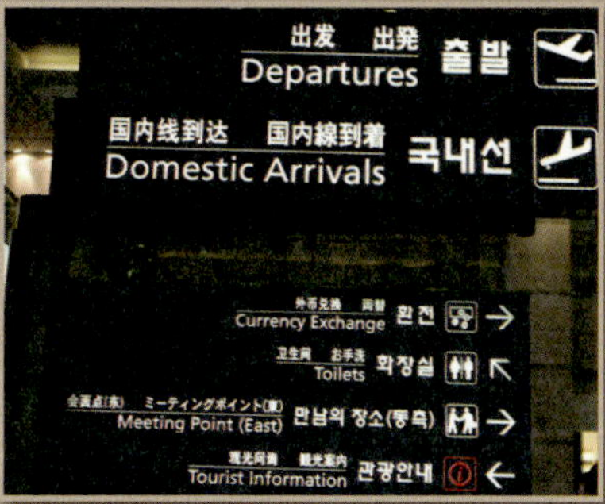

유용한 한자어 II

漢字

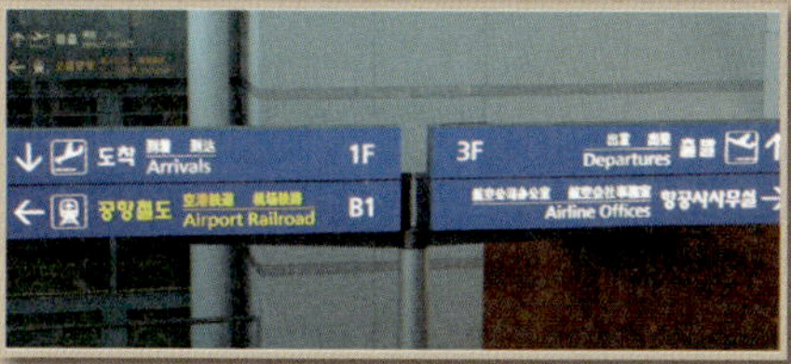

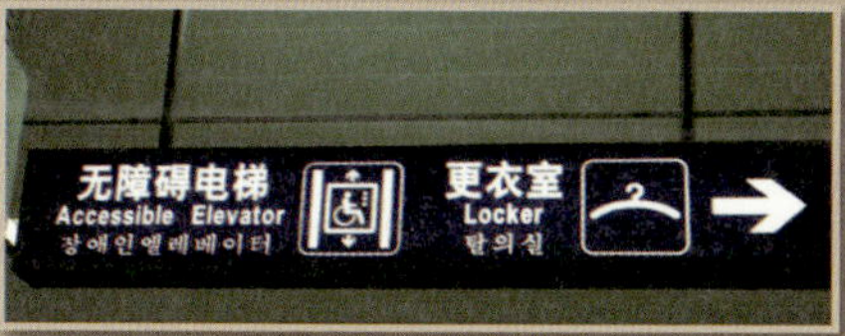

出國 節次(출국 절차)

發券(발권)→手荷物 委託(수하물 위탁)→稅關·兵役 申告(세관·병역 신고)→保安 檢索(보안 검색)→出國 審査(출국 심사)→搭乘口 移動(탑승구 이동)→旅客 搭乘(여객 탑승)

入國 節次(입국 절차)

檢疫 申告(검역 신고)→稅關 申告(세관 신고)→入國 審査(입국 심사)→手荷物 收聚帶(수하물 수취대)→入國場(입국장)

旅券	나그네 려, 문서 권
航路	배 항, 길 로
機長	기계 기, 우두머리 장
稅關	세금 세, 관문 관
檢疫	검사할 검, 전염병 역
經由地	지날 경, 말미암을 유, 땅 지
管制塔	관리할 관, 통제할 제, 탑 탑
機內食	기계 기, 안 내, 밥 식
免稅店	면할 면, 세금 세, 가게 점
檢索臺	검사할 검, 찾을 색, 대 대
手荷物	손 수, 멜 하, 물건 물
乘務員	탈 승, 일 무, 사람 원

1 부수의 활용

犬
개 견

자형

犬은 귀를 세우고 앞발을 들고 있는 개의 형상을 본떠서 '개'의 뜻을 나타낸다. 犬이 왼쪽에 놓일 때는 모양이 犭의 형태이고 '개사슴록 변'이라고 부르는데, 犬이 부수로 쓰일 때는 대부분 이와 같은 형태가 된다. 이것을 부수로 하는 글자는 여러 가지 종류의 개나 개와 비슷한 동물, 개의 상태, 야수적인 성질이나 행위, 사냥 등과 관련이 있다. 대표적인 글자는 다음과 같다.

- **狗** 구 작은 개   **白狗** 백구
- **獸** 수 짐승   **野獸** 야수
- **狂** 광 미치다   **狂亂** 광란
- **狐** 호 여우   **狐假虎威** 호가호위
- **猛** 맹 사납다   **猛烈** 맹렬
- **獵** 렵 사냥하다   **狩獵** 수렵

鳥
새 조

자형

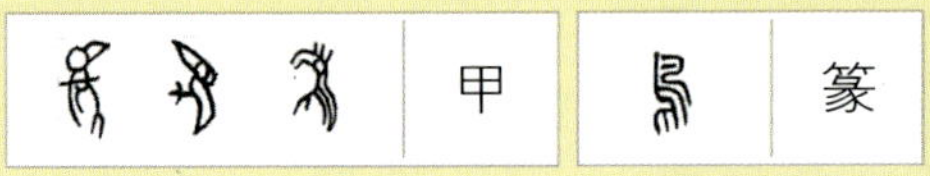

鳥는 새의 모양을 본뜬 글자이다. 隹[추: 새]가 꽁지는 짧고 몸이 뚱뚱한 새의 모양을 본뜬 것이라면 鳥는 꽁지가 긴 새를 가리킨다. 鳥는 새를 측면에서 본 모양으로, 위는 머리이고 가운데의 점은 새의 눈이며, 그 아래는 목의 깃·날개·꽁지·다리를 형상화한 것이다. 이것을 부수로 하여 각종 조류의 명칭과 조류와 관련되는 행위를 나타내는 글자를 이룬다. 대표적인 글자는 다음과 같다.

- **鳳** 봉 봉새   **鳳凰** 봉황
- **鷄** 계 닭   **群鷄一鶴** 군계일학
- **鶴** 학 두루미   **鶴首苦待** 학수고대
- **鴛** 원 원앙새   **鴛鴦** 원앙
- **鵠** 곡 고니   **正鵠** 정곡
- **鳴** 명 새가 울다   **共鳴** 공명

2 다른 글자 유사한 의미

朋·友

'朋友有信(붕우유신)'은 사람이 살아가면서 지켜야 할 다섯 가지 도리인 五倫(오륜) 중의 하나로, 벗끼리는 신의가 있어야 한다는 말이다. 朋(붕)과 友(우)는 모두 친구를 뜻하기는 하지만 의미상 차이가 있다. 漢(한)나라 때의 저명한 유학자인 鄭玄(정현)은 '한 스승에게서 동문수학을 한 사이'를 朋(붕)이라 하고 '뜻을 같이하는 사이'를 友(우)라 한다고 설명하였다. 『논어』의 첫 구절로 유명한 "벗이 먼 곳에서 찾아오니 기쁘지 않겠는가?[有朋自遠方來, 不亦樂乎?]"에서의 '벗[朋]'은 곧 한 스승에게서 함께 공부했던 사이를 말한다. 후대로 오면서 이러한 차이가 불분명해지기는 하였지만, '朋(붕)'이 '무리 짓다', '벗이 되다'라는 뜻의 동사로 쓰일 때에는 朋黨(붕당)이라는 단어에서 보듯이, 부정적인 어감을 갖는 말로 쓰이기도 한다. 友愛(우애)·友邦(우방)·友好(우호)·莫逆之友(막역지우)·竹馬故友(죽마고우) 등에서 보듯이 '友(우)'는 벗, 혹은 벗과 맺는 좋은 관계를 뜻하는 말로 광범위하게 쓰인다.

3 깊이가 있는 어원 이야기

高麗臭[고리취: 고린내]

燕巖(연암) 朴趾源(박지원)은 "중국 사람은 몹시 더러운 냄새를 '高麗臭(고리취)'라고 한다. 麗의 음은 '리'이다. 고려 사람의 닦지 않은 발 냄새이다."라고 했다.

송나라의 시인인 山谷(산곡) 黃庭堅(황정견)의 시에,

하필 더러움을 참으며 발을 씻지 않는가	何須忍垢不濯足
괴로이 양주의 陰子春(음자춘)을 배우네	苦學梁州陰子春

라는 구절이 있다. 陰子春(음자춘)은 梁(양)나라의 무장인데, 언제나 때에 찌든 옷을 입고 발도 몇 년에 한 번 닦았다. 그는 몸을 씻으면 재물을 잃고 낭패를 당한다고 늘 말하였다. 실제로 음자춘이 양주에 있을 때 발을 닦았다가 양주에서 패전한 일이 있었다고 한다.

4 한문으로 읽는 우리 속담

일 야 만 리 성
一夜萬里城 의미 하룻밤에 만리장성을 쌓는다.

'하룻밤을 자도 만리장성을 쌓는다.[一夜之宿, 長城或築.]'는 잠시 동안이라도 방비하지 않으면 안 된다는 뜻의 속담이다. 또는 잠깐 만났다가 헤어질 사람이라도 깊은 정을 맺는다는 의미도 있다.

왜적이 우리나라에 쳐들어와서 비록 하룻밤을 자고 가더라도 반드시 성을 쌓았다. 산 위에 왕왕 그것이 있는데, 사실은 적을 방어하기 위한 것이다.

5 주변에서 만난 한자

이 사진들은 業種(업종)을 한자로 표기한 것들이다. 첫 번째 사진은 서예에 쓰는 종이를 판매하는 곳의 간판이다. 두 번째 사진은 붓을 파는 곳의 간판으로, 각각 紙房(지방)·筆房(필방)이라고 표기되어 있다. 세 번째 사진은 '廣告(광고)', 마지막 사진은 '美容室(미용실)'이라고 적혀 있다. 요즘에는 이와 같이 한글 부기 없이 한자로만 업종을 표기한 것을 보기 힘들지만, 이러한 간판은 오랜 전통과 연륜을 대변한다는 느낌을 줄 수 있다. 또 한글과 외래어 간판 속에서 이들이 오히려 돋보이는 효과도 있다.

6 잠 깨우기

趙載百(조재백)이라는 자는 닭 잡을 힘도 없는데 협객의 우두머리이다. 그가 예전에 기방에서 놀 때 어떤 협객이 같이 어울리자고 꾀었다. 조재백은 자신이 나약하다며 사양하니 협객이 말하였다.

"많은 사람 앞에서 그들을 깜짝 놀라게 만들 일을 저지르면 사람들이 모두 두려워 피할 것이오."

억지로 그와 함께 가 보니 좌중에 있는 사람들은 모두 勇力(용력)이 있는 자였는데, 조재백을 무시하고 말투도 불쾌했다. 조재백이 갑자기 화로를 들어 내던지자 불꽃이 별처럼 흩어지니 자리에 있던 사람들이 놀라 흩어졌다. 이로부터 그를 추대하여 우두머리로 삼았고 그가 오면 모두 자리를 피했다.

당론의 우두머리도 이와 마찬가지이니 세상을 놀라게 할 수 있는 奏議(주의) 한 편이면 너끈히 우두머리가 된다. 이 기세로 적을 공격하면, 한 사람이 소매를 걷어붙이거든 수많은 사람들이 피해 도망간다.

출전: 成大中(성대중)의 『靑城雜記(청성잡기)』

7 우리나라의 고사성어

巨善牌(거선패)

키가 매우 작은 李魯在(이노재)는 善山府使(선산 부사)가 되었고 키가 매우 큰 許乘(허승)은 巨濟府使(거제 부사)가 되었다. 당시 영남 관찰사가 특별히 두 사

람을 동시에 불러들였다. 그들이 명함을 바치고 들어오니, 기녀가 웃으며 天壤之差(천양지차)로 차이가 많이 나는 것을 비유하여 '巨善牌[거선패: 거제 부사와 선산 부사의 패]'라고 하였다.

8 중국의 고사성어

鷄鳴狗盜(계명구도)

의미 닭 울음을 흉내 내고 개같이 도둑질한다는 말로, 천박한 꾀나 재주를 써서 남을 속임을 비유함.

제나라의 孟嘗君(맹상군)은 왕족 靖郭君(정곽군)의 서자였지만 자질이 뛰어나서 그 후계자가 되었다. 薛(설)의 영주가 된 그는 선정을 베푸는 한편 인재를 우대하여 천하에 명성을 떨쳤다. 수천 명에 달하는 식객 중에는 학식 있고 글 잘하는 문사는 물론 밤에 개처럼 좀도둑질하는 사람[狗盜]이나 닭 울음소리를 잘 내는 자[鷄鳴]까지 있었다.

어느 날, 그의 명성을 들은 秦(진)나라 昭襄王(소양왕)이 맹상군을 재상으로 초빙하였다. 내키지 않았지만 나라를 위한 일인지라 식객 중에서 몇 사람을 대동하고 진나라의 수도에 도착하였다. 맹상군은 소양왕을 알현하고 값비싼 狐白裘(호백구)를 진상했다. 그러나 진나라의 중신들이 맹상군을 기용하는 것에 반대하고 나섰다.

"맹상군은 제나라의 왕족이니 반드시 제나라를 우선시하여 진나라를 위태롭게 할 것입니다."

신하들의 말을 들은 소양왕이 맹상군을 가두고 죽이려 하였다. 이를 눈치

챈 맹상군은 궁리 끝에 소양왕이 아끼는 후궁에게 자신이 무사히 귀국할 수 있도록 힘써 달라고 부탁하였다. 그러자 그녀는 무리한 요구를 했다.

"내게도 왕에게 진상한 것과 똑같은 호백구를 주시면 힘써 보겠어요."

그래서 개처럼 도둑질을 잘하는 식객 하나가 궁중에 잠입해서 왕에게 진상했던 호백구를 감쪽같이 훔쳐 내어 후궁에게 주었다. 후궁의 간청에 못 이긴 소양왕은 맹상군의 귀국을 허락했다.

맹상군은 일행을 거느리고 진나라의 국경인 函谷關(함곡관)으로 급히 향했다. 그를 놓아준 것을 크게 후회한 소양왕이 추격병을 급파했다. 한편 한밤중에 함곡관에 닿은 맹상군 일행은 국경을 넘어갈 수 없었다. 첫닭이 울 때까지 관문을 열지 않기 때문이었다. 일행이 안절부절못할 때 닭 울음 흉내를 잘 내는 식객이 닭 울음소리를 내자 온 동네 닭이 따라 울기 시작했다.

잠이 덜 깬 병졸들이 눈을 비비며 관문을 열자 일행은 문을 빠져나와 말을 채찍질하여 쏜살같이 달아나 무사히 제나라에 도착했다.

출전: 『史記(사기)』「孟嘗君列傳(맹상군열전)」

9 한자 문화 이야기

한자와 색(1)

여러 곳의 유적지에서 출토된 신석기 시대의 술그릇과 채색 도자기들을 살펴보면, 이때부터 벌써 紅色(홍색)·白色(백색)·黑色(흑색)·褐色(갈색) 등의 다양한 색깔이 사용되고 있었음을 알 수 있다. 따라서 이러한 색채들이 한자에 반영되지 않을 수가 없었다. 그러므로 이른 시기 갑골문에도 색채를 나타내는 네 글자–幽(유)·白(백)·赤(적)·黃(황)–가 존재하였다.

한자 중 색채를 표시하는 글자는 '糸[사:실]'를 부수로 하고 있는 경우가 가장 많다. 우선 紅(홍)은 본래 옅은 붉은색, 곧 분홍색 비단을 가리켰으나 후대로 내려오면서 핏빛처럼 선명한 붉은색 견직물을 가리키는 말로 사용되었다. 綠(록)은 본래 藍色(남색)과 黃色(황색) 염료를 섞어 물들인 비단을 가리켰다. 이것이 후대로 내려오면서 풀과 나뭇잎이 무성할 때의 색채를 가리키는 것으로 바뀌었지만 원래는 비단의 색이다. 또 素(소)는 흰색의 고운 비단, 즉 물들이지 않은 비단을 뜻한다. 素服(소복)은 상중이나 여타 흉사를 만났을 때 입는 흰색 관복이다. 素衣(소의) 또한 흰색 의복을 가리키는데, 청렴결백한 지조를 비유하는 말로 쓰기도 한다.

靑(청)은 원래 짙은 남색을 가리키며 고대에 가장 많이 사용된 염료의 일종으로 쪽풀에서 추출해 낸다. 靑(청)의 의미는 남색 또는 진한 녹색으로 의미가 확대되어서 쓰인다. 藍(람)은 바로 大靑(대청), 즉 쪽빛 물감의 원료인 쪽풀이다. 제자가 스승보다 더 낫다는 의미로 쓰이는 '靑出於藍, 靑於藍.(청출어람, 청어람.)'에서 이 푸른 빛깔과 그 원료가 되는 쪽풀의 관계가 잘 드러난다.

이 밖에 玉(옥) 자를 포함하고 있는 글자로 碧(벽)이 있다. 『설문해자』에서 "아름다운 푸른색 돌을 뜻하며, 玉[옥: 구슬]과 石[석: 돌]의 의미와 白[백: 흰]의 소리를 취하였다."라고 하였다. 碧(벽)은 일종의 청록색 옥돌이라는 뜻에서 일반적인 푸른빛을 뜻하는 말로 쓰이게 되었다. 또 翠(취)는 羽[우: 깃]를 부수로 삼고 있는 글자로, 원래 푸른색 깃털의 물총새를 뜻한다. 따라서 翡翠色(비취색)은 곧 푸른 새의 색채를 가리킨다.

18

旅路
여로에서

蘇轍(소철)이 일찍이 "文章(문장)은 기상을 형상화한 것이다. 孟子(맹자)는 浩然之氣(호연지기)를 잘 길렀고 司馬遷(사마천)은 먼 곳을 遊覽(유람)함으로써 기상을 장대하게 하였기에 그들이 지은 문장은 광대한 특징이 있고 통쾌한 특징이 있다."라고 논하였다. …… 馬存(마존)도 "사마천의 문장은 책에 있지 않고 유람을 배운 데 있으니, 유람을 배우지 않고 문장만 배운다면 마침내 陳腐(진부)하고 平凡(평범)하게 될 뿐이다."라고 하였다.

– 徐居正(서거정)의 「遊松都錄序(유송도록서)」

漢字 유용한 한자어 I

旅路	나그네 려, 길 로
旅行	나그네 려, 다닐 행
路程	길 로, 길 정
旅程	나그네 려, 길 정
觀光	볼 관, 경치 광
同行	함께 동, 다닐 행
巡禮	돌 순, 예도 례
宿泊	잘 숙, 머무를 박
島嶼	섬 도, 섬 서
行樂	행할 행, 즐길 락
賞春	즐길 상, 봄 춘
旅毒	나그네 려, 독 독
夜景	밤 야, 경치 경

우리나라의 江(강)

鴨綠江(압록강), 豆滿江(두만강), 漢江(한강)
錦江(금강), 洛東江(낙동강)

유용한 한자어 II 漢字

頂上	꼭대기 정, 위 상
登攀	오를 등, 더위잡을 반
縱走	세로 종, 달릴 주
山莊	산 산, 별장 장
瀑布	폭포 폭, 펼 포
溪谷	시내 계, 골 곡
溫泉	따뜻할 온, 샘 천
海水浴	바다 해, 물 수, 목욕 욕
遊覽船	놀 유, 볼 람, 배 선
名勝地	이름 명, 경치 승, 땅 지
奇巖絶壁	기이할 기, 바위 암, 끊어질 절, 벽 벽
落花流水	떨어질 락, 꽃 화, 흐를 류, 물 수

우리나라의 山(산)

白頭山(백두산), 金剛山(금강산), 雪岳山(설악산)
智異山(지리산), 漢拏山(한라산)

1 부수의 활용

山
산 산

자형

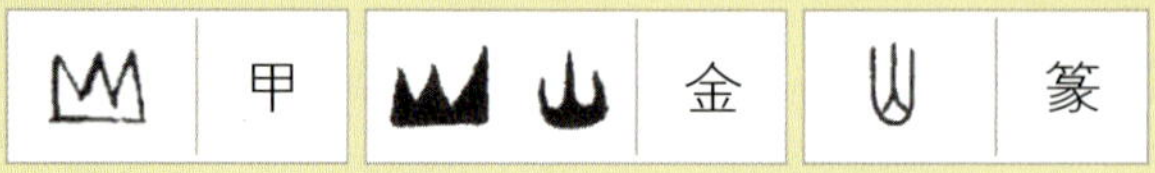

山은 산의 모양을 본뜬 글자이다. 중간에 튀어나온 곳은 산봉우리를, 오목한 곳은 바위 골짜기를 본떴다. 평평한 땅에 높이 올라온 돌산을 山이라고 한다. 따라서 완만한 언덕이 아닌 높은 봉우리를 가리키는 경우가 많다. 이것이 부수로 쓰여서 여러 종류의 산, 산의 모양, 산의 이름을 나타내는 글자를 이룬다. 대표적인 글자는 다음과 같다.

- **岸** 안 바다나 강가의 기슭 **海岸** 해안
- **峻** 준 높다 **險峻** 험준
- **崩** 붕 무너지다 **崩壞** 붕괴
- **峽** 협 골짜기 **峽谷** 협곡
- **崇** 숭 높다 **崇尚** 숭상
- **崎** 기 험하다 **崎嶇** 기구

木
나무 목

자형

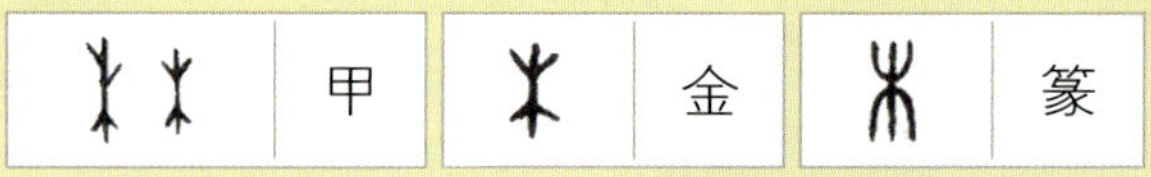

木은 나무의 모양을 본뜬 글자이다. 갑골문의 자형에 의하면, 아래는 뿌리를 본뜨고 위는 가지를 본떴다. 윗부분 중에 가운데가 줄기이고, 곁이 가지이다. 아랫부분 중에 가운데가 곧은뿌리이고, 곁이 잔뿌리이다. '木'을 부수로 하는 대표적인 글자로 本[본: 근본]과 末[말: 끝]이 있으니, 각각 나무의 뿌리 부분과 끝부분을 표시한 會意文字(회의문자)이다. 木을 부수로 하여 여러 가지 나무의 종류, 나무의 부분, 나무를 재료로 하여 만들어진 것, 나무의 상태 등을 나타내는 문자를 이룬다. 대표적인 글자는 다음과 같다.

- **本** 본 나무의 뿌리 **根本** 근본
- **森** 삼 나무가 빽빽하다 **森羅** 삼라
- **析** 석 나무를 쪼개다 **分析** 분석
- **末** 말 나무의 끝 **末端** 말단
- **松** 송 소나무 **松柏** 송백
- **枝** 지 가지 **枝葉** 지엽

2 다른 글자 유사한 의미

山·峰 丘·陵

山(산)과 峰(봉), 그리고 丘(구)와 陵(릉)은 모두 산을 가리킨다는 점에서 의미가 같지만 성분·부피·높이·특징이 각각 다르다.

山(산)은 원래 돌로 이루어진 큰 산을 의미하였는데, 의미가 확장되어 평지보다 높이 솟아 있는 땅의 부분을 가리키는 말로 넓게 쓰이게 되었다.

峰(봉)은 산에서 뾰족하게 높이 솟은 부분을 가리킨다. 가장 높은 봉우리를 最高峰(최고봉)이라고 한다. 예를 들면 지리산의 최고봉은 天王峰(천왕봉)이다.

그리고 丘(구)는 땅이 비탈지면서 조금 높은 곳, 즉 언덕을 의미한다. '首丘初心(수구초심)'이란 여우가 죽을 때에 머리를 자기가 살던 언덕 쪽으로 바르게 한다는 말로, 고향을 그리워하는 마음을 비유한 성어이다.

마지막으로 陵(릉)은 丘(구)보다 크면서 흙으로 된 언덕을 의미하는데, 일반적으로 왕실의 무덤처럼 규모가 큰 陵墓(능묘)를 가리키는 말로 쓰인다.

3 깊이가 있는 어원 이야기

亡命(망명)

亡命(망명)은 혁명 또는 그 밖의 정치적인 이유로 자기 나라에서 박해를 받거나 박해를 받을 위험이 있는 사람이 이를 피하기 위하여 외국으로 몸을 옮김을 의미한다. 『史記(사기)』「張耳傳(장이전)」에서 "張耳(장이)가 亡命(망명)하여 外黃(외황)으로 달아났다."라고 하였는데, 그 주석에서 "命(명)은 이름[名]이다."라고 풀이하였다. 그러므로 '亡命(망명)'은 '자신의 본래 이름을 버리고 달아나 숨는다.'는 뜻이다.

4 한문으로 읽는 우리 속담

凍足放尿 (동족방뇨)	의미 언 발에 오줌 누기

몹시 추운 겨울에 언 발을 녹이려고 오줌을 누어 봤자 효력이 별로 없다는 뜻으로, 임시변통은 될지 모르나 그 효력이 오래가지 못할 뿐만 아니라 결국에는 사태가 더 나빠짐을 비유적으로 이르는 말이다. '굶주렸을 때 烏喙(오훼)*를 먹으면 조금 뒤 바로 앞으로 달려가지만 얼마 지나서는 뒷걸음치게 된다.'는 말도 이와 같다.

* 烏喙(오훼): 바꽃의 뿌리. 독성이 강하여 마취제로 쓰이며, 附子(부자)라고도 한다.

5 주변에서 만난 한자

유산균 음료의 이름이 '쾌변'이다. '시원스럽게 똥을 눈다.'는 의미이다. '똥'은 방송에서도 사용하지 않는 불편한 어휘이다. 그런데 음식에 똥의 한자어인 便(변) 자가 사용되었다. 便 자는 '便利(편리)', '便宜(편의)'에서와 같이 '편하다'라는 의미로 사용될 때는 그 음이 '편'이다. 그러나 '大便(대변)'·'小便(소변)'과 같이 '똥·오줌'이라는 의미로 사용될 때는 '변'이라고 읽는다. 아무튼 음식에 이렇게 이름을 붙여도 시비하는 이가 없는 것을 보면 便이 '똥·오줌'이라는 의미를 잘 모르든가, 아니면 퍽이나 무감각한가 보다.

6 잠 깨우기

樂靜(낙정) 趙錫胤[조석윤, 1605~1654]이 아직 관직에 오르지 않았을 적에 일이 있어 도성에 들어가면 한 委巷人(위항인)의 집에 머물렀다. 마침 그 집에 들르니, 주인이 기뻐하며 말했다.

"우리 노부부가 佛事(불사)가 있어 도성을 나가 하룻밤 묵고 오려는데 과년한 딸만 혼자 있고 집에 지킬 만한 사람이 없던 차에 다행히 공께서 오셨습니다." 라며 바깥채의 자물쇠를 주고 떠났다.

낙정이 홀로 빈집에서 묵고 있는데, 그 집 딸이 언문책을 읽는 소리가 들려왔다. 밤이 깊어지자 마음이 동하여 억제할 수 없어 안채로 통하는 문을 열고 나가려다가 이내 멈추었다. 두 번째는 나가서 마당 중간쯤에 이르렀다가 되돌아왔고 세 번째는 거의 안채 계단까지 갔다가 갑자기 몸을 돌려 안채 문으로 들어와 스스로 탄식하였다.

"내 반평생 지켜 온 지조가 오늘 밤에 다 무너지는구나!"

그러고는 바깥채의 자물쇠를 가지고 안채 문을 잠근 뒤에 열쇠를 문밖으로 던져 버리고 잠을 잤다.

낙정이 새벽에 일어나 그 열쇠를 주우려 했으나 방법이 없어 더욱 한탄해

마지않고 있을 때 갑자기 창을 두드리며 열쇠를 넣어 주는 자가 있기에, 낙정이 놀라 누구냐고 묻자 그가 대답하였다.

"도둑입니다. 이 집에 재물이 많은 줄 알기에 밤마다 엿보고 있었으나 노부부가 잠이 적어 틈을 탈 수가 없었습니다. 다행히도 그들이 외출하였기에 그림자를 숨기고 들어왔는데 공이 간특한 마음으로 안채에 들어가는 것을 보았습죠. 도둑도 義氣(의기)가 있는지라, 공이 하는 짓을 의롭지 않게 여기고, 만약 그 여인을 범한다면 기필코 공을 찔러 죽이고 달아나려고 칼을 뽑아 기다리는데 공이 갑자기 몸을 돌려 문으로 들어가 열쇠를 밖으로 던졌습니다. 소인은 저도 모르게 홀연히 감동하여 마음속으로 '나나 저분이나 똑같은 사람인데 저분은 허물을 고치는 것이 이토록 빠르건만 나는 아직도 도둑질을 한단 말인가?'라고 감탄하였습니다. 지금부터 더러운 행실을 버리고 착한 사람이 되겠다고 맹세하였기로 열쇠를 들여보내 스스로 증명하는 것입니다. 공께서는 저를 매질하여 제가 스스로 새로워지는 길을 열어 주십시오."

낙정이 말하기를

"나는 지금 너에게 부끄러운데 어떻게 너를 매질하겠느냐?"

라고 하자, 도둑이 대답하였다.

"그렇지 않습니다. 공께서는 이미 잘못을 고치셨으니 뭐 부끄러울 것이 있겠습니까? 그저 아프게 저를 매질하여 제가 착한 사람이 될 수 있게 해 주십시오."

낙정이 하는 수 없이 그를 몇 대 내려쳤는데, 매를 내려칠 때마다 도둑은 두 손을 모아 빌면서

"소인이 제 죄를 압니다."

라고 하였다. 얼마 후 주인이 돌아와서 물었다.

"밤새 편히 주무셨습니까?"

낙정이 얼굴을 붉히며 사죄하였다.

"제가 저 도둑에게 부끄럽소."

낙정이 그 까닭을 갖추어 말하니, 주인이 웃으며 말하였다.

"도둑도 참으로 어질지만, 저는 본래 공께서 이와 같이 하실 줄 알았습니다."

도둑은 마침내 낙정을 따라가 떠나지 않고, 그가 출입할 때마다 반드시 수행하였다. 그리고 틈이 나면 신을 삼아 재물로 바꾸어 훔쳤던 것을 모두 변상하였다. 낙정이 죽자 도둑은 삼년상을 마치고 떠났다.

출전: 成大中(성대중)의 『靑城雜記(청성잡기)』

7 우리나라의 고사성어

釣龍臺(조룡대)

玉峯(옥봉) 白光勳[백광훈, 1537~1582]은 시 잘 짓기로 유명하였다. 그가 유람을 하다 公州(공주)를 지날 때 고을의 사포가 성대하게 준비를 하고 마중하였고 기생들도 한껏 차려입고 기다리고 있었다. 그러나 막상 도착한 그를 보니 풍채와 생김새가 몹시 보잘것없는 일개 處士(처사)였다. 그러자 기생이 비웃

으며 말하였다.

"지금 白公(백공)을 보자니 바로 釣龍臺(조룡대)로군요."

釣龍臺(조룡대)*란 대개 유명한 곳에 실제로는 볼만한 것이 없다는 뜻이므로 이렇게 말한 것이다.

* 釣龍臺(조룡대): 충청남도 부여군 백마강 가운데 있는 바위로, 당나라의 장군 소정방이 여기에서 용을 낚았다는 전설이 있다.

8 중국의 고사성어

愚公移山(우공이산)

의미 우공이 산을 옮긴다는 말로, 한 가지 일을 끝까지 밀고 나가면 언젠가는 목적을 달성할 수 있음을 비유함.

옛날 중국의 太行山(태항산)과 王屋山(왕옥산) 부근에 愚公(우공)이라는 90세 노인이 살고 있었다. 사방이 700리, 높이가 만 길이나 되는 이들 산이 북쪽을 온통 가로막아 다니기가 무척 불편하였다.

우공이 어느 날 가족을 모아 놓고 말하였다.

"내가 너희들과 함께 저 험한 산을 평평하게 하여 豫州(예주)의 남쪽까지 곧장 길을 내는 동시에 漢水(한수) 남쪽까지 갈 수 있도록 하려는데, 할 수 있겠느냐?"

모두들 찬성하였는데 그의 아내만이 반대하며 말하였다.

"당신 힘으로는 조그만 언덕 하나 파헤치기도 어려운데, 태항산이나 왕옥산처럼 큰 산을 어떻게 깎아 내시렵니까? 또, 파낸 흙과 돌은 어디에 두실 겁니까?"

여러 식구들이 말하였다.

"渤海(발해) 끝자락이나 隱土(은토)에다 버리면 됩니다."

우공은 세 아들은 물론 손자들까지 데리고 돌을 깨고 흙을 파서 삼태기와 광주리 등으로 나르기 시작하였다. 이웃에 사는 京城氏(경성씨)네 과부의 어린 아들도 와서 도왔다. 산 한 모퉁이를 치우는 데만도 거의 한 해가 걸렸다.

황해 근처에 사는 智叟(지수)라는 사람이 그를 비웃었다.

"정말 어리석구려. 당신의 남은 세월과 남은 힘으로는 산의 일부도 다 치우지 못할 터인데……."

그러자 우공이 길게 탄식하며 말하였다.

"자네 마음은 참으로 고루하네그려. 너무 고루해서 깰 수도 없겠구먼. 자네는 경성씨네 과부의 어린 아들만도 못하네. 내 비록 앞날이 얼마 남지 않았지만 내가 죽으면 아들이 남을 테고, 아들은 손자를 낳고……. 이렇게 자자손손 이어 가면 언젠가는 반드시 저 산이 평평해질 날이 올 걸세."

한편 태항산과 왕옥산을 지키는 신이 자신들의 거처가 없어질 형편이라 천제에게 호소하였다. 그러자 천제는 우공의 우직함에 감동하여 力神(역신)의 두 아들에게 명하여 두 산을 朔東(삭동)과 雍南(옹남)에 각각 옮겨 놓게 하였다.

출전: 『列子(열자)』「湯問(탕문)」

9 한자 문화 이야기

한자와 색(2)

黑海(흑해)는 유럽 남부와 소아시아 사이에 있다. 그런데 어째서 흑해라고 부르게 되었을까? 중국의 『외국지명 어원사전』에는 "흑해의 남쪽 해안이 모두 아시아 국가인데, 고대에는 아시아 민족들이 북방을 흑색으로 표시했기에 북방에 있는 바다를 흑해라고 부르게 되었다."라고 설명하였다. 동양의 전통상, 東西南北中(동서남북중)의 五方(오방)과 青白赤黑黃(청백적흑황)의 五色(오색)을 서로 연결시키므로 '북'은 '흑'과 짝이 된다.

북경의 中山公園(중산공원) 안에는 明淸(명청) 시대의 황제가 土神(토신)과 穀神(곡신)에게 제사지냈던 社稷壇(사직단)이 있다. 단상에는 오색의 흙이 채워져 있는데, 동서남북이 차례로 청토·백토·적토·흑토이며 중간은 황토이다. 이것은 오방이 오색과 짝이 되는 증거이다.

오색 중에서도 다섯 방위의 중앙을 상징하는 황색은 동양인들에게 중시되는 색이다. 黃(황)은 토지의 색깔이며 벼의 색깔이다. 黃河(황하) 유역과 黃土(황토)는 고대 문명 발상지의 생활 터전이었다. 또 黃帝(황제)는 중국 전설상 중국 민족의 조상으로 여겨진다. 黃(황)은 또한 제왕의 색이기도 하다. 隋(수)나라 文帝(문제) 때부터 중국 황제가 황색 옷을 입기 시작하였다. 이것은 周(주)나라 때에 朱紅色(주홍색)을 숭상하고 秦(진)나라 때에 黑色(흑색)을 숭상하며 齊(제)나라 때에 紫色(자색)을 숭상했던 것과 비슷하다. 唐(당)나라 때에 이르면 황색은 제왕의 전용 색이 된다. 따라서 黃袍(황포)는 제왕의 전용 복장이 되었다. 우리나라의 경우 중국과의 정치적 영향 관계 때문에 왕이 황색 옷을 입지 못하다가 조선왕조가 저물어 가던 시기인 1897년에 高宗(고종)이 황제에 즉위한 후, 중국 황제와 똑같은 황색 곤룡포를 입었다.

19

道路
도로에서

아득한 고대부터 인류와 함께한 길은 현재 自動車(자동차) 시대에 필요한 高速道路(고속도로)로까지 發展(발전)하였다. 또한 生産(생산)과 流通(유통) 등 經濟的(경제적)·文化的(문화적)으로도 중요한 技能(기능)을 맡고 있기에, 여러 交通體系(교통체계) 중에서 특히 우리 생활에 중요한 交通施設(교통시설)로 손꼽힌다. 도로에는 圓滑(원활)하고 安全(안전)한 疏通(소통)을 위한 각종 施設(시설)이 있다.

漢字 유용한 한자어 I

道路	길 도, 길 로
自動車	스스로 자, 움직일 동, 수레 차
走行	달릴 주, 갈 행
街頭	거리 가, 머리 두
讓步	사양할 양, 걸음 보
徐行	천천히 서, 갈 행
停止	머무를 정, 그칠 지
警笛	경계할 경, 피리 적
陸橋	뭍 륙, 다리 교
街路樹	거리 가, 길 로, 나무 수
左迴轉	왼 좌, 돌 회, 구를 전
迂迴路	멀 우, 돌 회, 길 로
分岐點	나눌 분, 갈림길 기, 점 점
注油所	부을 주, 기름 유, 곳 소

중국의 교통수단 표기

的士[dīshì] 택시
巴士[bāshì] 버스
摩托车[mótuōchē] 오토바이
地铁[dìtiě] 지하철
飞机[fēijī] 비행기
火车[huǒchē] 기차
直升机[zhíshēngjī] 헬리콥터

유용한 한자어 II

한자어	뜻과 음
交叉路	엇갈릴 교, 엇갈릴 차, 길 로
信號燈	표지 신, 부호 호, 등 등
地下道	땅 지, 아래 하, 길 도
高架道路	높을 고, 시렁 가, 길 도, 길 로
交通滯症	사귈 교, 통할 통, 막힐 체, 증세 증
過速防止	지나칠 과, 빠를 속, 막을 방, 그칠 지
制限速度	절제할 제, 한할 한, 빠를 속, 정도 도
駐車禁止	머물 주, 수레 차, 금할 금, 금할 지
橫斷步道	가로 횡, 끊을 단, 걸음 보, 길 도
交通警察	사귈 교, 통할 통, 깨우칠 경, 살필 찰
運轉免許證	옮길 운, 구를 전, 허가할 면, 허락할 허, 증서 증
中央分離帶	가운데 중, 가운데 앙, 나눌 분, 떼놓을 리, 띠 대

1 부수의 활용

彳
두인 변

자형

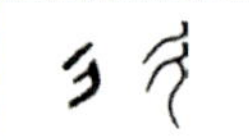 篆

彳은 세칭 '두인 변'이라고 하는데, 亻 자를 두 개 겹쳐 놓은 듯한 모양 때문에 그렇게 부른다. 그러나 원래의 이름은 '조금 걸을 척'이다. 따라서 이것을 부수로 하는 글자는 '가다'라는 의미와 관계가 있다. 왼쪽 걸음을 彳(척)이라 하고 오른쪽 걸음을 亍(촉)이라 하는데, 이 두 글자가 합하여 行(행)이 되었다고도 한다. 대표적인 글자는 다음과 같다.

- **往** 왕 가다 **往復** 왕복
- **徑** 경 지름길 **捷徑** 첩경
- **從** 종 좇다 **追從** 추종
- **後** 후 뒤떨어지다 **落後** 낙후
- **徒** 도 걷다 **徒步** 도보
- **徘** 배 노닐다 **徘徊** 배회

辵
쉬엄쉬엄 갈 착

자형

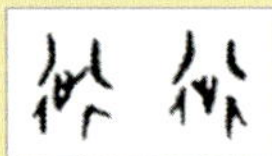 甲  篆

辵은 세칭 '책 받침'이라고 하지만 원래의 이름은 '쉬엄쉬엄 갈 착'이다. '착'이 '책'으로 와전되었고, '받침'이란 한자의 받침 부분에 사용하는 글자라는 의미이다. 이것도 彳 자와 같이 '가다'라는 의미를 구성하는 글자다. 따라서 彳을 부수로 하는 글자와 辵을 부수로 하는 글자 간에 통용되는 것이 있다. 徧(편)과 遍(편) 같은 글자가 그 대표적인 예이다.

이것이 글자의 받침으로 올 때는 辶의 형태로 쓰인다. 대표적인 글자는 다음과 같다.

- **進** 진 나아가다 **進出** 진출
- **返** 반 되돌아오다 **返還** 반환
- **追** 추 쫓다 **追擊** 추격
- **迅** 신 빠르다 **迅速** 신속
- **迫** 박 닥치다 **急迫** 급박
- **退** 퇴 물러나다 **辭退** 사퇴

2 다른 글자 유사한 의미

道·路

道路(도로)는 사람이나 차가 잘 다닐 수 있도록 만들어 놓은 비교적 넓은 길을 의미한다. 지금이야 각종 자동차가 도로를 메우고 있지만, 과거에 도로를 지나다니던 車(차)는 말이나 소가 끄는 수레였다. 道(도)와 路(로)는 현재 의미상 차이가 없이 쓰이나, 원래 道는 두 대의 수레, 路는 세 대의 수레를 수용할 수 있는 길이었으니, 지금으로 보면 2차선과 3차선 정도의 개념이 되겠다. 道와 路는 모두 '길'을 의미하는 말이기는 하지만, 고정되어서 바꾸어 쓰면 어색한 말이 많다. '通路(통로)'를 '通道(통도)'라고 할 수는 없으며 '路面(노면)이 미끄럽다.'고 해야지 '道面(도면)이 미끄럽다.'고 해서는 안 된다. 또, 인공위성이 '軌路(궤로)'를 이탈했다는 말보다는 '軌道(궤도)'를 이탈했다는 말이 훨씬 자연스럽다.

3 깊이가 있는 어원 이야기

高子(고자)

高子(고자)는 우리나라 말로 '내시'를 이르니, '趙高(조고)의 자식'이라는 뜻이다. 趙高(조고)는 秦(진)나라의 환관이다. 始皇帝(시황제)가 죽자 승상 李斯(이사)와 함께 시황제의 장자인 扶蘇(부소)를 죽이고 胡亥(호해)를 왕으로 세웠으니, 이가 바로 二世(이세) 황제이다. 조고는 승상이 되서 다시 이사를 죽이고 정권을 장악하였다. 그리고 다시 이세를 죽이고 子嬰(자영)을 왕으로 세웠다가 또 자영을 죽이려 하였지만 이를 알아차린 자영에게 죽임을 당하고 삼족이 몰살 당하였다. 그리하여 조고는 내시의 대명사로 쓰이게 되었다.

4 한문으로 읽는 우리 속담

월 진 승 선
越津乘船 의미 나루 건너 배 타기

무슨 일에나 순서가 있어 건너뛰어서는 할 수 없음을 비유적으로 이르는 말이다. 또는 가까운 데 있는 것을 버리고 먼 데 있는 것을 취함을 비유적으로 이르는 말로도 쓰인다.

5 주변에서 만난 한자

과자 이름이 '고소미'이다. 한글로 커다랗게 '고소미'라고 표기하고 그 아래에 한자로 '高笑美'라고 부기하였다. 작명한 이는 분명 의미를 부여했겠지만, 그 정확한 의미는 알 수 없다. 과자의 맛이 '고소하다'는 것에서 착안하여 '고'와 '소'의 음을 가진 한자 중에서 의미가 괜찮은 것을 택한 것이리라. 그래서 '높을 고', '웃을 소' 자를 썼을 것이다. 그리고 '아름다울 미' 자는 우리나라 사람들이 워낙 선호하는 글자라서 이것을 붙인 듯하다.

6 잠 깨우기

蔚珍(울진)의 官奴(관노) 중에 매우 어리석은 자가 있었는데 숫자가 서넛만 넘어가도 알지 못하였다. 그나마 말을 부리는 재능이 있었지만 말을 기르는 일을 태만히 하였기에, 벌을 받을까 겁이 나 도망을 쳤다가 해를 넘기고 돌아와서는 기생에게 으스대며 말하였다.

"해진 삿갓에 찢어진 도롱이를 입고 가게에서 오이를 팔았는데, 고개를 수그린 채 웅크리고 앉아 있었더니 울진 사람들이 날마다 지나가면서도 알아보지 못하더구만."

기생이 웃으면서 말하였다.

"네가 어리석어서 다행이지, 조금이라도 약았다면 어떻게 숨어 지낼 수 있었겠느냐?"

기생의 말이 참으로 맛이 있다.

이장곤은 '왕발'로 일컬어졌다. 연산군 때 도망을 하였는데, 얼마나 급하게 그의 종적을 추적하는지 달아나도 필연코 모면할 수 없었다. 이에 길가에서 잠자는 체하고 있었는데 그의 발이 드러났다. 추적하던 자들이 그를 지나치면서 말하였다.

"이장곤이 필시 이런 데 있지 않을 텐데 어쩌면 저리도 발이 비슷할꼬?"

그래서 이장곤은 마침내 추적을 벗어날 수 있었다.

대저 담력이 이장곤 정도면 거의 위험을 모면할 수 있으리라. 그렇지 않다면 어리석기가 울진의 관노 같아야 위험을 모면할 수 있으리라. 도망치는 도적이 추적자에게 붙잡히는 이유는 자주 돌아보거나 조금 약기 때문이다.

출전: 成大中(성대중)의 『靑城雜記(청성잡기)』

7 우리나라의 고사성어

興淸(흥청)

燕山君(연산군)이 여러 고을에서 여인들을 선발하여 運平(운평)이라는 歌舞(가무) 기생을 만들고, 각 도의 기생을 모아 天科(천과)·地科(지과)·興淸(흥청)이라고 불렀다. 이것이 와전되어 '妓房(기방)에 들어가 함부로 노는 것'을 일컬어 흥청이라 한다.

8 중국의 고사성어

指鹿爲馬(지록위마)

의미 사슴을 가리켜 말이라 한다는 뜻으로, 윗사람을 농락하고 권세를 함부로 부리는 것을 비유함.

秦(진)의 二世(이세) 황제가 즉위한 지 3년째 되던 해, 중국 각지에서 난이 일어나고 혼란스러웠다. 이 기회를 틈타 환관 趙高(조고)는 모반을 일으키려 마음먹었지만 신하들이 따르지 않을까 두려웠다. 그래서 먼저 신하들을 시험하기 위해 이세 황제에게 사슴을 바치며 말하였다.

"제가 말을 바칩니다."

이세 황제가 웃으며 말하였다.

"승상이 잘못 본 것 아니오? 사슴을 일러 말이라 하다니?"

조고는 좌우에 늘어선 신하들에게도 물었다. 어떤 이는 말이라 하고 어떤 이는 침묵하고 또 어떤 이는 사슴이라고 하였다.

조고는 사슴이라고 말한 자들을 보아 두었다가 그들을 처형하였다. 그 뒤부터 신하들이 조고를 더욱 두려워하여 그의 말에 반대하는 사람이 없었다.

출전: 『史記(사기)』「秦始皇本紀(진시황본기)」

9 한자 문화 이야기

왼쪽과 오른쪽 중 어느 쪽이 優位(우위)인가?

左(좌)와 右(우) 두 글자는 모두 손[手]에서 뜻을 취한 것이다. 右(우)는 手(수)와 口(구)가 결합한 형태고 左(좌)는 手와 工(공)이 결합한 형태다. 右(우)는 '돕는다'는 뜻으로 '입과 손이 서로 돕는다.'는 의미이고, 左(좌)는 '보완한다'는 뜻으로 '왼손이 오른손을 보조한다.'는 의미이다. '왼쪽이 우위인가 오른쪽이 우위인가'에 대한 문제는 지역적 차이와 역사적 변천이 담겨 있으며 사람마다 설도 분분하여 복잡성을 띤다. 하지만 조정의 관직 순서에서 좌우의 우위는 몇 단계로 나누어 설명할 수 있다.

夏(하)·殷(은)·周(주) 三代(삼대) 이전에는 조정의 반열과 관직의 등급은 모두 왼쪽을 우위에 두고, 오직 연회 때만 오른쪽을 우위에 두었다. 그러다가 전국시대부터 秦漢(진한)까지는 대체로 오른쪽을 귀하게 여겼다. 이 시기에 오른쪽을 귀하게 여긴 것은 고대 연회에서 오른쪽을 숭상하는 전통에서 발전된 것이다. 전형적인 예로, 刎頸之交(문경지교)의 고사로 유명한 廉頗(염파)와 藺相如(인상여)의 일화를 들 수 있다. 趙王(조왕)이 외교적으로 공이 높았던 인상여를 上卿(상경)으로 삼아서 염파 장군의 오른쪽에 두자 염파 장군이 큰 불만을

품었다고 한다. 漢(한)나라는 秦(진)나라의 제도를 계승하였기에, 여전히 오른쪽을 숭상하였다. 그리고 魏晉(위진) 시대 이후는 다시 왼쪽을 숭상하는 것으로 바뀌었는데, 이와 같이 왼쪽을 귀하게 여기는 풍조는 唐宋(당송) 시대까지 줄곧 이어져서 明朝(명조)까지 이어졌다.

언어생활에서는 일반적으로는 오른쪽을 숭상한다. 예컨대 '右文(우문)'은 文治(문치)를 중시하는 것이며, '右武(우무)'는 武治(무치)를 중시하는 것이다. 이렇듯 右(우)에는 숭상한다는 뜻이 담겨 있다. 左遷(좌천)은 관직이 강등되었다는 뜻이며 左道(좌도)는 올바르지 못한 도리, 左計(좌계)는 올바르지 못한 계책이란 뜻이다. 이들 말에는 모두 왼쪽을 낮추어 보는 의미가 담겨 있다.

20

公演場
공연장에서

映畫(영화)와 다른 藝術(예술) 간의 가장 근본적인 차이는 시간과 공간의 경계가 유동적이라는 점이다. 즉 영화에서는 공간이 시간과 비슷한 성격을 띠고 시간은 또 어느 정도 공간적인 성격을 갖는다. …… 클로즈업의 사용은 공간적 기준에 의해서만 결정되지 않고, 영화의 시간적 전개 과정에서 도달 또는 능가해야 할 어느 단계를 나타내기도 한다. 좋은 영화에서는 클로즈업을 아무렇게나 배치하지 않는다. 아무 때 아무 곳에나 집어넣는 것이 아니라 클로즈업의 잠재적 에너지가 작용할 수 있고 또 해야만 할 데에 삽입한다. 클로즈업이란 단순히 디테일을 한 조각 떼어 내어 틀에 넣은 그림이 아니다.

– Arnold Hauser 저, 백낙청·염무웅 공역, 『문학과 예술의 사회사』, 창작과 비평사, 1992

漢字 유용한 한자어 I

公演	공변될 공, 펼칠 연
藝術	재주 예, 재주 술
劇場	연극 극, 마당 장
劇團	연극 극, 모임 단
團員	모임 단, 사람 원
觀客	볼 관, 손 객
開幕	열 개, 장막 막
閉幕	닫을 폐, 장막 막
映畫	비칠 영, 그림 화
上映	올릴 상, 비칠 영
字幕	글자 자, 장막 막
舞臺	춤출 무, 대 대
俳優	광대 배, 광대 우

신윤복의 〈雙劍對舞(쌍검대무)〉

'馬脚(마각)'과 '脚光(각광)'

'馬脚이 드러나다.'는 말의 다리로 분장한 사람이 자기의 모습을 드러낸다는 뜻으로, 숨기고 있던 일이나 정체가 드러나게 됨을 이른다.

'脚光(각광)'은 원래 무대의 앞쪽 아래에서 배우를 향하여 비추는 광선을 의미한다. 이때 무대 위의 배우는 스포트라이트를 받으며 모든 관객의 시선을 끌기에, '脚光을 받다.'는 많은 사람들로부터 주목을 받는다는 의미로 쓰인다.

유용한 한자어 II

合唱	합할 합, 노래 창
獨奏	홀로 독, 연주할 주
喜劇	기쁠 희, 연극 극
悲劇	슬플 비, 연극 극
扮裝	꾸밀 분, 꾸밀 장
展示	펼 전, 보일 시
鑑賞	볼 감, 구경할 상
好評	좋을 호, 평할 평
絶讚	지극할 절, 기릴 찬
歡呼	기쁠 환, 부를 호
感動	느낄 감, 움직일 동
心琴	마음 심, 거문고 금
滿員謝禮	찰 만, 사람 원, 사례할 사, 예도 례
拍手喝采	칠 박, 손 수, 소리칠 갈, 캘 채

喝采(갈채)

'采(채)'는 주사위에 새겨진 표지로, 喝采(갈채)는 도박할 때 '采'가 나오라고 외친 것에서 유래되었으며, 지금은 외침과 박수로 찬양이나 환영의 뜻을 나타내는 말로 쓰인다. '갈채를 받다.', '갈채가 쏟아지다.' 등으로 활용된다.

1 부수의 활용

目
눈 목

자형

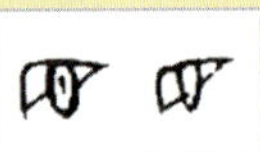	甲		金		篆

目은 사람의 눈 모양을 본뜬 상형자이다. 본래 가로로 된 모양인 罒의 형태였으나 편방으로 쓰이면서 지금의 형태가 되었다. 이 글자에는 사람의 눈 자위와 눈동자의 형태가 잘 나타나 있다. 이것을 부수로 하여 눈, 눈 주위의 명칭, 눈의 움직임이나 상태, 보는 일 등에 관한 문자를 이룬다. 대표적인 글자는 다음과 같다.

- **眼** 안 눈 — **眼鏡** 안경
- **看** 간 보다 — **看過** 간과
- **省** 성 살피다 — **省察** 성찰
- **眠** 면 자다 — **睡眠** 수면
- **眉** 미 눈썹 — **眉間** 미간
- **直** 직 똑바로 보다, 곧다 — **直視** 직시
- **眩** 현 아찔하다 — **眩惑** 현혹
- **盲** 맹 소경 — **盲人** 맹인

耳
귀 이

자형

	甲	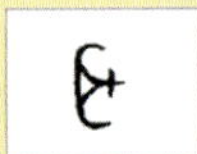	金	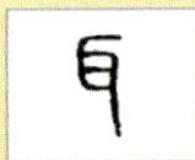	篆

耳는 우리 몸에서 청각을 담당하는 귀 모양을 본뜬 글자이다. 바깥은 귀의 윤곽을 본떴고 가운데 가로로 그은 획은 귓구멍을 본떴다. 耳를 부수로 하는 글자는 귀의 기능, 귀의 상태와 관련이 있다. 대표적인 글자는 다음과 같나.

- **聲** 성 소리 — **音聲** 음성
- **聞** 문 듣다 — **見聞** 견문
- **聾** 롱 귀머거리 — **聾啞** 농아
- **聰** 총 귀가 밝다 — **聰明** 총명
- **聽** 청 듣다 — **聽覺** 청각
- **職** 직 귀로 들어서 알다, 임무 — **職務** 직무

2 다른 글자 유사한 의미

聽·聞

聽(청)과 聞(문)은 귀로 전해진 소리를 느끼는 것, 즉 '듣다'는 의미를 갖는다는 점에서 동의어이다. 그러나 그 차이를 엄밀히 따져 본다면, 소리가 상대방에게 전해져서 상대방이 그 소리를 듣는 것을 聽(청)이라 하고 소리가 자신에게 전해져서 자신이 그 소리를 듣는 것을 聞(문)이라 한다. 그리고 聽(청)은 귀로 듣는 행위를 말하고 聞(문)은 소리가 귀에 들리는 결과를 말한다. 공경히 듣는 행위를 '敬聽(경청)', 몰래 듣는 행위를 '盜聽(도청)', 보고 듣는 행위를 '視聽(시청)'이라고 한다. 한편 바람결에 전해져 들리는 말을 '風聞(풍문)', 혹은 '所聞(소문)'이라 하고 이제까지 들어 본 적 없는 일을 '前代未聞(전대미문)', 지금 처음으로 듣는 것을 '今時初聞(금시초문)'이라고 한다.

3 깊이가 있는 어원 이야기

同儛(동무)

韻書(운서)에서 "同儛(동무)는 마주 서서 춤을 추는 것이다."라고 하였다. 지금 친구를 '同儛(동무)'라고 하는데, 이 말은 여기에서 나왔다.

4 한문으로 읽는 우리 속담

해 망 구 실
蟹網俱失 의미 게도 잃고 구럭도 잃다.

옛날에 '蟹(해)'라는 이름을 가진 사람이 있었는데, 그의 친구 중에 '屈億(굴억)'이라는 이름을 가진 사람이 있었으니, 서로 친하였다. 해의 아내가 굴억의 준수한 용모에 반해 남편으로 삼고 싶어서 해를 독살하였다. 그러자 굴억은 "선비는 자기를 알아주는 사람을 위하여 죽는다."라고 하며 즉시 자결하였다. 그래서 해의 아내는 두 사람을 모두 잃게 되었다. 그런데 지금은 잘못하여 "게[蟹]도 잃고 구럭[網]도 잃다."라고 하니 "산돼지 잡으려다 집돼지까지 잃는다."는 말과 같다. 우리나라에서는 '網[망: 그물]'을 '구럭[屈億]'이라고 한다.

5 주변에서 만난 한자

앞서 말한 바와 같이 우리나라 사람들이 좋아하는 한자 중 하나는 '美[미: 아름답다]' 자이다. 따라서 거리의 간판에 '美' 자가 들어간 것을 많이 볼 수 있다.

첫 번째 사진은 보이는 바와 같이 미용재료 판매점의 간판이다. '美村(미촌)'이라고 하였으니, '아름다움을 가꾸는 재료를 판매하는 마을' 정도의 의미이리라.

두 번째는 양장점의 간판 사진인데, 상호가 '巨美(거미)'이다. '큰 아름다움' 정도의 의미로 보인다. 이 양장점에서 판매하는 옷이 몹시 아름다우며 그 옷을 입는 사람 역시 매우 아름답다는 의미이리라.

세 번째는 치과의 간판 사진인데 '美笑譚(미소담)'이라고 되어 있다. '아름답게 웃으면서 나누는 이야기' 정도의 의미이리라. 웃으면 드러나는 아름다운 치아를 연상시키는 상호가 아닐 수 없다.

6 잠 깨우기

李孝權(이효권)은 소 꿈을 꾸면 길하였고 孔頎(공기)는 소 꿈을 꾸면 흉하였다. 두 사람이 함께 과거를 보러 가는 길에, 이효권은 깊이 잠들고 공기는 선잠이 들었다. 꿈에 갑자기 구름만 한 소가 마당을 지나가다가 공기를 보고 말했다.

"그대가 나를 보려 하지 않으니, 나도 그대를 보지 않으련다."

공기가 이효권을 발로 차며 말하였다.

"자네도 꿈에서 소를 보았는가?"

"보지 못하였네."

공기가 말하였다.

“그대는 보고 싶은데 보지 못하고 나는 보기 싫은데 보았으니, 원망스럽구나, 소야!”

두 사람 모두 낙방하였다.

출전: 權鼈(권별)의 『海東雜錄(해동잡록)』

7 우리나라의 고사성어

潑洁(발길)

李潑[이발, 1544~1589]과 李洁[이길, 1547~1589] 형제가 鄭汝立(정여립)의 모반 사건에 연루되어 잔인하게 죽음을 당하였기에, 이후로 형벌을 당한 사람을 ‘潑洁(발길)’이라고 칭한다.

8 중국의 고사성어

伯牙絶絃(백아절현)

의미 伯牙(백아)가 거문고 줄을 끊었다는 말로, 절친한 벗의 죽음을 슬퍼함을 비유함.

춘추 시대에 거문고의 명인 伯牙(백아)와 그의 음악을 잘 이해하는 친구 鍾子期(종자기)가 있었다.

백아가 높은 산을 생각하며 거문고를 연주하자 종자기가 말했다.

“대단하다! 우뚝 솟은 태산과 같구나.”

또 넘실넘실 흐르는 강물을 생각하며 연주하자 종자기가 말하였다.

“훌륭하군! 도도한 흐름이 황하 같구나.”

어느 날 두 사람이 태산 북쪽을 유람하다 소나기를 만나 동굴로 몸을 피하였는데, 백아가 울적한 마음에 빗소리에 맞추어 거문고를 연주하였다. 처음에는 비가 내리는 광경을 묘사한 霖雨之曲(임우지곡)을, 다음에는 산이 무너지는 모습을 묘사한 崩山之曲(붕산지곡)을 연주하였다. 그때마다 종자기는 곡의 의미를 정확히 알아맞혔다. 그러자 백아가 거문고를 내려놓으며 말하였다.

“대단하군, 대단해! 내 마음에서 우러난 소리를 자네는 참으로 정확히 아네그려.”

그 뒤 종자기가 갑작스레 병에 걸려 세상을 떠나자 백아는 너무나 슬픈 나머지 그토록 애지중지하던 거문고 줄을 스스로 끊어 버리고 죽을 때까지 다시는 거문고를 타지 않았다.

출전: 『列子(열자)』「湯問(탕문)」

9 한자 문화 이야기

한자와 숫자(1)

숫자의 기원은 한자의 기원과 마찬가지로 한자 문화에 있어서 풀리지 않는 수수께끼이다. 중국 근대의 유명한 학자인 郭沫若(곽말약)은 수의 기원에 대해서 다음과 같이 말하였다.

> 수는 손에서 생겨났다. 古文(고문)에서 一·二·三·四는 一·=·≡·≣로 쓰였는데, 이는 손가락을 형상화한 것이다. 엄지를 구부려 一이라 하고 약지를 구부려 二라 하며 중지를 구부려 三, 무명지를 구부려 四, 소지를 구부려 주먹이 되면 五라 하였다. 다시 엄지를 펴서 六이라 하고 차례로 소지까지 다 펴서 손바닥이 되면 十이라 하였다.

손가락을 이용해서 수를 헤아리는 것은 원시 시대에 행해지던 직접적이고도 간편한 방식 중 하나였다. 열 개의 손가락뿐만 아니라 열 개의 발가락까지 사용하였는데, 五進法(오진법)·十進法(십진법)·二十進法(이십진법) 등의 記數法(기수법)에서 모두 손가락 혹은 발가락 개수의 흔적이 드러난다. 하지만 손가락과 발가락을 활용한 숫자 계산 방법은 지극히 제한적이었기에 이러한 방식이 원시 시대의 유일한 숫자 계산 방법이었다고 볼 수는 없다.

숫자를 계산하는 데 신체의 일부분인 손가락이나 발가락뿐만 아니라 여러 가지 사물을 도구로 사용하였으니, 玉貝(옥패)·結繩(결승)·竹木(죽목) 등이 그 예이다. 석기 시대 말기에 인류는 옥과 조개를 장식품으로 사용하였는데, 후대에 옥과 조개는 수를 헤아리는 도구가 되었다. 그리고 고대인들은 숫자나 중요한 사건에 대하여 새끼줄이나 가죽 끈을 매어 매듭의 수효나 간격을 통하여 기억의 한계를 극복하고자 하였으니, 이것이 바로 結繩(결승)이다. 또 중국 고대에는 오랫동안 籌算(주산)의 수 계산 방법이 사용되었는데, 그 도구는 바로 대나무[竹木]로 만들어졌다. 이는 算[산: 세다]·籌[주: 산가지]·筭[산: 산가지]과 같은 글자의 한 부분이 '竹(죽)' 자로 이루어졌다는 사실을 통하여 알 수 있다.

21

放送局
방송국에서

放送局(방송국)은 일정한 시설을 갖추고 라디오나 텔레비전 등 여러 媒體(매체)를 통하여 방송을 送出(송출)하는 기관이다. 과거에는 官營(관영) 방송국과 民營(민영) 방송국이 존재하였으나, 현재는 인터넷을 매체로 한 個人(개인) 방송이 확산되고 있는 추세이니, 매체의 발달과 자기표현이 중시되는 사회적 분위기가 어우러진 현상이다. 요즈음 생겨난 '韓流(한류)'라는 신조어를 생각해 보면, 방송의 지대한 파급력을 짐작해 볼 수 있다.

유용한 한자어 I

放送局	놓을 방, 보낼 송, 관청 국
送信	보낼 송, 소식 신
記者	기록할 기, 사람 자
取材	가질 취, 재료 재
外信	바깥 외, 소식 신
速報	빠를 속, 알림 보
提報	제시할 제, 알림 보
誤報	그릇될 오, 알림 보
中繼	가운데 중, 이을 계
照明	비출 조, 밝을 명
音響	소리 음, 울림 향
音源	소리 음, 근원 원
編曲	엮을 편, 곡조 곡
周波數	두루 주, 물결 파, 셈 수

유용한 한자어 II

藝能	재주 예, 재능 능
廣告	넓을 광, 알릴 고
演出	펼 연, 낼 출
歌手	노래 가, 사람 수
主演	주인 주, 펼 연
助演	도울 조, 펼 연
臺詞	무대 대, 말씀 사
錄畫	기록할 록, 그림 화
演藝人	펼 연, 재주 예, 사람 인
司會者	맡을 사, 모임 회, 사람 자
傍聽客	곁 방, 들을 청, 손님 객
連續劇	이을 련, 이을 속, 연극 극
愛聽者	사랑할 애, 들을 청, 사람 자
視聽率	볼 시, 들을 청, 비율 률

중국의 방송 관련 용어

电视[diànshì] 텔레비전
收音机[shōuyīnjī] 라디오
电影[diànyǐng] 영화
新闻[xīnwén] 뉴스
报纸[bàozhǐ] 신문

1 부수의 활용

示
보일 시

자형

 甲  篆

示는 하늘이 해와 달·별과 같은 상징을 통하여 길함과 흉함을 보여서 사람들에게 알게 하는 것이라고도 하며, 신에게 희생을 바치는 臺(대)를 본뜬 글자라고도 한다. 후자의 뜻으로 보았을 때 示는 제물을 풍성하게 차려 놓고 귀신에게 최대한 성의를 표시한다는 의미를 담고 있다. 이것이 글자의 왼쪽에 놓일 때는 ⺭의 형태로 쓰인다. 示를 부수로 하는 글자는 신·제사·길흉화복의 의미를 나타내며, 대표적인 글자는 다음과 같다.

- **神** 신 신선 **神仙** 신선
- **祈** 기 복을 빌다 **祈願** 기원
- **禍** 화 재앙 **災禍** 재화
- **祭** 제 제사지내다 **祭物** 제물
- **福** 복 복 **幸福** 행복
- **祝** 축 기원하다 **祝言** 축언

2 다른 글자 유사한 의미

會·合

會(회)와 合(합)은 '모이다'·'합하다'라는 뜻을 가지고 있지만, 그 의미를 엄밀히 따지면 차이점이 있다. 會(회)는 양방향 혹은 여러 방향에서 모여들어 함께 만나는 것을 의미하며 모이는 과정에 중점이 있다. 반면, 合(합)은 합해져서 긴밀하여 틈이 없는 상태, 즉 합쳐진 결과에 중점이 있다. 그리고 會(회)는 주체가 사람인 경우가 많은 반면, 合(합)은 사물인 경우가 많다.

會(회)로 활용할 수 있는 단어로는 會社(회사)·國會(국회)·會談(회담)·會議(회의)·會計(회계) 등이 있다. 그리고 '機會(기회)'는 '時機(시기)를 잘 만났다.'라는 뜻이 된다. 合(합)으로 활용할 수 있는 말은 合成(합성)·合致(합치)·統合(통합)·綜合(종합)·聯合(연합) 등의 단어가 있다.

3 깊이가 있는 어원 이야기

齷齪(악착)

『史記(사기)』「酈食其傳(역이기전)」에서 "악착스레 자질구레한 예를 좋아하였다."라고 하였는데, 그 주석에서 "악착은 급박하다는 뜻이다."라고 하였다. 이후 뜻이 변하여 '일을 해 나가는 태도가 매우 모질고 끈덕짐, 또는 그런 사람'을 칭하게 되었다.

4 한문으로 읽는 우리 속담

적 반 하 장
賊反荷杖 **의미** 도적이 도리어 몽둥이를 든다.

이치가 궁색한 자가 도리어 사람을 능멸한다는 의미이다. 『춘추좌전』에 나오는 "도적이 주인을 미워한다.[盜憎主人.]"라는 말도 이와 같다.

5 주변에서 만난 한자

첫 번째 사진은 음식점 간판이다. 옥호는 '도누가 그릴'이다. '도누가'는 도무지 짐작이 가지 않는 말이다. 그런데 밑에 작은 글씨로 '豚牛家(돈우가)'라고 표기함으로써 돼지고기와 소고기를 판매하는 음식점임을 밝히고 있다. 즉 '도누'는 '돈우'의 연음 표기인 셈이다.

두 번째 사진은 돼지고기를 파는 식당의 간판인데, 옥호는 '돈방석'이다. '돈방석'은 돈을 방석 삼아 깔 정도로 돈이 많음을 비유적으로 이르는 말이다. 한글로만 보면 '돈방석'이 돼지고기를 파는 식당의 이름으로 어울리지 않는다. 그런데 간판 상단에 돼지의 그림과 함께 '豚(돈)' 자가 표기되어 있다. 따라서 '돈'은 '錢(전)'이 아니라 '豚(돈)'임을 알 수 있다.

6 잠 깨우기

홍만종의 외숙인 鄭相公(정 상공)이 관서의 안찰사로 있을 때 북경으로 가는 사신이 평양에 왔기에 정 상공이 잔치를 열어 그들을 위로하였다.

잔치 자리에는 기생들이 가득하였는데, 그중 한 기생의 얼굴에 주근깨[死荏]가 가득하였다. 書狀官(서장관) 이 아무개가 농지거리를 하였다.

"네 면상의 주근깨를 가지고 기름을 짜면 너끈히 몇 되는 되겠구나."

그렇게 말한 서장관의 얼굴은 심하게 얽었기에 기생이 대꾸하였다.

"서장관 사또 면상의 벌집을 가지고 꿀을 내린다면 족히 몇 섬은 나오겠습니다."

출전: 洪萬宗(홍만종)의 『蓂葉志諧(명엽지해)』

7 우리나라의 고사성어

遲川壑[지천학: 지천굴]

遲川(지천) 崔鳴吉[최명길, 1586~1647]은 여러 번 나라의 큰일을 당하였다. 예를 들면, 인조반정 때 인조의 생부를 元宗(원종)에 추숭한 일, 병자호란 때 강화를 맺은 일 등이다. 일이 이루어진 후에 그 일과 상관없는 사람들이 청나라와 강화를 맺은 잘못을 모두 최명길에게 돌렸다. 그래서 매사에 탓하는 것을 '지천굴[遲川壑]'이라고 한다. 壑(학)은 모든 물이 돌아가는 곳이기 때문이다. 우리나라에서는 壑(학)을 '골'이라고 훈석하는데, 이것이 '굴'로 와전되었다.

8 중국의 고사성어

多岐亡羊(다기망양)

의미 갈림길이 많아서 양을 잃는다는 뜻으로, 학문의 길이 많아 진리를 찾기 어려움을 이르는 말.

楊子(양자)의 이웃집에서 양 한 마리를 잃어버렸다. 양 주인이 집안 사람들을 이끌고 양자에게 奴僕(노복)을 빌려 달라고 청하여 양을 좇아가려 하자, 양자가 물었다.

"겨우 양 한 마리를 잃었는데 어찌 그렇게 많은 사람들이 뒤좇아 가는고?"

이웃집 사람이 대답하였다.

"양이 도망간 쪽에는 갈림길이 많기 때문입니다."

얼마 뒤에, 그들이 피곤한 몸으로 돌아와서 양을 찾지 못했다고 하였다. 양자가 양을 찾지 못한 까닭을 묻자, 이웃사람이 대답하였다.

"갈림길 안에 또 갈림길이 있어서, 양이 어디로 갔는지 모르게 되었습니다."

양자가 그 말을 듣고는 묵묵히 앉아 입을 떼지 않았다. 뿐만 아니라 종일 웃는 얼굴 한번 보이지 않았다. 제자들이 겨우 양 한 마리를 잃은 일이고 더구나 자기 양도 아닌데, 그렇게 침울해 있는 것을 이상하게 생각하고 까닭을 물었지만 대답이 없었다.

뒷날, 한 제자가 그 일에 대해서 묻자, 양자가 말하였다.

"단 한 마리의 양이라 할지라도, 갈림길에서 또 갈림길로 헤매어 들어가서 찾다가 결국 양을 잃어버렸다. 하물며 학문의 길은 어떻겠느냐? 목표를 잃고 수없이 많은 학설들에 빠져 헤맨다면 아무리 노력한들 그 또한 무의미한 것 아니겠느냐."

출전: 『列子(열자)』「說符(설부)」

9 한자 문화 이야기

한자와 숫자(2)

숫자 중에서 三(삼)은 實數(실수)로서 3이라는 의미 이외에 다양한 고정적 의미를 가지고 있어서 주목할 만하다.

三은 보통 다수를 표시하는 경우가 많다. 공자가 만년에 『周易(주역)』에 심취하여 책을 엮은 가죽 끈이 세 번이나 닳아서 끊어졌다는 일화에서 유래하여, 독서에 매우 힘쓰는 것을 의미하는 성어인 '韋編三絶(위편삼절)'의 三은 '많다'는 뜻이다. 그리고 "공자가 舜(순)임금의 음악인 韶樂(소악)을 듣고 3개월 동안이나 고기 맛을 몰랐다.[子在齊聞韶, 三月不知肉味.]"는 일화의 三 역시 '많다'는 뜻이다.

三은 實數(실수)를 표시하면서도 多數(다수)를 의미하기에 어떠한 경우에는 논쟁이 벌어지기도 한다. 『논어』의 "나는 날마다 세 가지로 몸을 살핀다.[吾日三省吾身.]"에 대하여, 어떤 사람은 '三省(삼성)'을 여러 차례 자기 자신을 반성하는 것이라 하였고, 또 어떤 사람은 三을 實數(실수)로 보아서, 세 가지로 자기 자신을 반성하는 것이라고 하였다.

三은 또 적은 수를 의미할 수도 있다. 눈을 비비고 상대를 다시 본다는 뜻으로, 남의 학식이나 재주가 생각보다 부쩍 진보한 것을 이르는 성어인 '刮目相對(괄목상대)'의 일화에서, "선비는 사흘간만 떨어져 있어도 의당 눈을 비비고 보아야 한다.[士別三日, 當刮目相看.]"라고 하였는데, 여기에서 三은 적은 수를 의미한다.

22

遺蹟地
유적지에서

큰 복을 누린다는 의미를 지닌 景福宮(경복궁)은 조선 시대의 本宮(본궁)으로서, 태조가 1395년에 창건하였다. 壬辰倭亂(임진왜란) 때 燒失(소실)된 이후, 재정이 부족하여 재건하지 못하다가 高宗(고종)의 즉위와 함께 흥선대원군이 단안을 내려 경복궁을 重建(중건)하였다. 오늘날에 이르도록 그 웅장함을 자랑하고 있는 경복궁은 조선 말기의 建築(건축)·工藝(공예)·美術(미술)의 結晶體(결정체)라고 할 만하다.

유용한 한자어 I

遺跡	남길 유, 발자취 적
踏査	밟을 답, 조사할 사
寺刹	절 사, 절 찰
道場	도 도, 마당 량* *'장'의 속음
大雄殿	큰 대, 웅장할 웅, 큰집 전
法鼓	법 법, 북 고
木魚	나무 목, 물고기 어
雲版	구름 운, 널 판
燃燈	불탈 연, 등 등
書院	글 서, 집 원
古宅	옛 고, 집 택

동냥[動鈴]

고려 시대에는 승려들이 나귀를 타고 쌀자루를 메고는 마을을 향해 방울을 울리면 사람들이 그들을 맞아들여 바리때에 쌀을 담아 주었다. 거지가 길거리를 돌아다니며 돈이나 물건을 거저 달라고 비는 일을 '동냥'이라고 부르는데, 이것은 動鈴(동령)에서 유래한 말이다. 원래는 방울을 흔든다는 뜻이다.

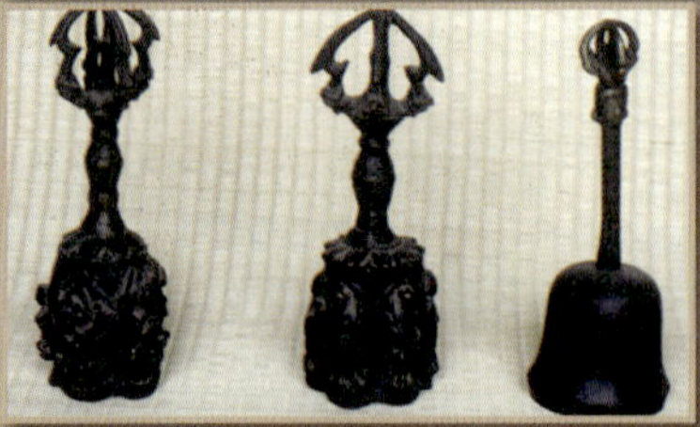

유용한 한자어 II

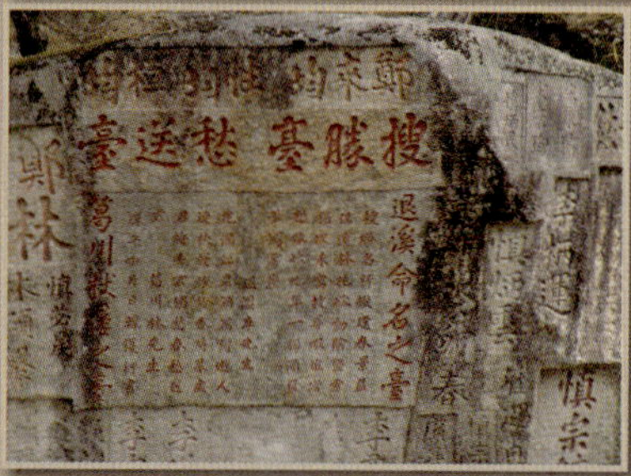

古宮	옛 고, 궁전 궁
宮闕	궁전 궁, 대궐 궐
宗廟	종묘 종, 사당 묘
社稷	땅귀신 사, 곡식귀신 직
王朝	임금 왕, 왕조 조
東宮	동녘 동, 궁전 궁
內殿	안 내, 큰집 전
寢殿	잘 침, 큰집 전
守門將	지킬 수, 문 문, 장수 장
品階石	벼슬차례 품, 벼슬차례 계, 돌 석

조선의 궁궐

景福宮(경복궁), 昌慶宮(창경궁), 昌德宮(창덕궁), 德壽宮(덕수궁)
光化門(광화문), 興禮門(흥례문), 勤政殿(근정전), 思政殿(사정전)

宗廟社稷(종묘사직)

왕실과 국가를 통틀어 이르는 말

1 부수의 활용

門
문 문

자형

	甲
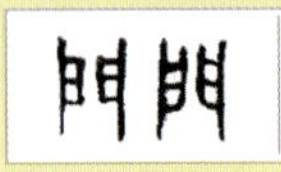	金
	篆

門은 좌우 두 개의 문짝을 본떠서 '문'을 뜻하게 되었다. 문짝이 하나면 戶[호: 외짝문]가 되고 문짝이 두 개면 門이 된다. 門은 동시에 열고 닫아서 사람이 드나들 수 있도록 만들어 놓은 것이다. 따라서 이것을 부수로 하여 여러 가지 문, 문에 부속된 것, 문의 상태에 관한 문자를 이룬다. 대표적인 글자는 다음과 같다.

- **開** 개 문을 열다 **開校** 개교
- **閉** 폐 문을 닫다 **閉門** 폐문
- **間** 간 문 사이의 틈 **間隔** 간격
- **閣** 각 다락집 **樓閣** 누각
- **閭** 려 마을 문 **閭巷** 여항
- **關** 관 문빗장 **關門** 관문

2 다른 글자 유사한 의미

空·虛

空(공)과 虛(허)는 둘 다 비어 있음을 뜻하지만, 그 의미를 엄밀히 따져 보면 차이가 있다. 空(공)의 본의는 '구멍'인데, 뜻이 확장되어 아무것도 없는 빈 공간을 의미하게 되었다. 空席(공석)·空白(공백)·空間(공간) 등에서의 空(공)은 빈 곳을 의미한다. 그리고 空中(공중)·空氣(공기)·蒼空(창공)·空軍(공군)·空港(공항) 등에는 '하늘'의 의미가 있다. 空(공)은 보람이 없고 쓸데없다는 의미로 쓰이기도 하니, '空然(공연)히'라는 부사가 그 예이다. 그리고 虛(허)의 본의는 '큰 언덕'

인데, 큰 언덕은 넓고 넓어 아무것도 없다는 데서 '텅 비다'는 뜻이 되었다. 그런데 여기서 의미가 확장되어서 虛誕(허탄)하고 거짓되어 실속이 없음을 뜻하는 말로 많이 쓰이게 되었다. 虛僞(허위)·虛點(허점)·虛構(허구)·虛荒(허황)·虛無(허무)·虛弱(허약)·虛勢(허세) 등의 예가 모두 그러하다.

3 깊이가 있는 어원 이야기

放氣[방기: 방귀]

명나라 李贄(이지)의 『山中一夕話(산중일석화)』에 나오는 말이다.

晉(진)나라에서 隋(수)나라로 사람을 보내 聘問(빙문)하게 하였는데, 수나라에서는 侯白(후백)으로 하여금 賓客(빈객)을 應接(응접)하게 하였다. 수나라에서 사신의 機變(기변) 능력을 시험해 보기 위하여 후백에게 다 해진 옷을 입히고 천한 사람으로 꾸몄다. 그러자 사신은 후백을 미천하다고 생각하고 경시하여 그의 옆자리에 누워 방귀를 뀌어 댔다.

똥 냄새가 나는 기체를 내뿜는 것을 '放氣(방기)'라 하는데, 이 말이 여기서 유래하였다.

4 한문으로 읽는 우리 속담

僧梳(승소)	의미 중의 빗

'중의 빗'은 필요 없는 물건을 비유적으로 이르는 말이다. 지봉 이수광이 "중이 빗과 빗치개를 내버리니 쓸모없음을 의미한다."라고 하였다. 조선 시대의 여류 시인 李玉峯(이옥봉)은 시에서 "남산의 중에게 빗을 빌리네.[借梳南山僧.]"라고 하였다.

5 주변에서 만난 한자

아래의 왼쪽 사진은 한의원 간판인데 한의원 이름이 '해우소'라고 되어 있다. 일반인들이 알고 있는 해우소는 한자로 解憂所라고 쓰며, 오른쪽 사진에서 보는 바와 같이 사찰의 화장실을 이르는 말로, '근심 푸는 곳'이라는 뜻이다. 또 번뇌가 사라지는 곳이라고도 한다. 그런데 한의원의 이름이 화장실과 동의어인 解憂所일 리는 없다. 전서로 표기된 한자를 보면 '解憂笑'라고 되어 있다. 즉 '근심을 풀고 웃자'는 의미로 보인다. 한의원에 와서 병을 치료하여 근심을 풀어 버리고 웃으라는 의미로 작명한 듯하다.

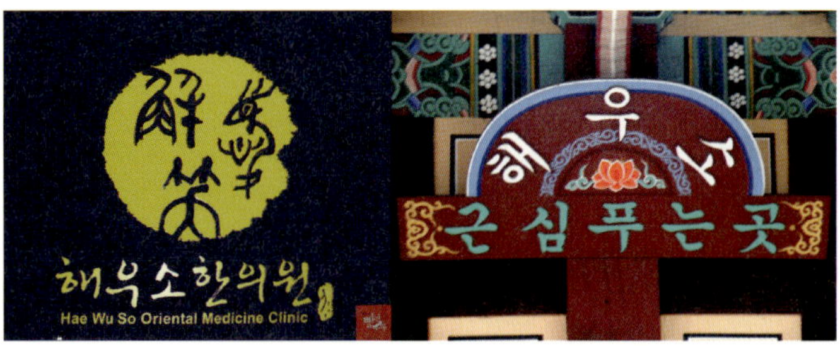

6 잠 깨우기

朴燁[박엽, 1570~1623]이 젊었을 때 관상을 잘 보는 사람이

"千人(천인)을 죽여야 살 수 있다."

라고 말하였다. 그래서 평안 감사로 있던 십 년 동안 가혹한 정치를 행하여, 죄를 범하면 바로 죽였으니 천 명을 채우려 했던 것이다. 그가 죽인 사람이 999명이 되었을 때, 그는 살인을 삼 베듯 한 죄로 교수형을 당하게 되었다. 박엽이 처형당할 때 교수형을 집행하는 자를 돌아보고 물었다.

"너의 이름은 무엇인가?"

"내 이름은 千人(천인)이요."

後魏(후위) 武帝(무제) 拓跋珪(척발규)의 淸河萬人(청하만인) 사건도 이와 유사하다. 후위의 무제는 학문이 뛰어나고 천문에 밝았다. 그런데 신통한 무당이 그에게 급사할 운명이니 '淸河(청하)'를 주살하고 '萬人(만인)'을 죽이라고 진언하였다. 그래서 무제는 淸河(청하)라는 곳을 통째로 없애고 직접 사람을 죽였으니 만 명이라는 수를 채우기 위해서였다. 또 날마다 침소를 바꾸어 사람들이 알지 못하게 하였다. 오직 萬人(만인)이라는 이름의 애첩만이 그의 침소를 알 뿐이었다. 그런데 만인이 무제의 친아들인 淸河王(청하왕)과 사통하였다. 그들은 발각될까 두려워 무제를 시해하였다. 무제가 죽을 때 그들을 보고 말하였다.

"淸河萬人(청하만인)은 바로 너희들을 두고 한 말이었구나!"

출전: 趙在三(조재삼)의 『松南雜識(송남잡지)』

7 우리나라의 고사성어

曼石衆(만석중)

曼石(만석)은 개성의 高僧(고승)이다. 개성 기생 黃眞伊(황진이)가 처음에 그를 유혹하려 하였는데, 그는 夫鐵脚(부철각)*과도 같았다. 그런데 후에 정을 통하고는 남들이 비웃거나 침을 뱉어도 거들떠보지 않았다. 그래서 처음에는 도를 닦다가 끝에는 어지럽게 된 사람을 '曼石衆(만석중)'이라고 한다.

* 夫鐵脚(부철각): 당나라의 고승 應天禪師(응천선사) 澄觀(징관)의 별호. 응천선사가 어떤 집에 머물게 되었는데, 창녀가 제 어미에게 몰려 방으로 들어왔다. 그러나 응천선사는 가부좌를 틀고 아침까지 미동도 하지 않았다. 그래서 그를 '夫鐵脚(부철각)'이라고 부르게 되었다.

8 중국의 고사성어

錦衣夜行(금의야행)

의미 비단옷을 입고 밤길을 간다는 말로, 아무 보람 없는 행동을 비유함.

秦(진)나라의 도읍 咸陽(함양)에 입성한 항우는 항복한 진나라의 왕 子嬰(자영)을 죽였다. 그러고는 아방궁에 불을 질러 석 달 동안이나 궁이 불타올랐다. 또 궁궐의 보화를 빼앗고 부녀자들을 겁탈하였기에 진나라 백성들이 실망하였다.

그때 韓生(한생)이라는 자가 말하였다.

"함양은 사방이 산과 강으로 둘러싸여 있고 땅도 비옥합니다. 이곳을 도읍으로 정하시어 천하를 제패하소서."

항우가 둘러보니 진나라의 모든 것이 이미 불타 버렸기에 동쪽의 고향으로 돌아갈 생각을 하며 말하였다.

"부귀하여 고향에 돌아가지 않는 것은 비단옷을 입고 밤길을 가는 것과 같다."

그러자 한생이 비웃으며 말했다.

"세상 사람들이 말하기를, '초나라 사람은 원숭이에게 옷을 입히고 갓을 씌웠을 뿐.'이라고 하더니 그 말이 정말인가 봅니다."

이 말을 듣고 진노한 항우가 한생을 죽여 버렸다.

출전: 『前漢書(전한서)』「陳勝項籍列傳(진승항적열전)」

9 한자 문화 이야기

丹靑(단청) 금지법

『三國史記(삼국사기)』에 따르면, 신라는 계급별로 집의 규모와 형태 등을 제한하여 眞骨(진골)부터 五頭品(오두품)까지는 금은·놋쇠·五彩(오채)로 장식할 수 없었다. 여기서 말한 오채가 丹靑(단청)을 가리키는 것이라면 여염집에서 단청을 하지 못한 것은 역사가 오래된다. 무신이 발호하고 外族(외족)의 왕래가 많았던 고려 시대에는 이 제도가 많이 문란해졌다.

18세기 인물 金柱臣(김주신)의 기록에 따르면, 조선 초기에 고관대작은 물론 그 이하 계층에서도 단청을 칠했기에 당시 재상의 妾(첩)도 집에 단청을 칠하고 재야의 處士(처사)로 유명한 曺植(조식)조차도 단청을 칠했다. 그 때문에

柳辰同(유진동) 같은 이가 단청을 칠하지 않은 것이 오히려 절약과 검소의 미덕으로 칭찬받았다고 한다. 그러므로 신라 시대에는 단청을 금지했다 하더라도 조선 초기에는 단청을 하는 것이 아무 상관 없었던 것 아닐까?

그러나 조선에서 국법으로 여염집에 3문을 내는 것과 장식용의 짧은 서까래[附椽] 다는 것을 금지하였다. 또 건물도 100칸을 넘지 못하게 하고 집의 안팎에 단청을 칠하지도 못하게 하였다. 아무리 고관대작이라도 이 법을 어길 수 없었다.

그렇다면 여염집에 단청을 입히지 못하게 된 것은 언제부터일까? 李時白[이시백, 1581~1660]이 사돈인 朴承宗[박승종, 1562~1623]의 집에 단청이 선명했다는 기록을 참고하면, 아마도 임진왜란 때 불타 잿더미가 된 서울을 재건할 때부터인 것으로 추측된다.

출전: 홍기문 저, 김영복·정해렴 편역, 『홍기문 조선문화론선집』, 현대실학사, 1997

23

競技場
경기장에서

고대의 競技(경기)는 제사의 의식이나 죽은 이를 장사 지내 영결할 때에 치러졌던 행사로, 그리스의 歷史時代(역사시대)까지는 일정한 競技(경기) 장소가 없었다. 고대 그리스 시대에 이르러 경기가 祭典(제전)의 부속물이 되었어도 神殿(신전)은 산간 변두리에 많았으므로 경기 장소의 크기가 제한되어 神域(신역) 또는 廣場(광장)으로 국한되었다. 그러나 현대의 경기장은 경기뿐 아니라 대형 공연 등 문화적 공간으로 활용되기도 한다. 우리나라 최초의 근대식 종합 경기장은 1920년에 세워진 동대문 운동장이다.

漢字 유용한 한자어 I

競技	다툴 경, 재주 기
體育	몸 체, 기를 육
選手	뽑을 선, 사람 수
出戰	나갈 출, 싸움 전
大會	큰 대, 모임 회
監督	살필 감, 독려할 독
主審	주될 주, 살필 심
審判	살필 심, 판단할 판
準優勝	준할 준, 나을 우, 이길 승
決勝	결단할 결, 이길 승
單式	홑 단, 제도 식
複式	겹 복, 제도 식
應援	응할 응, 도울 원
體典	몸 체, 의식 전
運動場	움직일 운, 움직일 동, 마당 장

角逐(각축)
원래 짐승이 서로 뿔을 맞대고 싸우는 형국에 빗댄 말인데, 조금의 양보도 없이 서로 이기려고 다투며 덤벼들어 경쟁하는 것을 의미한다. '각축을 벌이다.', '각축이 치열하다.' 등으로 활용된다.

유용한 한자어 Ⅱ

漢字

蹴球	찰 축, 공 구
野球	들 야, 공 구
籠球	바구니 롱, 공 구
排球	밀칠 배, 공 구
卓球	탁자 탁, 공 구
水泳	물 수, 헤엄칠 영
乘馬	탈 승, 말 마
洋弓	서양 양, 활 궁
射擊	쏠 사, 칠 격
體操	몸 체, 부릴 조
競步	다툴 경, 걸음 보
拳鬪	주먹 권, 싸움 투
跆拳道	밟을 태, 주먹 권, 도 도
柔道	부드러울 유, 도 도
劍道	칼 검, 도 도
格鬪技	싸울 격, 싸울 투, 재주 기

1 부수의 활용

走
달릴 주

자형

	甲		金		篆

走는 '달릴 주' 혹은 '달아날 주'라고 한다. 상부는 사람이 달리는 모양의 상형이고 아래의 止(지)는 발자국의 상형으로, 다리를 굽혀서 앞으로 빨리 달려 나가는 것을 의미하는 회의문자이다. 走를 부수로 하여 걷다, 달리다, 가다 등과 같이 움직이는 동작에 관한 문자를 이룬다. 대표적인 글자는 다음과 같다.

- **赴 부** 나아가다 **赴任** 부임
- **起 기** 일어나다 **起床** 기상
- **超 초** 뛰어넘다 **超過** 초과
- **越 월** 넘다 **卓越** 탁월

2 다른 글자 유사한 의미

奇·異

奇(기)와 異(이)는 모두 평상적이고 평범한 것과 반대되는 말로, 特殊(특수)하다는 의미를 공통적으로 가지기는 하지만 차이점이 있다. 奇(기)는 범상한 수준을 뛰어넘는 진기한 것을 의미하니, 奇特(기특)·奇跡(기적)·神奇(신기)·奇妙(기묘)·好奇心(호기심)과 같은 단어로 쓰인다. 반면, 異(이)는 다른 무리와 '같지 않음'을 의미하므로 異(이)의 반의어는 同(동)이 된다. 差異(차이)·異見(이견)·異常(이상)·特異(특이)·異例的(이례적)과 같은 예에서 奇(기)와의 차이점을 확인할 수 있다. '奇異(기이)하다.'는 말은 '기묘함'과 '다름'의 두 가지 뜻이 합쳐진 것이다.

3 깊이가 있는 어원 이야기

英雄(영웅) · 豪傑(호걸)

魏(위)나라의 劉劭(유소)가 편찬한 『人物志(인물지)』에서 "풀 중에 아름답고 빼어난 것을 '英(영)'이라 하고 짐승 중에 무리에서 특출한 것을 '雄(웅)'이라 한다."고 하였다.

또 지혜가 백 사람보다 뛰어나면 '豪(호)'라 하고, 천 사람보다 뛰어나면 '傑(걸)'이라 하니 '一當百(일당백)'을 일컫는다.

4 한문으로 읽는 우리 속담

盲者直門(맹자직문) 의미 소경 문고리 잡듯

소경이 문을 바로 찾는다는 뜻으로, 우매한 사람이 어쩌다 이치에 맞는 일을 하였을 경우에 이 말을 쓴다. '盲者正門(맹자정문)'이라고도 한다.

三淵(삼연) 金昌翕[김창흡, 1653~1722]은 「산사의 장님을 놀림」이라는 시에서,

눈먼 나그네 산사에 왔는데	遠客來山寺
가을 바람에 한 자루 지팡이 가볍다	秋風一杖輕
곧장 산사의 문안으로 들어가니	直入寺門去
사방 벽 단청이 선명하네	四壁丹青明

라고 하였다.

앞의 시에서 사용한 '멀다'·'지팡이'·'바로 들어가다.'·'丹靑(단청)' 등의 말은 모두 속담의 일부이다. 즉 '바로 들어가다.'는 '장님이 문 바로 들어갔다.', '소경이 문 바로 든다.', '장님이 고리 바로 잡았다.'는 속담을 차용한 것이고, '丹靑(단청)'은 '소경 단청 구경'이라는 속담을 차용한 것이다.

5 주변에서 만난 한자

이 사진은 bar의 간판인데 屋號(옥호)가 '火水木(화수목)'이다.

그 의미야 작명한 사람의 이야기를 들어야 알겠지만 요일의 '火水木'임에 틀림없을 것이다. 이 간판에는 별도로 우리말이 병기되어 있지 않다. 적어도 '火水木' 정도의 한자는 누구나 읽을 수 있다고 판단한 것이리라. 과거에 '月·火·水·木·金·土·日'은 달력에 표기되어 있는 것이었기에 누구나 다 아는 글자였다. 물론 지금은 'SUN·MON·TUE·WED·THU·FRI·SAT'로 표기된 달력이 대부분인지라, 달력에서 한자를 찾아보기 어렵다. 그래도 여전히 '月·火·水·木·金·土·日'은 가장 기본적인 한자임에는 틀림없다.

6 잠 깨우기

사람들은 용렬한 사람이 되는 것을 죽기보다 수치스럽게 여긴다.

무신년[1728] 난리 때 淸安(청안) 縣監(현감) 李廷說(이정열)이 적에게 印符(인

부)를 잃고 서울로 붙잡혀 왔다. 이정열은 왕족이고 色目(색목)도 逆徒(역도)들과 달랐기에 영조가 그를 살려 주려고 물었다.

"네가 인부를 주었느냐, 아니면 적이 탈취하였느냐?"

이정열은

'내가 인부를 주었다고 하면 權柄(권병)이 그래도 내게 있지만 그것을 빼앗겼다고 하면 나는 고작 용렬한 사람일 뿐이니, 차라리 죽을지언정 어찌 용렬한 사람이 되겠는가?'

라고 생각하고는 대답하였다.

"제가 주었습니다."

그는 마침내 처형되었다.

출전: 成大中(성대중)의 『靑城雜記(청성잡기)』

7 우리나라의 고사성어

許璽許瑛(허새허영)

許璽許瑛(허새허영)은 실정이 없는 일을 칭한다. 이는 1682년 許璽(허새)와 許瑛(허영)이 모반을 조작하여 老少(노소) 分黨(분당)의 원인을 만든 사건인 壬戌獄事(임술옥사)에서 유래한 말이다. 또 許璽(허새)의 별호가 宮東(궁동)이었기 때문에 혹 상민들이 맹세하면서 '許璽宮東(허새궁동)'이라고 하였다.

8 중국의 고사성어

五十步百步(오십보백보)

의미 오십 보를 도망간 사람이나 백 보를 도망간 사람이나 도망했다는 사실에는 차이가 없다는 뜻으로, 약간의 차이가 있지만 본질적인 면은 같다는 말.

梁惠王(양혜왕)이 맹자에게 물었다.

"寡人(과인)은 나라를 다스리는 데 마음을 다하고 있습니다. 河內(하내) 지방에 흉년이 들면 그 백성을 河東(하동) 지방으로 이주시키고, 그 곡식을 하내 지방으로 옮겨 주었습니다. 반대로 하동 지방에 흉년이 들어도 마찬가지로 하였습니다. 그런데 이웃나라의 정사를 살펴보건대, 과인처럼 마음을 쓰는 자가 없는데도 이웃나라의 백성들이 더 적어지지 않으며, 과인의 백성들이 더 많아지지 않는 이유는 어째서입니까?"

맹자가 말하였다.

"왕께서 전투를 좋아하시니, 청컨대 전투를 가지고 비유해 보겠습니다. 둥둥 진격의 북소리가 울려 병기와 칼날이 맞붙거든 갑옷을 버리고 병기를 끌고 달아나되, 어떤 병사는 100보를 도망한 뒤에 멈추어 서고 어떤 병사는 50보를 도망한 뒤에 멈추어 섭니다. 그런데 50보를 달아난 자가 100보 달아난 자를 비웃는다면 어떻겠습니까?"

왕이 말하였다.

"옳지 않습니다. 100보를 달아나지 않았을 뿐이지 이 또한 달아난 것입니다."

맹자가 말하였다.

"왕께서 만일 이러한 이치를 아신다면 백성들이 이웃나라보다 많아지기를 바라지 마소서."

출전: 『孟子(맹자)』「梁惠王(양혜왕)」

9 한자 문화 이야기

한자와 불의 문화

"문명은 불에서 비롯된다."

불은 인류 문명의 기반이자 촉매이다. 불은 원시 인류에게 광명과 따뜻함, 익혀 만든 맛있는 음식을 제공하고 수렵과 원시농업을 발전시키고 요업과 제련업을 일으켰다. 또 역사의 수레바퀴를 가속시켜 전에 없는 빠른 속도로 문명을 진보시켰다.

이러한 火(화)의 갑골문은 로, 불꽃을 형상화하였다. 이때의 불은 천연의 불이기도 하고 인공으로 보존하여 얻은 불이기도 하다. 불이 있으면 光明(광명) 즉 빛이 있다. 光(광)의 갑골문은 으로, 사람 머리 위의 불을 나타내며 광명에 대한 인류의 동경을 반영한다.

생활에서 불의 중요한 용도는 조명과 난방이다. 주로 땔감으로 사용된 薪(신)은 상당히 오랜 기간 동안 기능의 변화가 없었다. 그러나 조명으로 사용했던 燭(촉)은 여러 차례 변화를 거쳤다. 갑골문의 자는 횃불을 나타낸다. 위는 불을 나타내고 아래는 잡을 수 있는 자루를 나타낸다. 옛날의 燭(촉)은 지금의 횃불로, 갑골문에는 혹은 으로 되어 있다. 옛사람들은 횃불을 '燭(촉)' 또는 '火炬(화거)'라고 하였다. 燭(촉)은 불을 비추는 조명을 가리킨다. 『禮記(예기)』에 "동자가 구석에 촛불을 들고 앉아 있다."라고 하였는데, 이것은 옛사람들이 촛불을 사용하게 된 이유가 손에 들고 밝힐 수 있다는 편의성 때문이었음을 시사한다. 이 때문에 燭奴(촉노)라고도 불리는 촛대[燭臺]가 생겨났다. 그러나 시간이 흐르면서 횃불로서의 燭(촉)이란 기본 명칭에는 변화가 없었지만 燭(촉)이 가리키는 구체적인 사물은 양초나 등불 또는 기름으로 대체되었다.

횃불의 재료 중에 薪(신)은 장작 또는 커서 자를 수 있는 나무, 蒸(증)은 작은 나무 또는 잔가지를 모아서 묶어 만든 나무이다. 그래서 薪(신)은 주로 땔감으로 쓰고 蒸(증)은 불쏘시개로 사용되었다.

장작[薪]을 때면서 인류는 익힌 음식이 맛있다는 사실을 알았다. 이러한 熟食(숙식) 또는 火食(화식)은 태고의 삼림을 태우던 큰불에서 비롯되었다. 우연히 불에 타 죽은 짐승들 중에 알맞게 익은 것을 먹자 너무나 맛있어서 저도 모르게 '그렇구나![然]'라는 감탄사가 나왔다. 然(연)은 肰(연)과 灬[화: 불]가 결합된 회의자다. 肰(연) 자는 개고기를 뜻하는데, 알맞게 익은 개고기가 너무나 맛이 좋아 실컷 먹은 일에서 '배부르다'는 뜻의 猒(염) 자가 파생되었다. 지금의 猒(염) 자는 배부르다는 의미가 확장되어 '만족스럽다'는 의미로 쓰인다. 이 글자에서 파생된 饜(염) 자는 맛있다고 너무 배부르게 먹으면 반대로 물리게 된다는 뜻에서 '혐오, 싫증'을 의미한다.

불의 사용으로 발달한 최초의 熟食(숙식) 요리법은 잡은 짐승을 불 위에 놓아두거나 매달아서 직접 구워 먹는 것이었다. 인류의 불 사용에 대한 역사를 기록하고 있는 『禮記(예기)』「禮運(예운)」편에 따르면, 전설의 제왕 시대는 불로 음식을 익혀 먹기 전이어서 초목의 열매와 鳥獸(조수)의 날고기를 먹었고 성인이 불을 만든 후에야 굽기[炮, 燔]·삶기[烹]·지지기[炙]를 하게 되었다고 한다. 여기에 제시된 요리법 중에 炮(포)는 불 속에서 익히는 것, 燔(번)은 불 위에 놓고 익히는 것, 烹(팽)은 가마솥에 삶는 것, 炙(자)는 꼬챙이에 꽂아 불 위에 놓고 굽는 것이다. 특히 가마솥에 넣고 삶는 烹(팽)은 도자기를 제조하고 철을 제련할 수 있게 된 이후에야 가능했던 요리법으로, 꽤 늦게 출현하였다.

불은 사냥에서도 위대한 신통력을 발휘하였다. 불을 장악한 사냥꾼들은 모든 야생 동물들을 두렵게 만들었다. 사냥할 때 불을 이용한 것과 관련한 갑골문에 焚(분)과 爇(설)이 있다.

焚(분)은 불을 놓아 산림을 태워 들짐승을 몰아서 잡는다는 뜻이다. 『管子(관자)』「輕重(경중)」에 "齊(제)나라 북쪽 숲에서 불을 지른다.[燒火]"라는 기록이 있다. 이에 대해 房玄齡(방현령)은 "사냥하면서 불을 놓는 것을 燒(소)라고 한다."라고 하였다. 불을 질러 사냥하는 것은 삼림뿐만 아니라 들짐승이 서식·

번식하는 장소를 훼손시키는 매우 파괴적인 사냥법이다. 파괴성을 인식하면서 焚田(분전)에서 爇田(설전)으로 사냥법이 바뀌었다. 爇(설)이란 여러 사람이 횃불을 들고 들짐승을 숲속으로 몰아서 잡는 방법이다.

이 외에 불을 이용한 사냥을 의미하는 글자로 狩(수)·獠(료)가 있다.『爾雅(이아)』「釋天(석천)」에 "밤 사냥을 獠(료)라 한다."라고 하였다. 獠(료)는 犬[견: 개]의 의미와 尞(료)의 음을 따른 것으로, 개는 사냥의 수단을 표시한다. 獠는 燎(료)의 초기 글자로, 불을 사냥 수단으로 삼았음을 나타낸다.

인류에게 광명을 안겨 준 것은 횃불이었으며 익혀 먹는 음식의 맛을 알게 해 준 것은 장작불이었다. 편하고 좋은 것을 누리게 된 인간들이 신이나 선조에게 그것을 바치려 하면서 불을 이용하는 각종 제사법이 생겼다.

제사란 주로 신에게 복을 구하거나 악귀를 물리치고 불길한 것을 없애기 위한 의식적 행위다.『설문해자』에는 이러한 제사를 나타내는 한자가 여럿 소개된다. 섶나무를 태워 하늘에 지내는 제사인 柴(시), 화톳불을 놓아 하늘에 올리는 제사인 槱(유), 섶나무를 태워 연기를 올려서 하늘에 지내는 제사인 禋(인), 횃불을 피워 재난을 물리치려고 지내는 제사인 爝(작) 등이 그것이다.

불은 제사 외에 養生(양생)과 治療(치료)에도 활용되었다. 불을 살라 뜸질하거나 돌침을 이용하여 병을 치료하는 것은 전통적이고 창조적인 치료법이다. 灸[구: 뜸]란 인체의 주요한 혈자리에 불을 놓아 병을 치료하는 방법이다.

불은 인류 문명에 발전과 복음을 가져다주었을 뿐만 아니라 재난도 야기하였다. 災(재) 자에 쓰인 불이 바로 그 경우다.

24

式場
식장에서

Arnold Van Gennep는 通過儀禮(통과의례)라는 특수한 범주를 설정하고 그것을 다시 分離儀禮(분리의례), 過渡儀禮(과도의례), 統合儀禮(통합의례)로 나누어 설명하였다. 분리의례는 葬禮式(장례식) 때 뚜렷하게 나타나며 통합의례는 結婚式(결혼식)에서 뚜렷하게 보인다고 말하였다. 또 과도의례는 姙娠(임신)·約婚(약혼)·加入式(가입식) 등의 경우는 중요한 부분을 구성하지만, 入養(입양)·둘째 아이의 分娩(분만)·再婚(재혼) 등의 경우는 그 중요성이 최소화되기도 한다고 주장하였다.

— Arnold Van Gennep 저, 徐永大 역, 『通過儀禮』, 인하대학교출판부, 1986

유용한 한자어 I

禮式場	예도 례, 법 식, 장소 장
婚禮	혼인할 혼, 예도 례
新郎	새 신, 사내 랑
新婦	새 신, 아내 부
主禮	주관할 주, 예도 례
祝儀	축하할 축, 거동 의
幣帛	비단 폐, 비단 백
扶助	도울 부, 도울 조
賀客	축하할 하, 손님 객
祝歌	축하할 축, 노래 가
華燭	빛날 화, 촛불 촉

宴會(연회)의 종류

披露宴(피로연), 祝賀宴(축하연), 回甲宴(회갑연)
古稀宴(고희연), 米壽宴(미수연), 酒宴(주연)

유용한 한자어 Ⅱ

禮式(예식)의 종류

成年式(성년식), 結婚式(결혼식)
入學式(입학식), 卒業式(졸업식)
葬禮式(장례식), 發隊式(발대식)
施賞式(시상식), 就任式(취임식)
開幕式(개막식), 閉幕式(폐막식)

한자어	훈음
慶事	경사 경, 일 사
宴會	잔치 연, 모임 회
請牒	청할 청, 편지 첩
來賓	올 래, 손님 빈
儀典	거동 의, 법 전
祝杯	빌 축, 잔 배
祝辭	빌 축, 말씀 사
送辭	보낼 송, 말씀 사
答辭	대답할 답, 말씀 사
歡迎辭	기쁠 환, 맞을 영, 말씀 사
激勵辭	분발할 격, 힘쓸 려, 말씀 사
國民儀禮	나라 국, 백성 민, 거동 의, 예도 례

1 부수의 활용

巾
수건 건

자형

 甲  金  篆

巾은 헝겊으로 사물을 덮고 두 끝자락이 아래로 드리운 형상을 본뜬 글자이다. 가운데의 세로선은 수건에 달린 끈을 본뜬 것이다. 그러므로 巾은 수건이 매달려 있는 모양이 된다. 수건의 용도는 사물을 덮거나 물건을 닦는 것이다. 이것이 부수로 쓰여서 수건, 그리고 천으로 만드는 각종 물건을 나타내는 글자를 이룬다. 대표적인 글자는 다음과 같다.

· **布** 포 베, 펴다	**布告** 포고	· **帽** 모 모자	**帽子** 모자
· **帆** 범 돛	**帆船** 범선	· **席** 석 까는 자리	**參席** 참석
· **帶** 대 띠	**革帶** 혁대	· **帳** 장 휘장	**帳幕** 장막

頁
머리 혈

자형

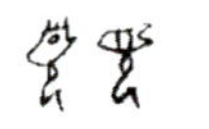 甲  金  篆

頁은 사람의 머리와 관련이 있다. 身(신)이 똑바로 서 있는 사람의 옆모습을 그린 것이라면 頁(혈)은 쪼그리고 앉아 있는 사람을 본뜬 것인데, 머리를 강조하여 이러한 형태가 되었다. 이것을 부수로 한 글자는 머리나 그 주변부에 관한 명칭, 상태 등과 관련이 있다. 대표적인 글자는 다음과 같다.

· **頭** 두 머리	**頭腦** 두뇌	· **頂** 정 정수리, 꼭대기	**頂上** 정상
· **項** 항 목, 조목	**項目** 항목	· **額** 액 이마	**額面** 액면
· **顔** 안 얼굴	**洗顔** 세안		

2 다른 글자 유사한 의미

賓·客

賓(빈)과 客(객)은 모두 손님을 의미한다. 하지만 賓(빈)은 客(객)에 비해서 어감이 더 정중하다. 국가 차원에서 예우하는 손님을 國客(국객)이 아닌 國賓(국빈)이라고 하며 귀한 손님은 貴客(귀객)보다는 貴賓(귀빈)이라 하는 것이 훨씬 자연스럽다. 客(객)은 집을 떠나 다른 곳에 머물고 있는 사람을 가리키는 말로, 존중하는 뜻이 없기 때문이다. 顧客(고객)·乘客(승객)·客席(객석)·客地(객지)에는 모두 높이는 뜻도, 낮추는 뜻도 없다. 그리고 반의어인 主(주)와 연용되어 많이 쓰이는 말은 賓(빈)이 아니라 客(객)이다. 따라서 主體(주체)의 반대는 客體(객체)이며 主觀(주관)의 반대는 客觀(객관)이다.

3 깊이가 있는 어원 이야기

狼狽(낭패)

계획한 일이 실패로 돌아가거나 기대에 어긋나 매우 딱하게 됨을 이르는 말이다. 「周勃傳(주발전)」에서 "狼狽(낭패)가 의지할 곳을 잃었다.[狼狽失擄.]"라고 하였는데, 그 주석에서 "狽(패)는 앞다리가 없어 狼(낭)과 붙어서 가니, 狼(낭)이 없으면 갈 수 없다."라고 하였다. 狼(낭)은 앞발이 길고 뒷발이 매우 짧아, 항상 狽(패)에게 업혀 다녀야만 한다. 狽(패)는 앞발이 매우 짧고 뒷발이 길어, 狼(낭)을 업어야 갈 수 있다.

4 한문으로 읽는 우리 속담

착 산 저 　실 가 저
捉山猪, 失家猪.

의미 산돼지 잡으려다
집돼지까지 잃는다.

산돼지를 잡겠다고 욕심을 부린 나머지, 집돼지를 잘못 간수한 탓에 잃어버리게 되었다는 뜻으로, 지나치게 욕심을 부리다가 가지고 있던 것까지 잃어버리게 됨을 비유적으로 이르는 말이다. “산토끼를 잡으려다가 집토끼를 놓친다.”는 속담도 같은 의미이다.

5 주변에서 만난 한자

횟집의 옥호가 ‘참신해’로, 새롭고 산뜻하다는 의미로 사용된 듯하다. 그런데 ‘해’ 자 옆에 ‘海’가 부기되어 있다. 즉 ‘참 신선한 바다’라는 의미이다. 다시 간판을 자세히 보면 여러 마리의 물고기를 형상화하여 만든 커다란 海 자가 있음을 알 수 있다. 우리말과 한자를 섞어 사용하여 재미있는 상호와 간판을 만들어 광고 효과를 극대화하였다.

6 잠 깨우기

柳寬(유관)은 공정하고 청렴하며 정직하였다. 비록 지위가 정승에 이르렀으나 초가집 한 칸에 삼베옷 입고 짚신을 신는 등 매우 검소하였다.

하루는 장맛비가 한 달 넘게 내렸는데, 집에 비가 줄줄 샜다. 공이 손수 雨傘(우산)을 받치고 비를 가리며 부인을 돌아보고 말했다.

"우산 없는 집은 어떻게 견디겠소?"

부인이 대답하였다.

"우산 없는 집에는 반드시 가릴 것이 있겠지요."

이에 공이 웃었다.

출전: 徐居正(서거정)의 『筆苑雜記(필원잡기)』

7 우리나라의 고사성어

興伊恒伊(흥이항이)

조선의 閔百興(민백흥)·閔百恒(민백항) 형제가 연이어 강원 감사가 되어 善政(선정)을 베풀었기에, 지금까지 '興伊恒伊(흥이항이)'라 칭한다. 어떤 경우엔 '是非(시비)'한다는 뜻으로 사용된다.

8 중국의 고사성어

破鏡(파경)

의미 원래 夫婦(부부)가 헤어질 때 신표로 가지고 있던 깨진 거울을 매개로 다시 만나게 되는 것을 의미하였지만, 현재는 離婚(이혼)을 비유적으로 이르는 말로 쓰인다.

陳(진)나라 때 太子舍人(태자사인)이었던 서덕언은 後主(후주) 陳叔寶(진숙보)의 누이인 樂昌公主(낙창공주)를 아내로 삼았는데, 그녀는 才色(재색)이 매우 뛰어났다. 진나라의 정국이 혼란스러워지자 서덕언은 부부가 모두 무사하기 어렵다는 것을 알고서 아내에게 말하였다.

"당신의 재주와 용모라면 나라가 망할 때에 반드시 세도가의 집으로 잡혀가게 될 터이니, 이대로 영영 헤어지게 될 것이오. 혹시라도 인연이 끊어지지 않는다면 그래도 서로 만날 수 있기를 바라니, 이것을 信標(신표)로 삼읍시다."

그러고는 거울 하나를 깨뜨려[破一鏡] 반쪽씩 나눠 가지며 약속하였다.

"훗날 정월보름날이 되면 꼭 이것을 도성의 저자에 나가 파시오. 내가 살아 있다면 이것을 가지고 그날 찾아가리다."

진나라가 패망하였을 때에 그의 아내는 과연 수나라 장군 楊素(양소)의 집으로 들어가게 되었고, 매우 총애를 받았다. 서덕언은 갖은 고초를 겪으며 떠돌아다니다가 겨우 도성에 당도하여, 마침내 정월보름날에 도성의 저자를 찾게 되었다. 한 노비가 거울 반쪽을 팔고 있었는데, 그 값이 너무도 비싸서 사람들이 모두 그를 비웃었다. 서덕언은 곧장 그를 자신의 거처로 데리고 가서 음식을 차려 주며 사연을 모두 말하고서, 거울 반쪽을 꺼내어 맞추어 보았더니 두 쪽이 꼭 맞았다. 그리하여 시를 짓기를,

거울과 사람이 함께 떠났는데	鏡與人俱去
거울만 돌아오고 사람은 아니 돌아오네	鏡歸人不歸
항아의 그림자는 다시 보이지 않고	無復嫦娥影
공연히 휘영청 밝은 달만 머물러 있네	空留明月輝

라고 하였다. 그의 아내가 시를 보고서 食飮(식음)을 전폐하고 눈물만 흘렸다. 양소가 그것을 알고, 서글피 얼굴빛을 고치고서 곧바로 덕언을 불러들여 아내를 돌려주고 후하게 선물까지 주니, 그 사연을 들은 이들이 모두 감탄했다. 서덕언은 부인과 강남으로 돌아가서 죽는 날까지 偕老(해로)하였다.

출전: 『本事詩(본사시)』「情感(정감)」

9 한자 문화 이야기

약탈혼의 흔적들

婚姻(혼인)을 뜻하는 한자인 婚(혼)은 원래 昏[혼: 어둡다]과 통하는 글자로,

해가 저물어 날이 어둑어둑해지는 저녁에 결혼식을 치렀던 데서 '결혼'의 의미를 가지게 되었다. 그런데 이렇게 혼례를 밤에 행하는 관습은 본래 어두운 밤을 틈타서 다른 부족의 집단지에 잠입한 후, 그곳에서 젊은 처녀를 약탈해 아내로 삼았던 '약탈혼'의 잔영이라는 설이 있다. 이와 관련하여 『禮記(예기)』의 「曾子問(증자문)」에 다음과 같은 기록이 있다.

> 딸을 시집보낸 집은 사흘 밤 동안 촛불을 끄지 않고 서로 갈라졌음을 생각할 뿐. 며느리를 맞은 집은 사흘 동안 음악을 울리지 않고 어버이의 뒤를 잇는 것을 생각할 뿐.

여기서 사흘간 촛불을 끄지 않거나 음악 연주를 삼가는 관습은 실제로는 약탈혼 때문이었다고 생각하는 편이 이해에 도움이 된다. 딸을 빼앗긴 집은 비탄에 잠겨서 잘 수 없으므로 밤에도 촛불을 켜 놓고 지내고, 빼앗아 간 측에서는 약탈 사실이 드러나거나 보복당하는 일이 없도록 음악을 연주하는 등의 요란스런 축하는 하지 않고 열기가 식을 때까지 잠잠하게 지낸다는 것이다.

약탈혼의 관습이 언제까지 존속되었는지는 확실치 않지만, 중국의 경우 결혼식은 장기간에 걸쳐서 야간에 행해져 왔다. 『수호전』에 등장하는 魯智深(노지심)이라는 호걸이 산적 우두머리로부터 억지로 결혼을 강요받은 여인을 구하기 위해 그녀를 대신해 신부로 변장하고 침대에 숨어 있었다. 이어 혼례를 무사히 마친 산적 우두머리가 침대로 와서 처녀를 안으려고 하는데, 그곳에 있던 사람은 바로 노지심이었다. 이 이야기에서 신랑과 신부가 혼례 날에 밤이 깊어서야 비로소 얼굴을 맞보게 되는 이유는 결혼식이 밤에 거행되었기 때문이다.

출전: 阿什哲次(아십철차) 저, 이기형 역, 『한자의 수수께끼』, 학민사, 1994

참고문헌

본문에서 별도로 기재하지 않은 참고문헌은 다음과 같다.

- '부수의 활용'의 각종 자형은 北京大學出版社(2000년)에서 간행한 『漢語字源字典』, 四川辭書出版社(1988년)에서 간행한 『甲骨文字典』, 上海古籍出版社(2008년)에서 간행한 『古文字類編』에서 인용하였다. '甲'은 甲骨文, '金'은 金文, '篆'은 篆文의 약칭이다.
- '깊이가 있는 어원 이야기', '한문으로 읽는 우리 속담', '우리나라의 고사성어'는 趙在三의 『松南雜識』에서 인용하였다.
- '다른 글자 유사한 의미'는 吉林文史出版社(1993년)에서 간행한 『古辭辨』과 新學識文敎出版中心(1991년)에서 간행한 『常用 文言文 同義詞辨析』을 참조 인용하였다.

전체 구성 일람표

		부수의 활용	다른 글자 유사한 의미	깊이가 있는 어원 이야기	한문으로 읽는 우리 속담
1	家庭에서	子, 女	宮·室·房·宅	사나이·가시나	행랑 빌리면 안방까지 빌린다.[借廳借閨]
2	學校에서	攴	敎·訓, 學·習	工夫	산에 들어가면서 호랑이를 꺼린다.[入山忌虎]
3	會社에서	手, 足	勤·勞	明太	박쥐 구실[蝙蝠之役]
4	月曆에서	日, 月	恭·敬	을씨년스럽다	제갈량이라면 애초에 들어가지도 않았다. [諸葛亮初不入]
5	氣象廳에서	冫, 水	寒·冷·涼	星火	거지가 하늘을 불쌍히 여긴다.[乞人憐天]
6	銀行에서	貝, 金	財·貨	不可殺[불가사리]	종로에서 뺨 맞고 사평에서 눈 흘긴다. [鐘樓批頰, 沙坪反目.]
7	法院에서	网, 刀	法·律, 刑·罰	鬱陵	삶아 놓은 녹비 대전[熟鹿皮大典]
8	國會에서	言	治·理	昌被	산 강아지가 죽은 정승보다 낫다. [活狗子, 勝於死政丞.]
9	區廳에서	广	官·吏	突弁	성나 바위 차기[怒蹴巖]
10	福德房에서	心	見·視	蒙獺鬼神	호랑이에게 고기 달란다.[虎前乞肉]
11	病院에서	疒	疾·病	藥酒	관 돝 배 앓기[官猪腹痛]
12	韓醫院에서	肉, 酉	危·險	針方席[바늘방석]	산 밑에 절굿공이가 귀하다.[山底杵貴]
13	藥局에서	艸	憂·患	藥鼻[약코]	자는 범 코 찌르기[宿虎衝鼻]
14	商店에서	衣	豆·菽	青瓦匠	부엉이의 셈치기[鵂鶹計數]
15	食堂에서	食, 米	飢·餓	酒前喙[주전부리]	장 없는 놈이 국 즐긴다.[無醬耆羹]
16	汽車驛에서	車, 馬	江·河	還木魚[도루묵]	까마귀 날자 배 떨어진다.[烏飛梨落]
17	空港에서	犬, 鳥	朋·友	高麗臭[고린내]	하룻밤에 만리장성을 쌓는다.[一夜萬里城]
18	旅路에서	山, 木	山·峰, 丘·陵	亡命	언 발에 오줌 누기[凍足放尿]
19	道路에서	彳, 辵	道·路	高子	나루 건너 배 타기[越津乘船]
20	公演場에서	目, 耳	聽·聞	同僲	게도 잃고 구럭도 잃다.[蟹網俱失]
21	放送局에서	示	會·合	齷齪	도적이 도리어 몽둥이를 든다.[賊反荷杖]
22	遺蹟地에서	門	空·虛	放氣[방귀]	중의 빗[僧梳]
23	競技場에서	走	奇·異	英雄·豪傑	소경 문고리 잡듯[盲者直門]
24	式場에서	巾, 頁	賓·客	狼狽	산돼지 잡으려다 집돼지까지 잃는다. [捉山猪, 失家猪.]

	우리나라의 고사성어	중국의 고사성어	한자 문화 이야기
1 家庭에서	八大君一翁主	結草報恩	家庭·妻·妾
2 學校에서	瑪瑙	靑出於藍	한자와 권력
3 會社에서	袞貞醯	守株待兎	한자와 문화의 모순성
4 月曆에서	新豊	矛盾	紀年에 대하여
5 氣象廳에서	魚池間	杞憂	오곡이 풍성해지는 해 – 年 자에 대해서
6 銀行에서	竹所虛文	奇貨可居	한자로 본 姓의 기원
7 法院에서	坐客	和氏之璧	한자로 본 고대의 刑法
8 國會에서	孝寧大君鼓皮	完璧	한자에 반영되어 있는 氏
9 區廳에서	白文善虛文書	漁夫之利	첫 번째 자식을 버리거나 잡아먹던 풍습
10 福德房에서	唐窮相	孟母三遷之敎	모계사회에서 부계사회로의 전환에 대한 이정표 '嫁'
11 病院에서	無足可觀	脣亡齒寒	무모한 歷史家들
12 韓醫院에서	鷄卵有骨	背水陣	背山臨水
13 藥局에서	龍哥	緣木求魚	한자와 도량형(1)
14 商店에서	金德誠中衣底	多多益善	한자와 도량형(2)
15 食堂에서	恥恥漢川	朝三暮四	육식의 역사(1)
16 汽車驛에서	貴達馬	刻舟求劍	육식의 역사(2)
17 空港에서	巨善牌	鷄鳴狗盜	한자와 색(1)
18 旅路에서	釣龍臺	愚公移山	한자와 색(2)
19 道路에서	興靑	指鹿爲馬	왼쪽과 오른쪽 중 어느 쪽이 優位인가?
20 公演場에서	潑洁	伯牙絶絃	한자와 숫자(1)
21 放送局에서	遲川堅[지천굴]	多岐亡羊	한자와 숫자(2)
22 遺蹟地에서	曼石衆	錦衣夜行	丹靑 금지법
23 競技場에서	許璽許瑛	五十步百步	한자와 불의 문화
24 式場에서	興伊恒伊	破鏡	약탈혼의 흔적들

部首 214字

1획	囗 큰입 구	戶 지게 호	玄 검을 현	耒 쟁기 뢰	車 수레 거	高 높을 고
一 한 일	土 흙 토	手(扌) 손 수(재방 변)	玉(王) 구슬 옥	耳 귀 이	辛 매울 신	髟 터럭발 밑
丨 뚫을 곤	士 선비 사	支 지탱할 지	瓜 오이 과	聿 붓 율	辰 별 진	鬥 싸울 투
丶 점 주	夂 뒤져올 치	攴(攵) 칠 복	瓦 기와 와	肉(月) 고기 육(육달월)	辵(辶) 쉬엄쉬엄갈 착 (착 받침)	鬯 술 창
丿 삐침 별	夊 천천히 걸을 쇠	文 글월 문	甘 달 감	臣 신하 신	邑(阝) 고을 읍 (우부 방)	鬲 솥 력
乙(乚) 새 을	夕 저녁 석	斗 말 두	生 날 생	自 스스로 자	酉 닭 유	鬼 귀신 귀
亅 갈고리 궐	大 큰 대	斤 도끼 근	用 쓸 용	至 이를 지	釆 분별할 변	11획
2획	女 계집 녀	方 모 방	田 밭 전	臼(𦥑) 절구 구	里 마을 리	魚 물고기 어
二 두 이	子 아들 자	无(旡) 없을 무	疋(⺪) 필 필	舌 혀 설	8획	鳥 새 조
亠 돼지해 밑	宀 집 면(갓 머리)	日 날 일	疒 병들어 누울 녁 (병질 엄)	舛 어그러질 천	金 쇠 금	鹵 소금밭 로
人(亻) 사람 인	寸 마디 촌	曰 가로 왈	癶 필발 머리	舟 배 주	長(镸) 길 장	鹿 사슴 록
儿 어진사람 인	小 작을 소	月 달 월	白 흰 백	艮 머무를 간	門 문 문	麥 보리 맥
入 들 입	尢(兀,尣) 절름발이 왕	木 나무 목	皮 가죽 피	色 빛 색	阜(阝) 언덕 부 (좌부 방)	麻 삼 마
八 여덟 팔	尸 주검 시	欠 하품 흠	皿 그릇 명	艸(++) 풀 초(초두)	隶 미칠 이	12획
冂 멀 경	屮 왼손 좌	止 그칠 지	目 눈 목	虍 범 호	隹 새 추	黃 누를 황
冖 덮을 멱 (민갓 머리)	山 메 산	歹(歺) 죽을 사	矛 창 모	虫 벌레 충	雨 비 우	黍 기장 서
冫 얼음 빙 (이수 변)	巛(川) 개미허리	殳 몽둥이 수	矢 화살 시	血 피 혈	靑 푸를 청	黑 검을 흑
几 안석 궤	工 장인 공	毋 말 무	石 돌 석	行 다닐 행	非 아닐 비	黹 바느질할 치
凵 위터진입 구	己 몸 기	比 견줄 비	示(礻) 보일 시	衣(衤) 옷 의	9획	13획
刀(刂) 칼 도 (선칼도 방)	巾 수건 건	毛 터럭 모	禸 짐승발자국 유	襾(西) 덮을 아	面 낯 면	黽 맹꽁이 맹
力 힘 력	干 방패 간	氏 성 씨	禾 벼 화	7획	革 가죽 혁	鼎 솥 정
勹 쌀 포	幺 작을 요	气 기운 기	穴 구멍 혈	見 볼 견	韋 가죽 위	鼓 북 고
匕 비수 비	广 집 엄(엄 호)	水(氵,氺) 물 수 (삼수 변)	立 설 립	角 뿔 각	韭 부추 구	鼠 쥐 서
匚 터진입 구	廴 민책 받침	火(灬) 불 화 (연화 발)	6획	言 말씀 언	音 소리 음	14획
匸 터진에운담	廾 밑스물입	爪(爫) 손톱 조	竹(⺮) 대 죽	谷 골 곡	頁 머리 혈	鼻 코 비
十 열 십	弋 주살 익	父 아비 부	米 쌀 미	豆 콩 두	風 바람 풍	齊 가지런할 제
卜 점 복	弓 활 궁	爻 점괘 효	糸 실 사	豕 돼지 시	飛 날 비	15획
卩(㔾) 병부 절	彐(彑) 터진가로왈	爿 장수장 변	缶 장군 부	豸 발없는 벌레 치	食(飠,𩙿) 밥 식	齒 이 치
厂 민엄 호	彡 터럭 삼	片 조각 편	网(罒,⺲,罓) 그물 망	貝 조개 패	首 머리 수	16획
厶 마늘 모	彳 천천히 걸을 척 (두인 변)	牙 어금니 아	羊 양 양	赤 붉을 적	香 향기 향	龍 용 룡
又 또 우	4획	牛(牜) 소 우	羽 깃 우	走 달릴 주	10획	龜 거북 귀
3획	心(忄,㣺) 마음 심	犬(犭) 개 견 (개사슴록 변)	老(耂) 늙을 로	足(⻊) 발 족	馬 말 마	17획
口 입 구	戈 창 과	5획	而 말 이을 이	身 몸 신	骨 뼈 골	龠 피리 약

附錄

살아있는 생활한자

生活漢字

쓰기와 연습문제

강민구 지음

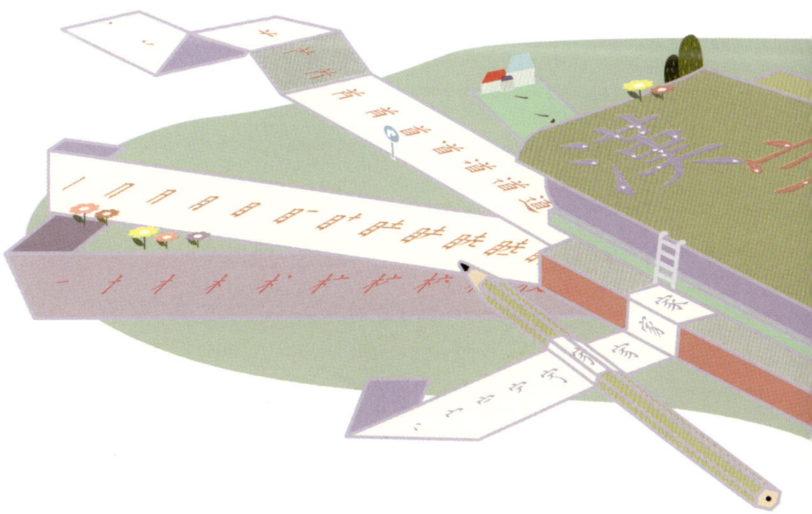

경북대학교출판부

목 차

目次

살아있는 생활한자

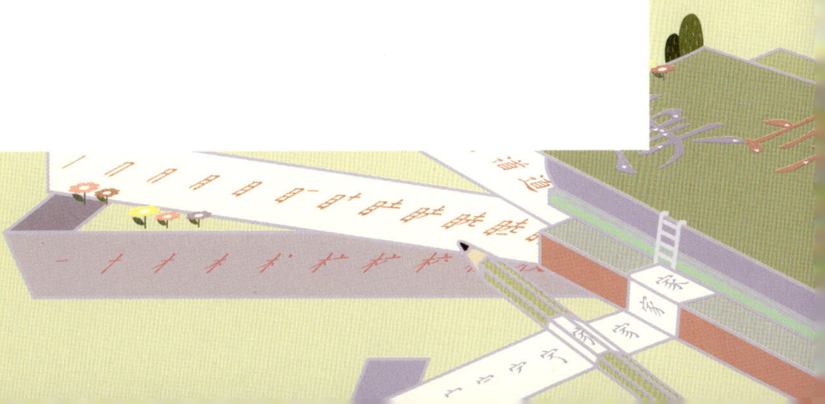

한자 쓰는 법

筆順

1. 왼쪽에서 오른쪽으로 쓴다.

예 州 : 丶 → 丿 → 少 → 州 → 州 → 州

2. 위에서 아래로 쓴다.

예 三 : 一 → 二 → 三

3. 좌우가 대칭인 글자는 가운데 획을 먼저 쓴다.

예 水 : 亅 → 刁 → 水 → 水

4. 중앙을 꿰뚫는 획은 마지막에 쓴다.

예 中 : 丨 → 冂 → 口 → 中

5. 가로획과 세로획이 교차할 때에는 가로획을 먼저 쓴다.

예 井 : 一 → 二 → 开 → 井

6. 삐침(丿)과 파임(㇏)이 교차할 때에는 삐침을 먼저 쓴다.

예 史 : 丨→冂→口→中→史

7. 둘레를 감싸는 글자는 둘레를 먼저 쓰고 아래쪽 획을 가장 마지막에 쓴다.

예 四 : 丨→冂→冂→四→四

8. 받침은 나중에 쓴다. 그러나 走, 是, 免은 받침을 먼저 쓰고 나머지를 쓴다.

예 道 : 丶→丷→䒑→䒑→丷→首→首→首→首→首→道→道→道→道

예 起 : 一→十→土→丰→丰→走→走→起→起→起

9. 점은 가장 나중에 찍는다.

예 犬 : 一→ナ→大→犬

10. 허리를 긋는 획은 가장 나중에 쓴다.

예 母 : 乚→𠃊→母→母→母

附錄

살아있는 생활한자

한자 쓰기

한자 쓰기

家 — 집 가 (宀부, 총10획)
丶 丶 宀 宀 宀 宁 家 家 家 家

敬 — 공경 경 (攴(攵)부, 총13획)
一 十 艹 艹 艹 芍 芍 苟 苟 苟 敬 敬 敬

計 — 셀 계 (言부, 총9획)
丶 亠 亠 言 言 言 言 言 計

姑 — 시어머니 고 (女부, 총8획)
ㄑ 夂 女 女 女 妒 姑 姑

恭 — 공손할 공 (心(⺗)부, 총10획)
一 十 廾 廾 共 共 恭 恭 恭 恭

口 — 입 구 (口부, 총3획)
丨 冂 口

男 — 남자 남 (田부, 총7획)
丨 冂 日 田 田 男 男

道 — 길 도 (辵(辶)부, 총13획)
丶 丷 丷 丷 产 肖 首 首 首 首 道 道 道

妹 — 누이 매 (女부, 총8획)
ㄑ 女 女 女 女 妹 妹 妹

母 — 어미 모 (毋부, 총5획)
ㄴ 母 母 母 母

睦 — 화목할 목 (目부, 총13획)
丨 冂 冂 月 目 目 目 目 目 目 睦 睦 睦

配 — 짝 배 (酉부, 총10획)
一 厂 万 丙 西 西 酉 酉 酉 配

夫 — 지아비 부 (大부, 총4획)
一 二 夫 夫

婦 — 며느리 부 (女부, 총11획)
ㄑ 女 女 女 女 女 女 女 婦 婦 婦

父 — 아비 부 (父부, 총4획)
丿 八 父 父

事 — 일 사 (亅부, 총8획)
一 一 亓 亓 亓 亓 亓 事

媤 — 시집 시 (女부, 총12획)
ㄑ 女 女 女 女 女 女 女 女 媤 媤 媤

食 — 밥 식 (食부, 총9획)
丿 人 亽 今 今 今 食 食 食

제1장
家庭
가정에서

愛	사랑 **애**	心부, 총13획	丶 ㇒ ㇒ ⺍ ⺍ ⺍ 爫 爫 爫 爫 㤅 㤅 愛
養	기를 **양**	食부, 총15획	丶 丷 䒑 䒑 𦍌 羊 羊 美 美 美 美 美 養 養 養
外	바깥 **외**	夕부, 총5획	丿 ク 夕 夘 外
偶	짝 **우**	人(亻)부, 총11획	丿 亻 亻 伂 伂 伂 但 偶 偶 偶 偶
友	벗 **우**	又부, 총4획	一 ナ 方 友
育	기를 **육**	肉(月)부, 총8획	丶 亠 ㄊ 云 产 育 育 育
慈	사랑할 **자**	心부, 총13획	丶 丷 䒑 䒑 䒑 玄 玆 玆 玆 玆 慈 慈 慈
者	사람 **자**	老(耂)부, 총9획	一 十 土 耂 耂 耂 者 者 者
姊	손윗누이 **자**	女부, 총8획	ㄑ 女 女 女 女 女 姊 姊
庭	뜰 **정**	广부, 총10획	丶 亠 广 广 庐 庄 庭 庭 庭 庭
弟	아우 **제**	弓부, 총7획	丶 丷 当 当 弟 弟 弟
戚	친척 **척**	戈부, 총11획	丿 厂 厂 厂 厂 厈 厈 厈 戚 戚 戚
親	친할 **친**	見부, 총16획	丶 亠 亠 立 立 辛 辛 亲 亲 亲 親 親 親 親 親 親
兄	형 **형**	儿부, 총5획	丨 ㅁ 口 尸 兄
和	화할 **화**	口부, 총8획	丿 二 千 禾 禾 和 和 和
孝	효도 **효**	子부, 총7획	一 十 土 耂 耂 孝 孝
訓	가르칠 **훈**	言부, 총10획	丶 亠 亠 亠 言 言 言 訁 訓 訓

한자 쓰기

제2장 學校(학교)에서

講	익힐 **강** 言부, 총17획
丶 亠 亠 亠 言 言 言 言 訁 訁 訁 誁 誁 講 講 講 講	
開	열 **개** 門부, 총12획
丨 冂 冂 冃 門 門 門 門 門 閂 開 開	
缺	이지러질 **결** 缶부, 총10획
丿 ⺊ 亠 午 缶 缶 缶 缶 缺 缺	
敎	가르칠 **교** 攴(攵)부, 총11획
丿 乂 乂 爻 爻 孝 孝 孝 孝 敎 敎	
校	학교 **교** 木부, 총10획
一 十 才 木 木 杧 杧 杧 校 校	
金	쇠 **금** 金부, 총8획
丿 人 亼 亼 全 全 金 金	
寄	부칠 **기** 宀부, 총11획
丶 丶 宀 宀 宊 安 宊 宊 寄 寄 寄	
答	대답 **답** 竹(⺮)부, 총12획
丿 ⺊ ⺮ ⺮ ⺮ ⺮ 竺 竺 笑 答 答 答	
堂	집 **당** 土부, 총11획
丨 丨 ⺌ ⺌ 尚 尚 尚 尚 堂 堂 堂	
讀	읽을 **독** 言부, 총22획
丶 亠 亠 亠 言 言 言 言 訁 訁 訁 訁 訁 讀 讀 讀 讀 讀 讀 讀 讀 讀	
登	오를 **등** 癶부, 총12획
フ ヲ ヲ ヲ 癶 癶 癶 癶 登 登 登 登	
朗	밝을 **랑** 月부, 총11획
丶 ㇇ ㇇ ㇇ 良 良 良 朗 朗 朗 朗	
練	익힐 **련** 糸부, 총15획
乙 幺 幺 糸 糸 糸 紅 紅 紅 紅 紅 練 練 練 練	
錄	기록할 **록** 金부, 총16획
丿 人 亼 亼 全 全 金 金 釒 釒 釒 錄 錄 錄 錄 錄	
論	논할 **론** 言부, 총15획
丶 亠 亠 亠 言 言 言 訁 訁 訡 訡 訡 論 論 論	
反	돌이킬 **반** 又부, 총4획
一 厂 厅 反	
放	놓을 **방** 攴(攵)부, 총8획
丶 亠 亠 方 方 方 放 放	
舍	집 **사** 舌부, 총8획
丿 人 亼 亼 今 全 舍 舍	

한자	훈음	부수·획수
生	날 **생**	生부, 총5획
席	자리 **석**	巾부, 총10획
授	줄 **수**	手(扌)부, 총11획
宿	잘 **숙**	宀부, 총11획
習	익힐 **습**	羽부, 총11획
試	시험 **시**	言부, 총13획
室	집 **실**	宀부, 총9획
應	응할 **응**	心부, 총17획
疑	의심할 **의**	疋부, 총14획
義	옳을 **의**	羊부, 총13획
庭	뜰 **정**	广부, 총10획
政	정사 **정**	攴(攵)부, 총9획
終	마칠 **종**	糸부, 총11획
座	자리 **좌**	广부, 총10획
證	증거 **증**	言부, 총19획
質	바탕 **질**	貝부, 총15획
討	칠 **토**	言부, 총10획
出	날 **출**	凵부, 총5획

生: 丿 𠂉 𠂉 牛 生
席: 丶 亠 广 广 庐 庐 庐 庐 席 席
授: 一 十 扌 扌 扌 扌 扩 扩 挼 授 授
宿: 丶 丷 宀 宀 宀 宀 宀 宀 宿 宿 宿
習: 丁 习 习 羽 羽 羽 羽 習 習 習 習
試: 丶 亠 亠 言 言 言 言 訁 訂 訂 試 試 試
室: 丶 丷 宀 宀 宀 宀 宀 室 室
應: 丶 亠 广 广 广 广 府 府 府 府 府 府 雁 雁 應 應 應
疑: 一 匕 匕 𠤕 𠤕 𠤕 𠤕 𠤕 𠤕 𠤕 疑 疑 疑 疑
義: 丶 丷 䒑 䒑 兰 羊 羊 羊 羊 羊 義 義 義
庭: 丶 亠 广 广 庀 庄 庄 庭 庭 庭
政: 一 丁 下 正 正 正 正 政 政
終: 𠃋 幺 幺 糸 糸 糸 糹 紁 終 終 終
座: 丶 亠 广 广 广 広 座 座 座 座
證: 丶 亠 亠 言 言 言 言 言 言 訂 訂 訂 証 証 譗 譗 譗 譗 證
質: 丿 厂 斤 斤 斤 斦 斦 斦 斦 斦 質 質 質 質 質
討: 丶 亠 亠 言 言 言 言 訁 討 討
出: 丨 凵 屮 出 出

한자 쓰기

學	배울 **학** 子부, 총16획	學		
行	다닐 **행** 行부, 총6획	行		
驗	시험 **험** 馬부, 총23획	驗		

MEMO

MEMO

한자	뜻과 음	부수, 총획
暇	겨를 가	日부, 총13획
遣	보낼 견	辵(辶)부, 총14획
經	지날 경	糸부, 총13획
決	결단할 결	水(氵)부, 총7획
計	셀 계	言부, 총9획
繼	이을 계	糸부, 총20획
雇	품팔 고	隹부, 총12획
規	법 규	見부, 총11획
勤	부지런할 근	力부, 총13획
金	쇠 금	金부, 총8획
級	등급 급	糸부, 총10획
給	줄 급	糸부, 총12획
起	일어날 기	走부, 총10획
企	꾀할 기	人부, 총6획
動	움직일 동	力부, 총11획
勞	일할 로	力부, 총12획
理	다스릴 리	玉(王)부, 총11획
務	힘쓸 무	力부, 총11획

제3장

會社

회사에서

한자	뜻과 음	부수, 총획
貿	바꿀 무	貝부, 총12획
補	기울 보	衣(衤)부, 총12획
事	일 사	亅부, 총8획
使	하여금 사	人(亻)부, 총8획
社	모일 사	示부, 총8획
賞	상줄 상	貝부, 총15획
續	이을 속	糸부, 총21획
受	받을 수	又부, 총8획
案	책상 안	木부, 총10획
業	일 업	木부, 총13획
與	더불 여	臼부, 총14획
易	바꿀 역 / 쉬울 이	日부, 총8획
營	경영할 영	火부, 총17획
用	쓸 용	用부, 총5획
員	인원 원	口부, 총10획
異	다를 이	田부, 총11획
引	끌 인	弓부, 총4획
任	맡길 임	人(亻)부, 총6획

者	사람 **자**	老(耂)부, 총9획	一 十 土 耂 耂 耂 者 者 者
字	글자 **자**	子부, 총6획	丶 丷 宀 宁 字 字
張	베풀 **장**	弓부, 총11획	一 コ 弓 弓 弘 弘 弡 弡 張 張 張
裁	마름질할 **재**	衣부, 총12획	一 十 土 土 圭 圭 丰 圭 表 裁 裁 裁
赤	붉을 **적**	赤부, 총7획	一 十 土 产 方 赤 赤
正	바를 **정**	止부, 총5획	一 丅 下 正 正
組	짤 **조**	糸부, 총11획	𠃋 幺 幺 糸 糸 糸 糹 組 組 組 組
職	직분 **직**	耳부, 총18획	一 丅 F F 王 耳 耳 耳 耳 耳 耶 耶 聕 聕 聕 職 職 職
出	날 **출**	凵부, 총5획	丨 屮 屮 出 出
派	갈래 **파**	水(氵)부, 총9획	丶 冫 氵 氵 汀 汇 沠 沠 派
會	모일 **회**	曰부, 총13획	丿 人 亼 亼 合 合 命 命 侖 會 會 會 會
休	쉴 **휴**	人(亻)부, 총6획	丿 亻 亻 什 休 休
黑	검을 **흑**	黑부, 총12획	丨 冂 冂 冂 罒 罒 甲 里 里 黑 黑 黑

MEMO

한자	뜻과 음	부수·획수	따라 쓰기
降	내릴 **강** 항복할 **항**	阜(阝)부, 총9획	降
開	열 **개**	門부, 총12획	開
驚	놀랄 **경**	馬부, 총23획	驚
穀	곡식 **곡**	禾부, 총15획	穀
光	빛 **광**	儿부, 총6획	光
端	끝 **단**	立부, 총14획	端
大	큰 **대**	大부, 총3획	大
冬	겨울 **동**	冫부, 총5획	冬
露	이슬 **로**	雨부, 총21획	露
立	설 **립**	立부, 총5획	立
滿	찰 **만**	水(氵)부, 총14획	滿
末	끝 **말**	木부, 총5획	末
芒	까끄라기 **망**	艸(++)부, 총7획	芒
明	밝을 **명**	日부, 총8획	明
木	나무 **목**	木부, 총4획	木
白	흰 **백**	白부, 총5획	白
伏	엎드릴 **복**	人(亻)부, 총6획	伏
復	회복할 **복** 다시 **부**	彳부, 총12획	復

필순:

- 降: ㇇ 阝 阝 阝' 阝夂 陊 降 降 降
- 開: 丨 ㇆ 尸 尸 尸' 門 門 門 閂 閂 開 開
- 驚: 一 十 艹 艹 芍 苟 苟 苟 苟 敬 敬 敬 ... 驚 驚 驚 驚 驚
- 穀: 一 十 士 声 声 声 壴 壴 壴 壴 壴 壴 穀 穀 穀
- 光: 丨 丬 丬 业 光 光
- 端: 丶 亠 立 立 立 立' 竌 竛 竛 竛 竛 端 端 端
- 大: 一 ナ 大
- 冬: ノ ク 夂 冬 冬
- 露: 一 二 戸 币 币 币 雨 雨 雨 雪 雪 雪 雲 雲 雲 露 露 露 露 露 露
- 立: 丶 亠 亠 立 立
- 滿: 丶 丷 氵 汀 汁 洪 洪 洪 浰 滿 滿 滿 滿 滿
- 末: 一 二 丰 末 末
- 芒: 一 十 艹 艹 艹 芒 芒
- 明: 丨 ㄇ 月 日 明 明 明 明
- 木: 一 十 才 木
- 白: ノ 亻 白 白 白
- 伏: ノ 亻 仁 伏 伏 伏
- 復: ノ 彡 彳 彳 彳 彳 彳 彳 彳 復 復 復

分	나눌 **분**	刀부, 총4획	丿 八 分 分
霜	서리 **상**	雨부, 총17획	一 𠂆 冖 币 雨 雨 雨 雨 雫 雫 雫 霜 霜 霜 霜 霜 霜
暑	더울 **서**	日부, 총13획	丨 冂 日 日 旦 早 早 昇 昇 昇 暑 暑 暑
夕	저녁 **석**	夕부, 총3획	丿 ク 夕
雪	눈 **설**	雨부, 총11획	一 𠂆 冖 币 雨 雨 雨 雨 雪 雪 雪
聖	성인 **성**	耳부, 총13획	一 厂 F F E 耳 耵 耶 耶 聖 聖 聖 聖
小	작을 **소**	小부, 총3획	亅 小 小
水	물 **수**	水부, 총4획	亅 才 水 水
植	심을 **식**	木부, 총12획	一 十 才 木 木 朩 朩 枯 枯 植 植 植
食	밥 **식**	食부, 총9획	丿 人 人 今 今 今 食 食 食
新	새 **신**	斤부, 총13획	丶 亠 亠 立 立 立 辛 辛 亲 亲 新 新 新
午	낮 **오**	十부, 총4획	丿 𠂉 二 午
雨	비 **우**	雨부, 총8획	一 厂 冂 币 雨 雨 雨 雨
日	날 **일**	日부, 총4획	丨 冂 月 日
節	마디 **절**	竹(⺮)부, 총15획	丿 𠂉 𥫗 ⺮ ⺮ ⺮ ⺮ 笞 笞 笞 笞 節 節 節 節
正	바를 **정**	止부, 총5획	一 丅 下 正 正
制	절제할 **제**	刀(刂)부, 총8획	丿 𠂉 二 午 告 制 制 制
種	씨 **종**	禾부, 총14획	丿 二 千 禾 禾 禾 秆 秆 秱 稍 稍 稙 種 種

한자 쓰기

한자	뜻·음	부수·획수	필순
中	가운데 **중**	丨부, 총4획	丨 口 口 中
至	이를 **지**	至부, 총6획	一 ㄷ 六 ㅈ 至 至
辰	별 **진** / 때 **신**	辰부, 총7획	一 厂 厂 尸 辰 辰 辰
處	곳 **처**	虍부, 총11획	丨 卜 卢 卢 卢 虍 虍 虎 處 處 處
天	하늘 **천**	大부, 총4획	一 二 チ 天
淸	맑을 **청**	水(氵)부, 총11획	丶 氵 氵 氵 氵 沣 沣 清 清 清 清
初	처음 **초**	刀부, 총7획	丶 ラ ネ ネ ネ 初 初
秋	가을 **추**	禾부, 총9획	丿 二 千 禾 禾 禾 秒 秋 秋
春	봄 **춘**	日부, 총9획	一 二 三 夫 夫 夫 春 春 春
忠	충성 **충**	心부, 총8획	丨 口 口 中 忠 忠 忠 忠
蟄	숨을 **칩**	虫부, 총17획	一 十 土 夫 幸 幸 幸 幸 刹 執 執 執 蟄 蟄 蟄 蟄 蟄
誕	낳을 **탄**	言부, 총14획	丶 一 三 亖 言 言 言 訁 訂 訂 誕 誕 誕 誕
夏	여름 **하**	夊부, 총10획	一 丆 丆 百 百 百 百 頁 夏 夏
寒	찰 **한**	宀부, 총12획	丶 丷 宀 宀 宀 宀 宙 宣 寒 寒 寒 寒
憲	법 **헌**	心부, 총16획	丶 丷 宀 宀 宀 宀 宔 害 害 害 害 害 憲 憲 憲 憲
顯	나타날 **현**	頁부, 총23획	丨 口 日 日 旦 旦 旦 显 显 显 显 显 显 㬎 㬎 顯 顯 顯 顯 顯 顯 顯 顯

MEMO

한자	뜻과 음	부수, 획수
降	내릴 **강** / 항복할 **항**	阜(阝)부, 총9획
結	맺을 **결**	糸부, 총12획
警	깨우칠 **경**	言부, 총20획
觀	볼 **관**	見부, 총25획
氣	기운 **기**	气부, 총10획
暖	따뜻할 **난**	日부, 총13획
帶	띠 **대**	巾부, 총11획
度	법도 **도**	广부, 총9획
浪	물결 **랑**	水(氵)부, 총10획
量	헤아릴 **량**	里부, 총12획
變	변할 **변**	言부, 총23획
報	갚을 **보**	土부, 총12획
不	아닐 **불, 부**	一부, 총4획
氷	얼음 **빙**	水부, 총5획
沙	모래 **사**	水(氵)부, 총7획
象	코끼리 **상**	豕부, 총12획
速	빠를 **속**	辵(辶)부, 총11획
水	물 **수**	水부, 총4획

제5장

氣象廳

기상청에서

한자	훈음	부수, 획수
數	셈 수	攴(攵)부, 총15획
濕	젖을 습	水(氵)부, 총17획
壓	누를 압	土부, 총17획
夜	밤 야	夕부, 총8획
熱	더울 열	火(灬)부, 총15획
炎	불꽃 염	火부, 총8획
豫	미리 예	豕부, 총16획
溫	따뜻할 온	水(氵)부, 총13획
雨	비 우	雨부, 총8획

한자	훈음	부수, 획수
意	뜻 의	心부, 총13획
日	날 일	日부, 총4획
災	재앙 재	火부, 총7획
注	부을 주	水(氵)부, 총8획
地	땅 지	土부, 총6획
指	가리킬 지	手(扌)부, 총9획
震	우레 진	雨부, 총15획
天	하늘 천	大부, 총4획
廳	관청 청	广부, 총25획

漢字	뜻과 음	부수, 획수	필순
晴	갤 청	日부, 총12획	丨 冂 月 日 日一 日二 日丰 日丰 晴 晴 晴 晴
測	헤아릴 측	水(氵)부, 총12획	丶 冫 氵 氵丨 汌 汌 泪 浿 測 測 測 測
快	쾌할 쾌	心(忄)부, 총7획	丶 忄 忄 忄 忄 快 快
波	물결 파	水(氵)부, 총8획	丶 冫 氵 氵 沪 沪 波 波
暴	사나울 폭	日부, 총15획	丨 冂 日 日 旦 早 昇 昱 昪 異 暴 暴 暴 暴 暴
風	바람 풍	風부, 총9획	丿 几 凡 凡 凤 凤 風 風 風
寒	찰 한	宀부, 총12획	丶 丷 宀 宀 宇 宇 审 寉 寒 寒 寒 寒
害	해칠 해	宀부, 총10획	丶 丷 宀 宀 宀 宝 宝 害 害 害
向	향할 향	口부, 총6획	丿 亻 门 向 向 向
豪	호걸 호	豕부, 총14획	丶 亠 亠 亠 亨 亨 亭 亭 亭 亭 豪 豪 豪 豪
洪	넓을 홍	水(氵)부, 총9획	丶 冫 氵 氵 汁 汁 洪 洪 洪
化	될 화	匕부, 총4획	丿 亻 亻 化
黃	누를 황	黃부, 총12획	一 十 廾 廾 艹 芇 芇 昔 昔 黃 黃 黃

MEMO

한자 쓰기

제6장 銀行(은행)에서

計	셀 계	言부, 총9획	丶 亠 亠 亠 言 言 言 訁 計
口	입 구	口부, 총3획	丨 冂 口
金	쇠 금	金부, 총8획	丿 人 亼 亼 全 余 余 金
納	들일 납	糸부, 총10획	𠃋 幺 幺 糸 糸 糸 糹 紉 紉 納
擔	멜 담	手(扌)부, 총16획	一 十 扌 扌 扌 扩 扩 扩 扩 扩 护 擔 擔 擔 擔 擔
對	대할 대	寸부, 총14획	丨 丨丨 业 业 丵 丵 丵 丵 丵 丵 丵 對 對
貸	빌릴 대	貝부, 총12획	丿 亻 亻 代 代 代 岱 岱 貸 貸 貸 貸
銅	구리 동	金부, 총14획	丿 人 亼 亼 全 余 余 金 釒 釦 釦 銅 銅 銅
利	이로울 리	刀(刂)부, 총7획	一 二 千 禾 禾 利 利
保	지킬 보	人(亻)부, 총9획	丿 亻 亻 仁 仁 但 俘 保 保
付	부칠 부	人(亻)부, 총5획	丿 亻 仁 什 付
償	갚을 상	人(亻)부, 총17획	丿 亻 亻 亻 亻 亻 亻 亻 亻 亻 償 償 償 償 償 償 償
送	보낼 송	辵(辶)부, 총10획	丶 八 ハ 亠 关 关 关 关 关 送
手	손 수	手부, 총4획	一 二 三 手
信	믿을 신	人(亻)부, 총9획	丿 亻 亻 亻 亻 亻 信 信 信
額	이마 액	頁부, 총18획	丶 丶 宀 宀 客 客 客 客 客 客 客 額 額 額 額 額 額 額
與	더불 여	臼부, 총14획	丿 丨 F F F F 𦥑 𦥑 𦥑 𦥑 𦥑 𦥑 與 與
預	맡길 예	頁부, 총13획	乛 マ 乛 予 予 予 预 預 預 預 預 預 預

제6장
銀行
은행에서

한자	뜻·음	부수·획수
用	쓸 **용**	用부, 총5획
融	녹을 **융**	虫부, 총16획
銀	은 **은**	金부, 총14획
移	옮길 **이**	禾부, 총11획
子	아들 **자**	子부, 총3획
殘	남을 **잔**	歹부, 총12획
帳	장막 **장**	巾부, 총11획
貯	쌓을 **저**	貝부, 총12획
積	쌓을 **적**	禾부, 총16획
錢	돈 **전**	金부, 총16획
座	자리 **좌**	广부, 총10획
紙	종이 **지**	糸부, 총10획
窓	창 **창**	穴부, 총11획
替	바꿀 **체**	日부, 총12획
蓄	모을 **축**	艸(++)부, 총14획
出	날 **출**	凵부, 총5획
託	맡길 **탁**	言부, 총10획
通	통할 **통**	辵(辶)부, 총11획

幣	화폐 **폐** 巾부, 총15획	幣		
票	표 **표** 示부, 총11획	票		
行	다닐 **행** 行부, 총6획	行		
換	바꿀 **환** 手(扌)부, 총12획	換		
還	돌아올 **환** 辵(辶)부, 총17획	還		

MEMO

MEMO

한자	훈음	부수·획수	필순
件	물건 건	人(亻)부, 총6획	丿 亻 亻 仁 仁 件
檢	검사할 검	木부, 총17획	一 十 才 木 木 杧 杦 柃 桧 桧 椧 椧 椧 椧 椧 檢 檢
告	고할 고	口부, 총7획	丿 𠂉 牛 生 告 告 告
公	공평할 공	八부, 총4획	丿 八 公 公
拘	잡을 구	手(扌)부, 총8획	一 十 扌 扌 扚 扚 拘 拘
求	구할 구	水(氺)부, 총7획	一 十 寸 才 求 求 求
金	쇠 금	金부, 총8획	丿 人 亼 今 全 余 金 金
起	일어날 기	走부, 총10획	一 十 土 キ 丰 走 走 起 起 起
論	논할 론	言부, 총15획	丶 亠 亠 亠 言 言 言 訃 訃 訡 訡 諭 論 論 論

한자	훈음	부수·획수	필순
理	다스릴 리	玉(王)부, 총11획	一 二 干 王 王 玑 珇 珇 珰 理 理
立	설 립	立부, 총5획	丶 亠 亣 立 立
罰	벌할 벌	罒부, 총14획	丨 冂 罒 罒 罒 罒 罒 罒 罒 罒 罒 罒 罰 罰
法	법 법	水(氵)부, 총8획	丶 冫 氵 氵 汁 汢 法 法
辯	말씀 변	辛부, 총21획	丶 亠 亠 立 立 立 辛 辛 辛 辛 辛 辛 辛 辛 辛 辛 辛 辛 辯 辯 辯
事	일 사	亅부, 총8획	一 丆 丆 百 亊 亊 亊 事
司	맡을 사	口부, 총5획	𠃌 ㇆ 司 司 司
士	선비 사	士부, 총3획	一 十 士
狀	형상 상 문서 장	犬부, 총8획	丨 丩 丬 爿 爿 爿 狀 狀

한자	뜻·음	따라 쓰기		
宣	베풀 **선** 宀부, 총9획	宣		
丶 丷 宀 宀 宁 宇 宣 宣 宣				
訴	호소할 **소** 言부, 총12획	訴		
丶 亠 亠 亠 言 言 言 訂 訂 訢 訴 訴				
束	묶을 **속** 木부, 총7획	束		
一 丆 币 白 申 束 束				
勝	이길 **승** 力부, 총12획	勝		
丿 刀 月 月 月' 肞 肞 胖 胖 勝 勝 勝				
審	살필 **심** 宀부, 총15획	審		
丶 丷 宀 宀 宀 宀 宊 宷 宷 宷 宷 審 審 審 審				
役	부릴 **역** 彳부, 총7획	役		
丿 彡 彳 彳 彸 役 役				
豫	미리 **예** 豕부, 총16획	豫		
乛 マ 予 予 予 予' 予' 豫 豫 豫 豫 豫 豫 豫 豫 豫				
原	언덕 **원** 厂부, 총10획	原		
一 厂 厂 厂 戶 戶 盾 原 原 原				
院	집 **원** 阜(阝)부, 총10획	院		
㇇ 了 阝 阝 阝' 阝' 阝宀 院 院 院				

한자	뜻·음	따라 쓰기		
猶	오히려 **유** 犬(犭)부, 총12획	猶		
丿 犭 犭 犭' 犭' 犭' 犭' 犹 猶 猶 猶 猶				
疑	의심할 **의** 疋부, 총14획	疑		
㇀ ㇀ 上 上 上 矣 矣 疑 疑 疑 疑 疑 疑 疑				
者	사람 **자** 老(耂)부, 총9획	者		
一 十 土 耂 耂 者 者 者 者				
裁	마름질할 **재** 衣부, 총12획	裁		
一 十 土 土 土 土 圭 圭 表 裁 裁 裁				
庭	뜰 **정** 广부, 총10획	庭		
丶 亠 广 广 庄 庄 庭 庭 庭 庭				
支	지탱할 **지** 支부, 총4획	支		
一 十 支 支				
執	잡을 **집** 土부, 총11획	執		
一 十 土 土 土 去 幸 幸 執 執 執				
懲	징계할 **징** 心부, 총19획	懲		
丿 彡 彳 彳 彳 彳 徃 徃 徃 徃 徃 徵 徵 徵 徵 徵 懲 懲 懲				
察	살필 **찰** 宀부, 총14획	察		
丶 丷 宀 宀 宀 宀 宀 宀 察 察 察 察 察 察				

判	판단할 **판** 刀(刂)부, 총7획	判		
ノ 八 亼 亽 半 判 判				
被	입을 **피** 衣(衤)부, 총10획	被		
丶 ㇇ 礻 衤 衤 衤 衤 衤 被 被				
抗	겨룰 **항** 手(扌)부, 총7획	抗		
一 十 扌 扌 扩 扩 抗				
行	다닐 **행** 行부, 총6획	行		
ノ 彳 彳 行 行 行				
憲	법 **헌** 心부, 총16획	憲		
丶 丶 宀 宀 宀 宀 宔 宔 害 害 害 害 憲 憲 憲 憲				
刑	형벌 **형** 刀(刂)부, 총6획	刑		
一 二 于 开 刑 刑				
護	도울 **호** 言부, 총21획	護		
丶 亠 亠 亠 言 言 言 言 言 言 言 言 言 言 誰 誰 誰 誰 護 護 護				

MEMO

MEMO

제8장 國會(국회)에서

한자	뜻과 음	부수, 총획
可	옳을 가	口부, 총5획
監	볼 감	皿부, 총14획
擧	들 거	手부, 총18획
建	세울 건	廴부, 총9획
決	결단할 결	水(氵)부, 총7획
過	지날 과	辵(辶)부, 총13획
國	나라 국	口부, 총11획
期	기약할 기	月부, 총12획
黨	무리 당	黑부, 총20획
代	대신 대	人(亻)부, 총5획
律	법칙 률	彳부, 총9획
立	설 립	立부, 총5획
聞	들을 문	耳부, 총14획
民	백성 민	氏부, 총5획
半	반 반	十부, 총5획
發	필 발	癶부, 총12획
法	법 법	水(氵)부, 총8획
否	아닐 부	口부, 총7획

제8장

國會 국회에서

査	조사할 **사**	木부, 총9획	一 十 オ 木 木 杏 杏 杳 査
上	위 **상**	一부, 총3획	丨 卜 上
席	자리 **석**	巾부, 총10획	丶 亠 广 庐 庐 庐 庐 庐 席 席
選	가릴 **선**	辵(辶)부, 총16획	選
訴	호소할 **소**	言부, 총12획	丶 亠 亠 亠 言 言 言 訁 訂 訢 訴 訴
數	셈 **수**	攴(攵)부, 총15획	數
審	살필 **심**	宀부, 총15획	審
案	책상 **안**	木부, 총10획	丶 丶 宀 宀 安 安 安 宰 案 案
野	들 **야**	里부, 총11획	丨 口 日 日 旦 甲 里 野 野 野 野
與	더불 **여**	臼부, 총14획	與 與
員	인원 **원**	口부, 총10획	丨 口 口 尸 冃 冃 冃 貟 員 員
委	맡길 **위**	女부, 총8획	丿 二 千 禾 禾 委 委 委
義	옳을 **의**	羊부, 총13획	丶 丷 䒑 䒑 羊 羊 羊 差 羊 義 義 義
議	의논할 **의**	言부, 총20획	議 議 議
長	길 **장**	長부, 총8획	丨 Γ F F 트 長 長 長
政	정사 **정**	攴(攵)부, 총9획	一 丁 下 正 正 正 政 政 政
程	한도 **정**	禾부, 총12획	丿 二 千 禾 禾 禾 秤 秤 程 程 程 程
提	끌 **제**	手(扌)부, 총12획	一 十 扌 扌 扣 押 押 捍 捍 捍 提 提

한자	뜻과 음	부수, 획수
主	주인 주	丶부, 총5획
聽	들을 청	耳부, 총22획
請	청할 청	言부, 총15획
追	쫓을 추	辵(辶)부, 총10획
治	다스릴 치	水(氵)부, 총8획
彈	탄알 탄	弓부, 총15획
投	던질 투	手(扌)부, 총7획
票	표 표	示부, 총11획
劾	꾸짖을 핵	力부, 총8획
會	모일 회	曰부, 총13획

MEMO

MEMO

제9장 區廳(구청)에서

한자	뜻과 음	부수, 획수
可	옳을 가	口부, 총5획
鑑	거울 감	金부, 총22획
健	굳셀 건	人(亻)부, 총11획
計	셀 계	言부, 총9획
告	고할 고	口부, 총7획
管	대롱 관	竹(⺮)부, 총14획
交	사귈 교	亠부, 총6획
區	구분할 구	匸부, 총11획
給	줄 급	糸부, 총12획
企	꾀할 기	人부, 총6획
難	어려울 난	隹부, 총19획
道	길 도	辵(辶)부, 총13획
都	도읍 도	邑(阝)부, 총12획
登	오를 등	癶부, 총12획
謄	베낄 등	言부, 총17획
路	길 로	足(⻊)부, 총13획
錄	기록할 록	金부, 총16획
理	다스릴 리	玉(王)부, 총11획

한자	뜻과 음	부수·획수
明	밝을 **명**	日부, 총8획
務	힘쓸 **무**	力부, 총11획
文	글월 **문**	文부, 총4획
民	백성 **민**	氏부, 총5획
發	필 **발**	癶부, 총12획
保	지킬 **보**	人(亻)부, 총9획
福	복 **복**	示부, 총14획
本	근본 **본**	木부, 총5획
付	부칠 **부**	人(亻)부, 총5획
算	셈 **산**	竹(⺮)부, 총14획
生	날 **생**	生부, 총5획
稅	세금 **세**	禾부, 총12획
水	물 **수**	水부, 총4획
市	저자 **시**	巾부, 총5획
申	납 **신**	田부, 총5획
豫	미리 **예**	豕부, 총16획
願	원할 **원**	頁부, 총19획
衛	지킬 **위**	行부, 총15획

明: 丨 冂 月 日 㫚 明 明 明

務: ㇇ マ 又 予 矛 矛 矛 矜 務 務 務

文: 丶 亠 ナ 文

民: ㇕ コ ᄅ 尸 民

發: フ ヲ ヺ ヺ 癶 癶 癶 発 發 發 發 發

保: ノ 亻 亻 亻 亻 亻 仵 保 保

福: 一 二 亍 示 示 示 示 示 示 示 福 福 福 福

本: 一 十 才 木 本

付: ノ 亻 仁 付 付

算: ノ ㇉ ㇉ ㇉ ㇉ ⺮ ⺮ 笪 笪 笪 笪 笪 算 算

生: ノ ㇒ 二 牛 生

稅: ノ 二 千 禾 禾 禾 禾 禾 禾 稅 稅 稅

水: 亅 才 水 水

市: 丶 亠 亠 亠 市

申: 丨 口 曰 日 申

豫: ㇇ マ 又 予 予 予 予 予 予 豫 豫 豫 豫 豫 豫 豫

願: 一 厂 厂 厂 斤 盾 盾 戶 原 原 原 原 原 願 願 願 願 願 願

衛: ノ ノ 彳 彳 彳 彳 彳 彳 彳 彳 彳 彳 彳 彳 衛

한자	뜻·음	따라 쓰기		
印	도장 **인** 卩부, 총6획	印		
´ ｒ ｆ Ｅ 臼 印				
姻	혼인 **인** 女부, 총9획	姻		
𡿨 夊 女 如 如 𡛷 姻 姻 姻				
認	알 **인** 言부, 총14획	認		
` 亠 亠 亖 言 言 言 訒 訒 訒 訒 認 認 認				
災	재앙 **재** 火부, 총7획	災		
𡿨 巛 巛 巛 巛 災 災				
籍	문서 **적** 竹(⺮)부, 총20획	籍		
ノ ⺈ ⺮ 竹 竺 竺 竿 笙 笙 笙 笙 箝 箝 箝 籍 籍 籍 籍 籍 籍				
政	정사 **정** 支(攵)부, 총9획	政		
一 丅 下 正 正 正 正 政 政				
住	살 **주** 人(亻)부, 총7획	住		
ノ 亻 亻 仁 仁 住 住				
駐	머무를 **주** 馬부, 총15획	駐		
丨 𠂇 𠂇 𠂇 馬 馬 馬 馬 馬 馬 馬 駐 駐 駐 駐				
證	증거 **증** 言부, 총19획	證		
` 亠 亠 亖 言 言 言 言 言 言 言 證 證 證 證 證 證 證 證				

한자	뜻·음	따라 쓰기		
祉	복 **지** 示부, 총9획	祉		
一 二 于 示 示 礼 祉 祉 祉				
車	수레 **차, 거** 車부, 총7획	車		
一 厂 币 百 旦 亘 車				
策	꾀 **책** 竹(⺮)부, 총12획	策		
ノ ⺈ ⺮ 竹 竹 竹 竺 竺 笥 笫 笫 策				
廳	관청 **청** 广부, 총25획	廳		
` 亠 广 广 广 广 广 庐 庐 庐 庐 廳 廳 廳 廳 廳 廳 廳 廳 廳 廳 廳 廳 廳 廳				
抄	뽑을 **초** 手(扌)부, 총7획	抄		
一 十 扌 扌 扌 抄 抄				
出	날 **출** 凵부, 총5획	出		
丨 屮 屮 出 出				
治	다스릴 **치** 水(氵)부, 총8획	治		
` 冫 氵 氵 氵 治 治 治				
行	다닐 **행** 行부, 총6획	行		
ノ 彳 彳 彳 行 行				
許	허락할 **허** 言부, 총11획	許		
` 亠 亠 亖 言 言 言 言 許 許 許				

戶	집 호 戶부, 총4획	戶		
㇀ ㇁ 𠃌 戶				
婚	혼인할 혼 女부, 총11획	婚		
ㄑ 女 女 女 女 女 女 女 女 女 婚				
化	될 화 匕부, 총4획	化		
ノ 亻 亻 化				
劃	그을 획 刀(刂)부, 총14획	劃		
㇕ ⺕ ⺕ ⺕ ⺕ ⺕ ⺕ ⺕ ⺕ ⺕ 畫 畫 畫 劃				

MEMO

한자	뜻과 음	부수, 획수
價	값 가	人(亻)부, 총15획
介	낄 개	人부, 총4획
建	세울 건	廴부, 총9획
契	맺을 계	大부, 총9획
公	공평할 공	八부, 총4획
圈	우리 권	囗부, 총11획
近	가까울 근	辵(辶)부, 총8획
記	기록할 기	言부, 총10획
垈	집터 대	土부, 총8획

한자	뜻과 음	부수, 획수
臺	대 대	至부, 총14획
貸	빌릴 대	貝부, 총12획
當	마땅 당	田부, 총13획
德	덕 덕	彳부, 총15획
渡	건널 도	水(氵)부, 총12획
動	움직일 동	力부, 총11획
登	오를 등	癶부, 총12획
料	헤아릴 료	斗부, 총10획
率	비율 률 / 거느릴 솔	玄부, 총11획

鄰	이웃 **린**	邑(阝)부, 총15획	丶 丷 䒑 半 米 米 粦 粦 粦 粦 粦 粦 粦' 粦阝 鄰
買	살 **매**	貝부, 총12획	丨 冂 罒 罒 罒 罒 罒 買 買 買 買 買
賣	팔 **매**	貝부, 총15획	一 十 士 士 声 声 声 声 青 青 賣 賣 賣 賣 賣
面	얼굴 **면**	面부, 총9획	一 丆 丆 丙 而 而 而 面 面
房	방 **방**	戶부, 총8획	丶 厂 戶 戶 戶 戶 房 房
福	복 **복**	示부, 총14획	丶 二 亍 礻 礻 礻 礻 礻 礻 礻 福 福 福 福
複	겹칠 **복**	衣(衤)부, 총14획	丶 ⺈ 衤 衤 衤 衤 衤 衤 衤 衤 衤 衤 複 複
簿	문서 **부**	竹(⺮)부, 총19획	丿 𠂉 ⺮ ⺮ ⺮ ⺮ ⺮ ⺮ ⺮ ⺮ 箔 箔 箔 簿 簿 簿 簿 簿 簿
分	나눌 **분**	刀부, 총4획	丿 八 分 分
不	아닐 **불, 부**	一부, 총4획	一 丆 不 不
士	선비 **사**	士부, 총3획	一 十 士
産	낳을 **산**	生부, 총11획	丶 亠 亠 立 立 产 产 产 産 産 産
商	장사 **상**	口부, 총11획	丶 亠 亠 产 产 丙 丙 丙 商 商 商
生	날 **생**	生부, 총5획	丿 𠂉 仁 牛 生
書	글 **서**	日부, 총10획	乛 ⺕ ⺕ 彐 聿 聿 聿 書 書 書
設	베풀 **설**	言부, 총11획	丶 亠 亠 亠 亠 言 言 言 言 設 設
勢	형세 **세**	力부, 총13획	一 十 土 夫 夫 坴 坴 坴 坴 埶 埶 勢 勢
貰	세놓을 **세**	貝부, 총12획	一 十 廾 廿 世 世 貰 貰 貰 貰 貰 貰

한자	훈음	부수·획수	필순
受	받을 수	又부, 총8획	㇒ ㇒ ㇒ ⺤ ⺤ 爫 孚 受
施	베풀 시	方부, 총9획	㇔ 亠 方 方 方' 方' 於 旃 施
示	보일 시	示부, 총5획	一 二 亍 亓 示
新	새 신	斤부, 총13획	㇔ 亠 亠 立 立 立 辛 亲 亲 亲' 新 新 新
約	맺을 약	糸부, 총9획	𠃋 幺 幺 糸 糸 糸 約 約 約
讓	사양할 양	言부, 총24획	㇔ 亠 亠 言 言 言 言 言 訁 訁 訁 訁 訁 訁 詐 譲 讓 讓 讓 讓 讓 讓 讓 讓
驛	역 역	馬부, 총23획	丨 ㄏ 尸 尸 厓 馬 馬 馬 馬 馬 馬' 馬' 馬' 馬' 馬' 馬' 馬' 驛 驛 驛 驛 驛 驛
延	늘일 연	廴부, 총7획	一 丆 下 正 㢟 延 延
容	얼굴 용	宀부, 총10획	㇔ ㇔ 宀 宀 宀 穴 穴 容 容 容
認	알 인	言부, 총14획	㇔ 亠 亠 言 言 言 言 訁 訒 訒 訒 認 認 認
賃	품삯 임	貝부, 총13획	㇒ 亻 亻 仁 任 任 任 賃 賃 賃 賃 賃 賃
帳	장막 장	巾부, 총11획	丨 冂 巾 巾 巾 帄 帄 帳 帳 帳 帳
抵	막을 저	手(扌)부, 총8획	一 亅 扌 扌 扌 扺 抵 抵
積	쌓을 적	禾부, 총16획	㇒ 二 千 禾 禾 禾 禾 秆 秆 秆 積 積 積 積 積 積
傳	전할 전	人(亻)부, 총13획	㇒ 亻 亻 亻 伊 伊 伸 伸 伸 伸 傅 傳 傳
住	살 주	人(亻)부, 총7획	㇒ 亻 亻 仁 仁 住 住
仲	버금 중	人(亻)부, 총6획	㇒ 亻 亻 仆 仲 仲
地	땅 지	土부, 총6획	一 十 土 却 地 地

借	빌릴 **차** 人(亻)부, 총10획	借		
丿 亻 亻 什 件 件 併 借 借 借				
築	쌓을 **축** 竹(⺮)부, 총16획	築		
丿 𠂉 𥫗 ⺮ 竺 竺 笁 筇 筑 筑 筑 筑 築 築 築 築				
土	흙 **토** 土부, 총3획	土		
一 十 土				
蔽	덮을 **폐** 艸(艹)부, 총16획	蔽		
一 十 卄 艹 艹 艹 艹 芇 芇 菂 菂 菂 蔽 蔽 蔽 蔽				
合	합할 **합** 口부, 총6획	合		
丿 人 亼 亼 合 合				
活	살 **활** 水(氵)부, 총9획	活		
丶 冫 氵 氵 汗 汗 汗 活 活				

MEMO

한자 쓰기

제11장 病院(병원)에서

看	볼 간	目부, 총9획	丿 二 三 手 看 看 看 看 看
感	느낄 감	心부, 총13획	丿 厂 厂 后 后 后 咸 咸 咸 咸 感 感 感
檢	검사할 검	木부, 총17획	一 十 才 木 木 杧 杧 检 检 检 检 檢 檢 檢 檢 檢 檢
鏡	거울 경	金부, 총19획	丿 𠂉 𠂉 𠂉 牟 牟 牟 金 金 鉒 鉒 鉒 鉒 鉒 鉒 鏡 鏡 鏡 鏡
急	급할 급	心부, 총9획	丿 ク 刍 刍 刍 刍 急 急 急
難	어려울 난	隹부, 총19획	一 十 廿 廿 廿 芦 芦 芦 堇 堇 堇 堇 歎 歎 歎 歎 難 難 難
內	안 내	入부, 총4획	丨 冂 内 內
療	병 고칠 료	疒부, 총17획	丶 亠 广 广 疒 疒 疒 疒 疒 疒 疒 疒 瘠 瘠 瘠 療 療
臨	임할 림	臣부, 총17획	一 丆 丆 丆 丆 臣 臣 臣 臣 臣 臣 臣 臣 臨 臨 臨 臨
痲	저릴 마	疒부, 총13획	丶 亠 广 广 疒 疒 疒 疔 疔 疔 痲 痲 痲
免	면할 면	儿부, 총7획	丿 ク ク 々 各 争 免
防	막을 방	阜(阝)부, 총7획	乛 阝 阝 阝 阝 防 防
病	병 병	疒부, 총10획	丶 亠 广 广 疒 疒 疒 病 病 病
保	지킬 보	人(亻)부, 총9획	丿 亻 亻 们 们 伻 保 保 保
射	쏠 사	寸부, 총10획	丿 亻 门 户 自 身 身 身 射 射
師	스승 사	巾부, 총10획	丿 亻 户 户 自 自 𠂤 帀 師 師
産	낳을 산	生부, 총11획	丶 亠 亠 立 立 产 产 产 产 産 産
床	상 상	广부, 총7획	丶 亠 广 庐 庐 床 床

제11장

病院

병원에서

한자	뜻·음	따라 쓰기		
傷	다칠 **상** 人(亻)部, 총13획	傷		
ノ 亻 亻 亻 𠂉 作 作 作 㑥 㑥 傷 傷 傷				
手	손 **수** 手部, 총4획	手		
一 二 三 手				
輸	보낼 **수** 車部, 총16획	輸		
一 丆 cannot 百 亘 車 車 軩 軩 軩 輸 輸 輸 輸 輸				
術	재주 **술** 行部, 총11획	術		
ノ ㇀ 彳 彳 袜 徘 徘 徘 術 術 術				
視	볼 **시** 見部, 총12획	視		
一 二 亍 亓 示 礻 礼 衵 祖 视 視 視				
室	집 **실** 宀部, 총9획	室		
丶 丷 宀 宀 宁 宏 宏 室 室				
液	진 **액** 水(氵)部, 총11획	液		
丶 丶 氵 氵 氵 汁 汴 汸 液 液 液				
疫	전염병 **역** 疒部, 총9획	疫		
丶 亠 广 广 疒 疒 疜 疫 疫				
染	물들 **염** 木部, 총9획	染		
丶 丶 氵 氿 氿 氿 染 染 染				

한자	뜻·음	따라 쓰기		
豫	미리 **예** 豕部, 총16획	豫		
㇇ マ 又 予 予 予 予 予 予 預 豫 豫 豫 豫 豫 豫				
院	집 **원** 阜(阝)部, 총10획	院		
㇇ 阝 阝 阝 阝 阝 阝 院 院 院				
遺	남길 **유** 辵(辶)部, 총16획	遺		
丶 口 口 中 中 中 冉 冉 冉 贵 貴 貴 遺 遺 遺 遺				
應	응할 **응** 心部, 총17획	應		
丶 亠 广 广 广 广 府 府 府 府 府 府 府 府 應 應 應				
醫	의원 **의** 酉部, 총18획	醫		
一 丆 匸 匸 匸 匸 医 医 医 医 殹 殹 醫 醫 醫 醫 醫 醫				
者	사람 **자** 老(耂)部, 총9획	者		
一 十 土 耂 耂 者 者 者 者				
注	부을 **주** 水(氵)部, 총8획	注		
丶 丶 氵 氵 氵 汁 汴 注				
重	무거울 **중** 里部, 총9획	重		
一 二 千 㐬 㐬 亩 亩 重 重				
症	증세 **증** 疒部, 총10획	症		
丶 亠 广 广 疒 疒 疔 疔 症 症				

診	진찰할 **진**	言부, 총12획	丶 亠 亠 亠 言 言 言 言 訁 訡 診 診
差	다를 **차**	工부, 총10획	丶 丷 䒑 䒑 兰 羊 差 差 差 差
採	캘 **채**	手(扌)부, 총11획	一 十 扌 扌 扌 扌 扌 採 採 採 採
體	몸 **체**	骨부, 총23획	丨 冂 冂 冎 冎 冎 骨 骨 骨 骨 骨 骨 骨 骨 骨 骨 骨 體 體 體 體 體 體
醉	취할 **취**	酉부, 총15획	一 厂 币 两 两 两 酉 酉 酉 酉 酉 酉 酔 醉 醉
治	다스릴 **치**	水(氵)부, 총8획	丶 冫 氵 氵 汁 汁 治 治
快	쾌할 **쾌**	心(忄)부, 총7획	丶 丷 忄 忄 忄 快 快
退	물러날 **퇴**	辵(辶)부, 총10획	ㄱ ㅋ ㅋ 目 艮 艮 退 退 退 退
抗	겨룰 **항**	手(扌)부, 총7획	一 十 扌 扌 扩 抗 抗
險	험할 **험**	阜(阝)부, 총16획	7 阝 阝 阝 阶 阶 阶 阶 险 险 险 险 險 險 險 險
血	피 **혈**	血부, 총6획	ノ 丿 白 血 血 血
護	도울 **호**	言부, 총21획	丶 亠 亠 亠 亠 言 言 言 言 言 言 言 言 言 言 詳 譁 護 護 護 護
患	근심 **환**	心부, 총11획	丶 冖 口 口 吕 吕 串 串 患 患 患
後	뒤 **후**	彳부, 총9획	ノ 彡 彳 彳 彴 彶 後 後 後

MEMO

한자 쓰기

제12장 韓醫院(한의원)에서

한자	뜻과 음	부수·획수
肝	간 간	肉(月)부, 총7획
胱	오줌통 광	肉(月)부, 총10획
灸	뜸 구	火부, 총7획
膽	쓸개 담	肉(月)부, 총17획
大	큰 대	大부, 총3획
毒	독 독	毋부, 총9획
鹿	사슴 록	鹿부, 총11획
六	여섯 륙	八부, 총4획
萬	일만 만	艸(++)부, 총13획
脈	줄기 맥	肉(月)부, 총10획
無	없을 무	火(灬)부, 총12획
文	글월 문	文부, 총4획
方	모 방	方부, 총4획
膀	오줌통 방	肉(月)부, 총14획
百	일백 백	白부, 총6획
病	병 병	疒부, 총10획
補	기울 보	衣(衤)부, 총12획
腑	육부 부	肉(月)부, 총12획

한자	훈·음 / 부수·획수	필순
脾	지라 **비** 肉(月)부, 총12획	丿 刀 月 月 月' 月' 肑 肑 胂 胂 脾 脾
師	스승 **사** 巾부, 총10획	′ 亻 𠂤 𠂤 𠂤 自 𠂤 𠂤 師 師
蔘	삼 **삼** 艸(++)부, 총15획	一 十 艹 艹 艹 … 蔘 蔘
小	작을 **소** 小부, 총3획	亅 小 小
腎	콩팥 **신** 肉(月)부, 총12획	一 丆 … 臤 臤 腎 腎 腎
心	마음 **심** 心부, 총4획	丶 心 心 心
藥	약 **약** 艸(++)부, 총19획	一 十 艹 艹 … 藥 藥 藥
養	기를 **양** 食부, 총15획	丶 丷 𦍌 … 養 養 養
五	다섯 **오** 二부, 총4획	一 丁 五 五
茸	풀 날 **용** 艸(++)부, 총10획	一 十 艹 艹 … 茸 茸 茸
院	집 **원** 阜(阝)부, 총10획	了 阝 阝 阝' 阝' 阝宀 院 院 院 院
胃	밥통 **위** 肉(月)부, 총9획	丨 口 日 田 田 胃 胃 胃 胃
醫	의원 **의** 酉부, 총18획	一 丆 匚 … 殹 殹 醫 醫 醫
人	사람 **인** 人부, 총2획	丿 人
腸	창자 **장** 肉(月)부, 총13획	丿 刀 月 月 月' 肝 肝 胆 胆 腸 腸 腸 腸
臟	오장 **장** 肉(月)부, 총22획	丿 刀 月 月 … 臟 臟 臟
診	진찰할 **진** 言부, 총12획	丶 亠 亠 言 言 言 言 言 訃 診 診 診
草	풀 **초** 艸(++)부, 총10획	一 十 艹 艹 艹 芇 苩 苩 荁 草

MEMO

한자	뜻과 음	따라 쓰기
治	다스릴 **치** 水(氵)부, 총8획	治
丶 冫 氵 氵 汁 汁 治 治		
鍼	바늘 **침** 金부, 총17획	鍼
丿 人 亼 亼 全 全 金 金 釒 釒 釒 鉦 鉦 鉦 鋮 鍼 鍼		
湯	끓을 **탕** 水(氵)부, 총12획	湯
丶 冫 氵 氵 沪 沪 沪 浔 浔 湯 湯 湯		
通	통할 **통** 辵(辶)부, 총11획	通
乛 マ 乃 丙 丙 甬 甬 通 通 通 通		
肺	허파 **폐** 肉(月)부, 총8획	肺
丿 月 月 月 肀 肀 肺 肺		
韓	한국 **한** 韋부, 총17획	韓
一 十 士 古 古 吉 直 卓 卓 乾 乾 乾 乾 韓 韓 韓 韓		
解	풀 **해** 角부, 총13획	解
丿 ク 角 角 角 角 角 角 角 角 解 解 解		
效	본받을 **효** 攴(攵)부, 총10획	效
丶 亠 ナ 六 方 交 交 效 效 效		

MEMO

한자 쓰기

제13장 藥局(약국)에서

한자	훈음	부수, 총획
強	강할 **강**	弓부, 총11획
膏	기름 **고**	肉(月)부, 총14획
顆	낟알 **과**	頁부, 총17획
救	구원할 **구**	攴(攵)부, 총11획
局	판 **국**	尸부, 총7획
急	급할 **급**	心부, 총9획
能	능할 **능**	肉(月)부, 총10획
粒	낟알 **립**	米부, 총11획
眠	잘 **면**	目부, 총10획
方	모 **방**	方부, 총4획
服	옷 **복**	月부, 총8획
副	버금 **부**	刀(刂)부, 총11획
師	스승 **사**	巾부, 총10획
瀉	쏟을 **사**	水(氵)부, 총18획
消	사라질 **소**	水(氵)부, 총10획
睡	졸음 **수**	目부, 총13획
眼	눈 **안**	目부, 총11획
癌	암 **암**	疒부, 총17획

한자	뜻과 음	부수, 획수
液	진 액	水(氵)부, 총11획
藥	약 약	艸(艹)부, 총19획
軟	연할 연	車부, 총11획
熱	더울 열	火(灬)부, 총15획
炎	불꽃 염	火부, 총8획
用	쓸 용	用부, 총5획
醫	의원 의	酉부, 총18획
作	지을 작	人(亻)부, 총7획
壯	장할 장	士부, 총7획
箋	기록할 전	竹(⺮)부, 총14획
點	점 점	黑부, 총17획
錠	덩이 정	金부, 총16획
劑	약제 제	刀(刂)부, 총16획
製	지을 제	衣부, 총14획
調	고를 조	言부, 총15획
止	그칠 지	止부, 총4획
鎭	진압할 진	金부, 총18획
處	곳 처	虍부, 총11획

痛	아플 **통** 疒부, 총12획	痛		
丶 亠 广 广 疒 疒 疒 疔 疒 痏 痛 痛				
特	특별할 **특** 牛부, 총10획	特		
丿 𠂉 牛 牛 牜 牪 牪 特 特 特				
品	물건 **품** 口부, 총9획	品		
丨 口 口 口 口 吕 吕 品 品				
抗	겨룰 **항** 手(扌)부, 총7획	抗		
一 十 扌 扌 扩 扩 抗				
解	풀 **해** 角부, 총13획	解		
丿 𠂊 角 角 角 角 角 角 解 解 解 解 解				
效	본받을 **효** 攴(攵)부, 총10획	效		
丶 亠 六 六 交 交 交 效 效 效				

MEMO

MEMO

한자 쓰기

제14장 商店(상점)에서

價	값 가	人(亻)부, 총15획	丿 亻 亻 亻 伒 伒 価 価 価 価 價 價 價 價 價
客	손 객	宀부, 총9획	丶 丷 宀 宀 屵 安 客 客 客
乾	하늘 건	乙부, 총11획	一 十 𠃊 古 古 古 直 卓 卓 乾 乾
景	볕 경	日부, 총12획	丨 冂 日 日 旦 早 早 昘 昘 景 景 景
計	셀 계	言부, 총9획	丶 亠 亠 言 言 言 言 訁 計
庫	곳집 고	广부, 총10획	丶 亠 广 广 庐 庐 庐 庐 庫 庫
顧	돌아볼 고	頁부, 총21획	丶 亠 户 户 户 户 户 户 户 雇 雇 雇 雇 雇 顧 顧 顧 顧 顧 顧 顧
果	실과 과	木부, 총8획	丨 冂 日 日 旦 甲 果 果
交	사귈 교	亠부, 총6획	丶 亠 亠 六 交 交
金	쇠 금	金부, 총8획	丿 人 亼 今 全 余 金 金
都	도읍 도	邑(阝)부, 총12획	一 十 土 耂 耂 耂 者 者 者 者 都 都
令	하여금 령	人부, 총5획	丿 人 亼 今 令
賣	팔 매	貝부, 총15획	一 十 士 士 声 声 声 声 声 青 青 青 賣 賣 賣
木	나무 목	木부, 총4획	一 十 才 木
物	물건 물	牛부, 총8획	丿 𠂉 牛 牛 牜 牞 物 物
房	방 방	戶부, 총8획	丶 厂 户 户 户 戶 房 房
服	옷 복	月부, 총8획	丿 刀 月 月 肌 服 服 服
拂	떨칠 불	手(扌)부, 총8획	一 丁 扌 扌 扌 扫 拂 拂

제14장

商店

상점에서

한자	뜻·음	부수·획수
商	장사 **상**	口부, 총11획
小	작을 **소**	小부, 총3획
市	저자 **시**	巾부, 총5획
時	때 **시**	日부, 총10획
食	밥 **식**	食부, 총9획
藥	약 **약**	艸(++)부, 총19획
洋	큰바다 **양**	水(氵)부, 총9획
魚	고기 **어**	魚부, 총11획
肉	고기 **육**	肉부, 총6획
銀	은 **은**	金부, 총14획
引	끌 **인**	弓부, 총4획
場	마당 **장**	土부, 총12획
在	있을 **재**	土부, 총6획
廛	가게 **전**	广부, 총15획
店	가게 **점**	广부, 총8획
鐵	쇠 **철**	金부, 총21획
青	푸를 **청**	青부, 총8획
出	날 **출**	凵부, 총5획

한자	뜻·음	부수·획수
罷	마칠 **파**	罒부, 총15획
販	팔 **판**	貝부, 총11획
布	베 **포**	巾부, 총5획
鋪	펼 **포**	金부, 총15획
品	물건 **품**	口부, 총9획
割	벨 **할**	刀(刂)부, 총12획
呼	부를 **호**	口부, 총8획
靴	신 **화**	革부, 총13획
換	바꿀 **환**	手(扌)부, 총12획
還	돌아올 **환**	辵(辶)부, 총17획

MEMO

MEMO

한자 쓰기

제15장 食堂(식당)에서

한자	훈음	부수, 획수
覺	깨달을 각	見부, 총20획
間	사이 간	門부, 총12획
菓	과자 과	艸(++)부, 총12획
飢	주릴 기	食부, 총11획
茶	차 다, 차	艸(++)부, 총10획
單	홑 단	口부, 총12획
堂	집 당	土부, 총11획
道	길 도	辵(辶)부, 총13획
樂	즐길 락	木부, 총15획

한자	훈음	부수, 획수
料	헤아릴 료	斗부, 총10획
療	병 고칠 료	疒부, 총17획
理	다스릴 리	玉(王)부, 총11획
晩	늦을 만	日부, 총11획
味	맛 미	口부, 총8획
飯	밥 반	食부, 총13획
白	흰 백	白부, 총5획
別	다를 별	刀(刂)부, 총7획
粉	가루 분	米부, 총10획

제15장
食堂
식당에서

한자	뜻·음	부수·획수	필순
山	산 산	山부, 총3획	丨 山 山
盛	성할 성	皿부, 총12획	丿 厂 𠂆 万 成 成 成 成 盛 盛 盛 盛
羞	부끄러울 수	羊부, 총11획	丶 丷 䒑 兰 羊 差 差 羞 羞 羞 羞
食	밥 식	食부, 총9획	丿 人 亼 今 今 今 食 食 食
心	마음 심	心부, 총4획	丶 心 心 心
洋	큰바다 양	水(氵)부, 총9획	丶 丶 氵 氵 氵 洋 洋 洋 洋
外	바깥 외	夕부, 총5획	丿 ク 夕 外 外
點	점 점	黑부, 총17획	丨 冂 冂 冂 日 甲 甲 里 里 黑 黑 黑 黑 點 點 點 點
定	정할 정	宀부, 총8획	丶 丶 宀 宀 宁 宇 定 定
朝	아침 조	月부, 총12획	一 十 𠂇 古 古 古 直 卓 朝 朝 朝 朝
中	가운데 중	丨부, 총4획	丨 口 口 中
珍	보배 진	玉(王)부, 총9획	一 二 干 王 王 珍 珍 珍 珍
饌	반찬 찬	食부, 총21획	丿 人 亼 今 今 今 食 食 食 食 食 飠 飠 飠 飠 飠 飠 饌 饌 饌 饌
餐	음식 찬	食부, 총16획	丨 卜 卜 歹 歹 歺 歺 奴 奴 奴 奴 餐 餐 餐 餐 餐
菜	나물 채	艸(艹)부, 총12획	一 十 卄 艹 艹 艹 艹 芊 苹 菜 菜 菜
飽	배부를 포	食부, 총14획	丿 人 亼 今 今 今 食 食 食 飠 飣 飽 飽 飽
韓	한국 한	韋부, 총17획	一 十 𠂇 古 古 古 直 卓 卓 卓 卓 韓 韓 韓 韓 韓 韓
海	바다 해	水(氵)부, 총10획	丶 丶 氵 氵 氵 汇 海 海 海 海

虛	빌 **허** 虍부, 총12획	虛		
丨 ⺊ ⺊ 广 卢 卢 虍 虍 虐 虛 虛 虛				
華	빛날 **화** 艸(艹)부, 총12획	華		
一 十 卄 艹 艹 艹 艹 芏 芐 莁 莁 華				
後	뒤 **후** 彳부, 총9획	後		
ノ 彡 彳 彳 彸 彸 彸 後 後				

MEMO

MEMO

한자 쓰기

제16장 汽車驛(기차역)에서

降	내릴 강 / 항복할 항	阜(阝)부, 총9획	降
客	손 객	宀부, 총9획	安 客 客
關	관계할 관	門부, 총19획	門 關 關
廣	넓을 광	广부, 총15획	广 廣 廣
券	문서 권	刀부, 총8획	券 券
機	틀 기	木부, 총16획	一 十 才 木 機 機 機
汽	물끓는 김 기	水(氵)부, 총7획	汽
待	기다릴 대	彳부, 총9획	彳 待 待
道	길 도	辵(辶)부, 총13획	首 首 道 道 道
同	한가지 동	口부, 총6획	丨 冂 同 同 同
旅	나그네 려	方부, 총10획	方 旅
列	벌일 렬	刀(刂)부, 총6획	一 歹 列
路	길 로	足(⻊)부, 총13획	路 路
買	살 매	貝부, 총12획	買 買
務	힘쓸 무	力부, 총11획	矛 務 務
伴	짝 반	人(亻)부, 총7획	亻 伴
復	회복할 복 / 다시 부	彳부, 총12획	彳 復 復
士	선비 사	士부, 총3획	一 十 士

제16장

汽車驛

기차역에서

舍	집 사	舌부, 총8획	丿 人 亽 亼 今 全 舍 舍
席	자리 석	巾부, 총10획	丶 亠 广 户 庐 庐 庐 庐 席 席
線	줄 선	糸부, 총15획	幺 幺 幺 糸 糸 糸 糸 糽 約 約 約 紵 線 線 線
所	바 소	戶부, 총8획	丿 厂 戶 戶 所 所 所 所
乘	탈 승	丿부, 총10획	一 二 千 千 千 乖 乖 乘 乘 乘
室	집 실	宀부, 총9획	丶 丷 宀 宀 宀 宀 室 室 室
驛	역 역	馬부, 총23획	丨 厂 F F 甲 馬 馬 馬 馬 馬 馬 馬 馬 馬 驛 驛 驛 驛 驛 驛 驛 驛 驛
緩	느릴 완	糸부, 총15획	幺 幺 幺 糸 糸 糸 糸 糸 糸 糸 糸 緩 緩 緩 緩
往	갈 왕	彳부, 총8획	丿 彡 彳 彳 彳 往 往 往
運	옮길 운	辵(辶)부, 총13획	冖 冖 冖 冖 冖 冖 冖 冒 軍 軍 渾 渾 運
員	인원 원	口부, 총10획	丨 冂 口 尸 月 目 目 員 員 員
賃	품삯 임	貝부, 총13획	丿 亻 亻 仁 任 任 任 賃 賃 賃 賃 賃 賃
場	마당 장	土부, 총12획	一 十 土 圹 坦 坦 坦 坦 場 場 場 場
電	번개 전	雨부, 총13획	一 丆 冖 币 币 雨 雨 雨 雨 霄 雷 雷 電
直	곧을 직	目부, 총8획	一 十 广 冇 冇 有 直 直
車	수레 차, 거	車부, 총7획	一 丆 币 币 百 亘 車
鐵	쇠 철	金부, 총21획	丿 人 人 今 今 全 余 金 金 金 金 金 金 金 金 金 金 金 鐵 鐵 鐵
片	조각 편	片부, 총4획	丿 丿 片 片

票	표 **표** 示부, 총11획	票		
一 ㄒ 币 襾 覀 覀 覀 覀 票 票 票				
下	아래 **하** 一부, 총3획	下		
一 丅 下				
合	합할 **합** 口부, 총6획	合		
丿 人 亼 亼 合 合				
行	다닐 **행** 行부, 총6획	行		
丿 彳 彳 彳 行 行				
換	바꿀 **환** 手(扌)부, 총12획	換		
一 十 扌 扌 扩 扩 扚 拚 捈 捈 換 換				

MEMO

MEMO

제17장 空港(공항)에서

한자	뜻과 음	부수, 획수
檢	검사할 **검**	木부, 총17획
經	지날 **경**	糸부, 총13획
空	빌 **공**	穴부, 총8획
管	대롱 **관**	竹(⺮)부, 총14획
關	관계할 **관**	門부, 총19획
國	나라 **국**	口부, 총11획
券	문서 **권**	刀부, 총8획
機	틀 **기**	木부, 총16획
内	안 **내**	入부, 총4획

한자	뜻과 음	부수, 획수
臺	대 **대**	至부, 총14획
旅	나그네 **려**	方부, 총10획
路	길 **로**	足(⻊)부, 총13획
陸	뭍 **륙**	阜(阝)부, 총11획
離	떠날 **리**	隹부, 총19획
免	면할 **면**	儿부, 총7획
務	힘쓸 **무**	力부, 총11획
物	물건 **물**	牛부, 총8획
發	필 **발**	癶부, 총12획

한자	훈음	부수·획수	따라 쓰기	필순
飛	날 비	飛부, 총9획	飛	乁 乁 乁 乁 飞 飞 飛 飛 飛
索	찾을 색 / 줄 삭	糸부, 총10획	索	一 十 十 古 去 玄 玄 孛 索 索
線	줄 선	糸부, 총15획	線	乙 幺 幺 糸 糸 糸 糸 糸 約 約 約 紳 線 線 線
稅	세금 세	禾부, 총12획	稅	一 二 千 禾 禾 禾 禾 禾 和 和 稅 稅
手	손 수	手부, 총4획	手	一 二 三 手
乘	탈 승	丿부, 총10획	乘	一 二 千 千 千 千 乖 乖 乘 乘
食	밥 식	食부, 총9획	食	丿 人 𠆢 今 今 今 食 食 食
疫	전염병 역	疒부, 총9획	疫	丶 亠 广 疒 疒 疒 疒 疫 疫
員	인원 원	口부, 총10획	員	丨 口 口 口 吕 吕 員 員 員 員

한자	훈음	부수·획수	따라 쓰기	필순
由	말미암을 유	田부, 총5획	由	丨 冂 日 由 由
場	마당 장	土부, 총12획	場	一 十 土 圵 坦 坦 坦 埋 埸 場 場 場
長	길 장	長부, 총8획	長	丨 厂 F F 트 툰 長 長
店	가게 점	广부, 총8획	店	丶 亠 广 广 庐 庐 店 店
制	절제할 제	刀(刂)부, 총8획	制	丿 𠂉 𠂉 牛 牛 带 制 制
際	즈음 제	阜(阝)부, 총14획	際	丿 阝 阝 阝 阝 阝 阝 陘 際 際 際 際 際 際
走	달릴 주	走부, 총7획	走	一 十 土 キ 丰 走 走
地	땅 지	土부, 총6획	地	一 十 土 圠 圠 地
着	붙을 착	目부, 총12획	着	丶 丷 䒑 兰 羊 羊 差 羊 着 着 着 着

塔	탑 탑 土부, 총13획	塔		
一 十 土 圵 圵 圵 圵 圵 垯 垯 塔 塔				
搭	탈 탑 手(扌)부, 총13획	搭		
一 十 扌 扌 扌 扌 扌 扌 扌 扌 搭 搭				
荷	멜 하 艸(艹)부, 총11획	荷		
一 十 艹 艹 艹 艹 芢 芢 荷 荷 荷				
港	항구 항 水(氵)부, 총12획	港		
丶 丶 氵 氵 氵 氵 洪 洪 洪 港 港 港				
航	배 항 舟부, 총10획	航		
丿 丿 月 月 舟 舟 舟 舟 舫 航				
行	다닐 행 行부, 총6획	行		
丿 彳 彳 彳 行 行				
滑	미끄러울 활 水(氵)부, 총13획	滑		
丶 丶 氵 氵 氵 氵 氵 氵 泻 滑 滑 滑 滑				

MEMO

MEMO

제18장 旅路(여로)에서

한자	뜻·음	부수·획수	따라 쓰기
景	볕 경	日부, 총12획	景
溪	시내 계	水(氵)부, 총13획	溪
谷	골 곡	谷부, 총7획	谷
觀	볼 관	見부, 총25획	觀
光	빛 광	儿부, 총6획	光
奇	기특할 기	大부, 총8획	奇
島	섬 도	山부, 총10획	島
毒	독 독	毋부, 총9획	毒
同	한가지 동	口부, 총6획	同

한자	뜻·음	부수·획수	따라 쓰기
登	오를 등	癶부, 총12획	登
落	떨어질 락	艸(艹)부, 총13획	落
樂	즐길 락	木부, 총15획	樂
覽	볼 람	見부, 총21획	覽
旅	나그네 려	方부, 총10획	旅
禮	예도 례	示부, 총18획	禮
路	길 로	足(⻊)부, 총13획	路
流	흐를 류	水(氵)부, 총10획	流
名	이름 명	口부, 총6획	名

제18장

旅路

여로에서

한자	훈·음	부수·획수
泊	머무를 **박**	水(氵)부, 총8획
攀	더위잡을 **반**	手부, 총19획
壁	벽 **벽**	土부, 총16획
山	산 **산**	山부, 총3획
上	위 **상**	一부, 총3획
賞	상줄 **상**	貝부, 총15획
嶼	섬 **서**	山부, 총17획
船	배 **선**	舟부, 총11획
水	물 **수**	水부, 총4획
宿	잘 **숙**	宀부, 총11획
巡	돌 **순**	巛부, 총7획
勝	이길 **승**	力부, 총12획
巖	바위 **암**	山부, 총23획
夜	밤 **야**	夕부, 총8획
溫	따뜻할 **온**	水(氵)부, 총13획
浴	목욕할 **욕**	水(氵)부, 총10획
遊	놀 **유**	辵(辶)부, 총13획
莊	씩씩할 **장**	艸(++)부, 총11획

한자	뜻·음	부수·획수
絶	끊을 **절**	糸부, 총12획
程	한도 **정**	禾부, 총12획
頂	정수리 **정**	頁부, 총11획
縱	세로 **종**	糸부, 총17획
走	달릴 **주**	走부, 총7획
地	땅 **지**	土부, 총6획
泉	샘 **천**	水부, 총9획
春	봄 **춘**	日부, 총9획
布	베 **포**	巾부, 총5획
瀑	폭포 **폭**	水(氵)부, 총18획
海	바다 **해**	水(氵)부, 총10획
行	다닐 **행**	行부, 총6획
花	꽃 **화**	艸(++)부, 총8획

MEMO

제19장 道路(도로)에서

한자	훈음	부수·획수	필순
架	시렁 가	木부, 총9획	㇇ 力 カ 加 加 加 架 架 架
街	거리 가	行부, 총12획	ノ 彳 彳 彳 彳 彳 徍 徍 徍 徍 徍 街
警	깨우칠 경	言부, 총20획	苟 苟 苟 敬 敬 警 警 警 警 警
高	높을 고	高부, 총10획	丶 亠 亠 亠 亠 高 高 高 高 高
過	지날 과	辵(辶)부, 총13획	丨 口 冎 冎 咼 咼 咼 咼 咼 過 過 過 過
交	사귈 교	亠부, 총6획	丶 亠 六 六 亦 交
橋	다리 교	木부, 총16획	一 十 才 木 木 杧 杧 杧 杧 桥 桥 桥 橋 橋 橋 橋
禁	금할 금	示부, 총13획	一 十 才 木 木 村 材 林 林 埜 埜 禁 禁
岐	갈림길 기	山부, 총7획	丨 山 山 山 屾 岐 岐
斷	끊을 단	斤부, 총18획	斷 斷 斷 斷
帶	띠 대	巾부, 총11획	一 十 卄 卅 卌 卌 卌 帶 帶 帶 帶
度	법도 도	广부, 총9획	丶 亠 广 广 庐 庐 度 度 度
道	길 도	辵(辶)부, 총13획	丶 丷 䒑 䒑 艹 首 首 首 首 道 道 道 道
動	움직일 동	力부, 총11획	一 二 千 亍 盲 盲 盲 重 重 動 動
頭	머리 두	頁부, 총16획	一 丆 戸 戸 豆 豆 豆 豆 豇 豇 頭 頭 頭 頭 頭 頭
燈	등 등	火부, 총16획	丶 丷 火 火 火 火 炂 炂 炂 烮 燈 燈 燈 燈 燈 燈
路	길 로	足(⻊)부, 총13획	丶 口 口 卩 早 早 足 足 趵 趵 路 路 路
陸	뭍 륙	阜(阝)부, 총11획	㇇ 了 阝 阝 阝 阝 阝 陆 陸 陸 陸

漢字	뜻·음	부수·획수
離	떠날 **리**	隹부, 총19획
免	면할 **면**	儿부, 총7획
防	막을 **방**	阜(阝)부, 총7획
步	걸음 **보**	止부, 총7획
分	나눌 **분**	刀부, 총4획
徐	천천할 **서**	彳부, 총10획
所	바 **소**	戶부, 총8획
速	빠를 **속**	辵(辶)부, 총11획
樹	나무 **수**	木부, 총16획
信	믿을 **신**	人(亻)부, 총9획
央	가운데 **앙**	大부, 총5획
讓	사양할 **양**	言부, 총24획
迂	에돌 **우**	辵(辶)부, 총7획
運	옮길 **운**	辵(辶)부, 총13획
油	기름 **유**	水(氵)부, 총8획
自	스스로 **자**	自부, 총6획
笛	피리 **적**	竹(⺮)부, 총11획
轉	구를 **전**	車부, 총18획

한자	뜻과 음	부수·획수	필순
點	점 **점**	黑부, 총17획	丶 口 日 旦 甲 里 里 黑 黑 黑 黒 黑 點 點 點 點
停	머무를 **정**	人(亻)부, 총11획	丿 亻 亻 仃 仃 佇 佇 停 停 停 停
制	절제할 **제**	刀(刂)부, 총8획	丿 𠂉 ⺧ 午 告 朱 制 制
左	왼 **좌**	工부, 총5획	一 ナ 𠂇 左 左
注	부을 **주**	水(氵)부, 총8획	丶 冫 氵 氵 氵 汁 汴 注
走	달릴 **주**	走부, 총7획	一 十 土 丰 丰 走 走
駐	머무를 **주**	馬부, 총15획	丨 厂 F F 馬 馬 馬 馬 馬 馬 馬 駐 駐 駐 駐
中	가운데 **중**	丨부, 총4획	丨 口 口 中
症	증세 **증**	疒부, 총10획	丶 亠 广 广 疒 疒 疔 疔 疔 症
證	증거 **증**	言부, 총19획	丶 亠 亠 言 言 言 言 言 言 言 言 訡 訡 訡 證 證 證 證 證
地	땅 **지**	土부, 총6획	一 十 土 圠 坤 地
止	그칠 **지**	止부, 총4획	丨 卜 止 止
叉	갈래 **차**	又부, 총3획	フ 又 叉
車	수레 **차, 거**	車부, 총7획	一 厂 戸 戸 自 亘 車
察	살필 **찰**	宀부, 총14획	丶 丷 宀 宀 宀 宀 宀 宀 宊 宊 寏 寏 寏 察
滯	막힐 **체**	水(氵)부, 총14획	丶 冫 氵 氵 氵 汁 汁 汁 滞 滞 滞 滞 滞 滯
通	통할 **통**	辵(辶)부, 총11획	乛 マ 乃 乃 甬 甬 甬 甬 涌 涌 通
下	아래 **하**	一부, 총3획	一 丅 下

제17장
道路
도로에서

限	한할 **한** 阜(阝)부, 총9획	限		
㇆ ㇌ 阝 阝ㄱ 阝ㅋ 阝ㅋ 阝艮 阝艮 限				
行	다닐 **행** 行부, 총6획	行		
ノ ㇒ 彳 彳 行 行				
許	허락할 **허** 言부, 총11획	許		
丶 亠 亠 亖 言 言 言 訁 訃 訐 許				
號	이름 **호** 虍부, 총13획	號		
丨 口 口 号 号 号 号 號 號 號 號 號 號				
橫	가로 **횡** 木부, 총16획	橫		
一 十 才 木 木 杠 杜 栱 栱 栱 構 構 横 横 橫 橫				
廻	돌 **회** 廴부, 총9획	廻		
丨 冂 冂 冋 冋 回 ㇋回 廻 廻				

MEMO

제20장 公演場(공연장)에서

한자	훈음	부수, 획수	필순
喝	꾸짖을 **갈**	口부, 총12획	丨 口 口 口' 口ᄆ 口日 口旦 口曰 吗 喝 喝 喝
感	느낄 **감**	心부, 총13획	丿 厂 厂 后 后 后 咸 咸 咸 咸 感 感 感
鑑	거울 **감**	金부, 총22획	丿 人 亼 亼 今 今 全 金 金 釒 鈩 鉅 鉅 鋻 鋻 鋻 鑑 鑑 鑑 鑑 鑑 鑑
開	열 **개**	門부, 총12획	丨 ㄏ 尸 尸 門 門 門 門 門 閂 開 開
客	손 **객**	宀부, 총9획	丶 丶 宀 宀 宊 安 客 客 客
公	공평할 **공**	八부, 총4획	丿 八 公 公
觀	볼 **관**	見부, 총25획	一 十 艹 艹 … 雚 雚 觀 觀 觀 觀 觀 觀
劇	심할 **극**	刀(刂)부, 총15획	丨 卜 上 广 卢 卢 虍 虍 虎 豦 豦 豦 豦 豦 劇
琴	거문고 **금**	玉(王)부, 총12획	一 二 干 王 王 王 玨 玨 珡 琴 琴 琴
團	둥글 **단**	口부, 총14획	丨 冂 冂 冂 冂 冋 冋 囗 囗 囗 團 團 團 團
臺	대 **대**	至부, 총14획	一 十 士 吉 吉 吉 吉 吉 喜 喜 臺 臺 臺 臺
獨	홀로 **독**	犬(犭)부, 총16획	丿 犭 犭 犭 犭 犭 犭 犭 犭 獨 獨 獨 獨 獨 獨 獨
動	움직일 **동**	力부, 총11획	丿 二 千 台 台 旨 盲 重 重 動 動
禮	예도 **례**	示부, 총18획	一 二 亍 亓 示 礻 礻 礻 礻 禮 禮 禮 禮 禮 禮 禮 禮 禮
幕	장막 **막**	巾부, 총14획	一 十 艹 艹 艹 苜 苜 苜 莫 莫 莫 莫 幕 幕
滿	찰 **만**	水(氵)부, 총14획	丶 冫 氵 汁 汁 泄 泄 泄 淵 満 滿 滿 滿 滿
舞	춤출 **무**	舛부, 총14획	丿 乛 二 午 午 無 無 無 無 舞 舞 舞 舞 舞
拍	칠 **박**	手(扌)부, 총8획	一 亅 扌 扌 扌 拍 拍 拍

제20장

公演場

공연장에서

漢字	뜻·음	부수·획수	필순
俳	배우 **배**	人(亻)부, 총10획	丿 亻 亻 亻 亻 亻 俳 俳 俳 俳
扮	꾸밀 **분**	手(扌)부, 총7획	一 扌 扌 扌 扒 扮 扮
悲	슬플 **비**	心부, 총12획	丿 ∣ ∣ ∣ 非 非 非 非 悲 悲 悲 悲
謝	사례할 **사**	言부, 총17획	丶 亠 亠 亠 言 言 言 言 訁 訁 訁 訁 訁 訁 謝 謝 謝
上	위 **상**	一부, 총3획	丨 卜 上
賞	상줄 **상**	貝부, 총15획	丨 丨 丨 丨 丨 丨 丨 丨 丨 丨 丨 丨 丨 賞 賞
手	손 **수**	手부, 총4획	一 二 三 手
術	재주 **술**	行부, 총11획	丿 彳 彳 彳 彳 彳 彳 彳 彳 術 術
示	보일 **시**	示부, 총5획	一 二 亍 亓 示
心	마음 **심**	心부, 총4획	丶 心 心 心
演	펼 **연**	水(氵)부, 총14획	丶 氵 氵 氵 氵 氵 氵 氵 氵 氵 演 演 演 演
映	비칠 **영**	日부, 총9획	丨 冂 日 日 日 旼 映 映 映
藝	재주 **예**	艸(艹)부, 총19획	一 十 艹 艹 艹 艹 艹 艹 艹 艹 艹 艹 艹 艹 艹 艹 艹 藝 藝
優	넉넉할 **우**	人(亻)부, 총17획	丿 亻 亻 亻 亻 亻 亻 亻 亻 亻 亻 亻 亻 亻 優 優 優
員	인원 **원**	口부, 총10획	丨 冂 口 口 口 口 員 員 員 員
字	글자 **자**	子부, 총6획	丶 丶 宀 字 字 字
場	마당 **장**	土부, 총12획	一 十 土 土 土 土 土 土 土 場 場 場
裝	꾸밀 **장**	衣부, 총13획	丨 丬 丬 丬 丬 壯 壯 壯 壯 裝 裝 裝 裝

한자	뜻과 음	부수, 획수
展	펼 **전**	尸부, 총10획
絶	끊을 **절**	糸부, 총12획
奏	아뢸 **주**	大부, 총9획
讚	기릴 **찬**	言부, 총26획
唱	부를 **창**	口부, 총11획
采	풍채 **채**	釆부, 총8획
評	평할 **평**	言부, 총12획
閉	닫을 **폐**	門부, 총11획
合	합할 **합**	口부, 총6획
呼	부를 **호**	口부, 총8획
好	좋을 **호**	女부, 총6획
畫	그림 **화**	田부, 총12획
歡	기쁠 **환**	欠부, 총22획
喜	기쁠 **희**	口부, 총12획

MEMO

한자 쓰기

제21장 放送局(방송국)에서

한자	뜻과 음	부수, 총획
歌	노래 가	欠부, 총14획
客	손 객	宀부, 총9획
繼	이을 계	糸부, 총20획
告	고할 고	口부, 총7획
曲	굽을 곡	日부, 총6획
廣	넓을 광	广부, 총15획
局	판 국	尸부, 총7획
劇	심할 극	刀(刂)부, 총15획
記	기록할 기	言부, 총10획
能	능할 능	肉(月)부, 총10획
臺	대 대	至부, 총14획
道	길 도	辵(辶)부, 총13획
連	이을 련	辵(辶)부, 총11획
錄	기록할 록	金부, 총16획
率	비율 률 거느릴 솔	玄부, 총11획
明	밝을 명	日부, 총8획
傍	곁 방	人(亻)부, 총12획
放	놓을 방	攴(攵)부, 총8획

제21장
放送局
방송국에서

報	갚을 보	土부, 총12획	一 十 土 土 去 击 幸 幸 郣 郣 報 報
司	맡을 사	口부, 총5획	丁 丁 司 司 司
詞	말 사	言부, 총12획	丶 亠 亠 言 言 言 言 訂 訂 詞 詞 詞
續	이을 속	糸부, 총21획	纟 纟 糸 糸 糸 紅 紆 紆 紸 綪 綪 綪 縉 縉 續 續 續 續 續
速	빠를 속	辵(⻍)부, 총11획	一 冂 冂 ㅁ 申 束 束 涑 涑 涑 速
送	보낼 송	辵(⻍)부, 총10획	丿 八 ⺌ 兰 关 关 关 送 送 送
手	손 수	手부, 총4획	一 二 三 手
數	셈 수	支(攵)부, 총15획	丨 口 日 日 日 日 曰 昌 串 婁 婁 婁 婁 數 數
視	볼 시	見부, 총12획	一 二 亍 亍 示 礻 初 祁 祁 祁 視 視
信	믿을 신	人(亻)부, 총9획	丿 亻 亻 仁 仁 信 信 信 信
愛	사랑 애	心부, 총13획	丿 ㇒ 爫 爫 爫 爫 恶 恶 恶 旡 旡 愛 愛
演	펼 연	水(氵)부, 총14획	丶 丶 氵 氵 氵 汸 沪 沪 涫 涫 演 演 演 演
藝	재주 예	艸(⺾)부, 총19획	一 十 艹 艹 艹 艹 荘 荘 荘 荘 芸 蓺 蓺 蓺 蓺 蓺 蓺 藝 藝
誤	그릇될 오	言부, 총14획	丶 亠 亠 亠 言 言 言 言 訂 訂 誤 誤 誤 誤
外	바깥 외	夕부, 총5획	丿 ク 夕 夘 外
源	근원 원	水(氵)부, 총13획	丶 丶 氵 氵 沂 沂 沂 沥 沥 源 源 源 源
音	소리 음	音부, 총9획	丶 亠 亠 立 立 音 音 音 音
人	사람 인	人부, 총2획	丿 人

者	사람 **자** 老(耂)부, 총9획	者		
一 十 土 耂 耂 者 者 者 者				
材	재목 **재** 木부, 총7획	材		
一 十 才 木 木 村 材				
提	끌 **제** 手(扌)부, 총12획	提		
一 十 扌 扌 扌 扣 押 担 捍 提 提 提				
助	도울 **조** 力부, 총7획	助		
丨 冂 月 月 且 旫 助				
照	비칠 **조** 火(灬)부, 총13획	照		
丨 冂 日 日 日 日 昭 昭 昭 照 照 照 照				
主	주인 **주** 丶부, 총5획	主		
丶 亠 亠 キ 主				
周	두루 **주** 口부, 총8획	周		
丿 冂 冂 冂 冂 周 周 周				
中	가운데 **중** 丨부, 총4획	中		
丨 口 口 中				
聽	들을 **청** 耳부, 총22획	聽		
一 丆 F F E 耳 耳 耳 耳 耳 耳 耳 耳 耳 聽 聽 聽 聽 聽 聽 聽 聽				

出	날 **출** 凵부, 총5획	出		
丨 凵 屮 出 出				
取	가질 **취** 又부, 총8획	取		
一 丆 F F E 耳 取 取				
波	물결 **파** 水(氵)부, 총8획	波		
丶 丶 氵 氵 汇 沙 波 波				
編	엮을 **편** 糸부, 총15획	編		
乙 幺 幺 糸 糸 糸 糹 紒 紒 紵 紵 編 編 編 編				
響	울릴 **향** 音부, 총22획	響		
乙 幺 乡 乡 乡 乡 乡 乡 乡 乡 鄉 鄉 鄉 鄉 鄉 鄉 響 響 響 響 響 響				
畫	그림 **화** 田부, 총12획	畫		
ㄱ ㅋ ㅋ ㅋ 聿 聿 聿 書 書 書 畫 畫				
會	모일 **회** 日부, 총13획	會		
丿 人 亼 亽 合 合 命 命 侖 會 會 會 會				

MEMO

한자 쓰기

제22장 遺蹟地(유적지)에서

한자	훈음	부수·획수	필순
階	섬돌 **계**	阜(阝)부, 총12획	㇇ 了 阝 阝一 阝⺊ 阝上 阝比 阝比 阝比 阝皆 階 階
古	옛 **고**	口부, 총5획	一 十 古 古 古
鼓	북 **고**	鼓부, 총13획	一 十 士 吉 吉 吉 壴 壴 壴 壴 鼓 鼓 鼓
宮	집 **궁**	宀부, 총10획	丶 丷 宀 宀 宀 宀 宀 宫 宮 宮
闕	대궐 **궐**	門부, 총18획	丨 𠃌 ⺆ 門 門 門 門 門 門 門 門 闕 闕 闕 闕 闕 闕 闕
內	안 **내**	入부, 총4획	丨 冂 內 內
踏	밟을 **답**	足(⻊)부, 총15획	丶 口 口 ⻊ ⻊ ⻊ 足 跁 跶 跶 踏 踏 踏 踏 踏
大	큰 **대**	大부, 총3획	一 ナ 大
道	길 **도**	辵(⻌)부, 총13획	丶 丷 䒑 䒑 首 首 首 首 首 道 道 道 道
東	동녘 **동**	木부, 총8획	一 𠃍 冂 日 日 申 東 東
燈	등 **등**	火부, 총16획	丶 丷 火 火 火 火 火 火 燈 燈 燈 燈 燈 燈 燈 燈
木	나무 **목**	木부, 총4획	一 十 才 木
廟	사당 **묘**	广부, 총15획	丶 亠 广 广 广 广 庐 庐 庙 廟 廟 廟 廟 廟 廟
門	문 **문**	門부, 총8획	丨 𠃌 ⺆ ⺆ ⺆ 門 門 門
法	법 **법**	水(氵)부, 총8획	丶 丶 氵 氵 汁 注 法 法
寺	절 **사**	寸부, 총6획	一 十 土 土 寺 寺
查	조사할 **사**	木부, 총9획	一 十 才 木 木 杏 杏 査 查
社	모일 **사**	示부, 총8획	一 二 亍 示 示 示 社 社

제22장

遺蹟地 유적지에서

한자	뜻·음	부수·획수
書	글 서	曰부, 총10획
石	돌 석	石부, 총5획
守	지킬 수	宀부, 총6획
魚	고기 어	魚부, 총11획
燃	탈 연	火(灬)부, 총16획
王	임금 왕	玉(王)부, 총4획
雲	구름 운	雨부, 총12획
雄	수컷 웅	隹부, 총12획
院	집 원	阜(阝)부, 총10획

한자	뜻·음	부수·획수
遺	남길 유	辵(辶)부, 총16획
場	마당 장	土부, 총12획
將	장수 장	寸부, 총11획
跡	발자취 적	足(⻊)부, 총13획
殿	전각 전	殳부, 총13획
朝	아침 조	月부, 총12획
宗	마루 종	宀부, 총8획
稷	피 직	禾부, 총15획
刹	절 찰	刀(刂)부, 총9획

寢	잘 **침** 宀부, 총14획	寢		
寢 필순				
宅	집 **택** 宀부, 총6획	宅		
宅 필순				
版	판목 **판** 片부, 총8획	版		
版 필순				
品	물건 **품** 口부, 총9획	品		
品 필순				

MEMO

MEMO

제23장 競技場(경기장)에서

한자	훈음	부수·총획	필순
監	볼 감	皿부, 총14획	一 丅 𠄎 𦣝 𦣝 臣 臣' 臣ᐟ 臣ᐠ 臣ᐠ 監 監 監 監
劍	칼 검	刀(刂)부, 총15획	ノ 人 𠆢 今 合 合 合 侖 侖 侖 僉 僉 僉 劍 劍
擊	칠 격	手부, 총17획	一 𠃌 亓 亓 㠯 亘 車 車 軎 軎 軎 毄 毄 毄 毄 擊 擊
格	격식 격	木부, 총10획	一 十 才 木 杉 杪 柊 柊 格 格
決	결단할 결	水(氵)부, 총7획	丶 冫 氵 氵 汀 沪 決
競	다툴 경	立부, 총20획	丶 亠 亣 立 立 产 音 音 竞 竞 竞 竞 竞 竞 竸 竸 竸 競 競 競
球	공 구	玉(王)부, 총11획	一 二 千 王 王 玎 玎 玎 球 球 球
弓	활 궁	弓부, 총3획	ㄱ ㄱ 弓
拳	주먹 권	手부, 총10획	丶 丷 丷 兰 半 关 关 卷 拳 拳
技	재주 기	手(扌)부, 총7획	一 十 扌 扌 扌 抄 技
單	홑 단	口부, 총12획	丨 冂 口 吅 吅 吅 吅 吅 吅 㽙 單 單
大	큰 대	大부, 총3획	一 ナ 大
道	길 도	辵(辶)부, 총13획	丶 丷 䒑 䒑 产 首 首 首 首 首 道 道 道
督	감독할 독	目부, 총13획	丨 卜 上 才 未 未 叔 叔 叔 督 督 督 督
動	움직일 동	力부, 총11획	ノ 二 千 斤 旨 旨 旨 重 重 動 動
籠	대바구니 롱	竹(⺮)부, 총22획	ノ 𠂉 ⺮ 竹 竹 竹 竹 竹 竹 竹 竹 竹 竹 竹 竹 竹 竹 竹 籠 籠 籠 籠
馬	말 마	馬부, 총10획	丨 厂 F F 㕜 馬 馬 馬 馬 馬
排	밀칠 배	手(扌)부, 총11획	一 十 扌 扌 扌 扌 扌 排 排 排 排

제23장
競技場
경기장에서

한자	뜻·음	부수·획수
步	걸음 **보**	止부, 총7획
複	겹칠 **복**	衣(衤)부, 총14획
射	쏠 **사**	寸부, 총10획
選	가릴 **선**	辵(辶)부, 총16획
手	손 **수**	手부, 총4획
水	물 **수**	水부, 총4획
乘	탈 **승**	丿부, 총10획
勝	이길 **승**	力부, 총12획
式	법 **식**	弋부, 총6획
審	살필 **심**	宀부, 총15획
野	들 **야**	里부, 총11획
洋	큰바다 **양**	水(氵)부, 총9획
泳	헤엄칠 **영**	水(氵)부, 총8획
優	넉넉할 **우**	人(亻)부, 총17획
運	옮길 **운**	辵(辶)부, 총13획
援	도울 **원**	手(扌)부, 총12획
柔	부드러울 **유**	木부, 총9획
育	기를 **육**	肉(月)부, 총8획

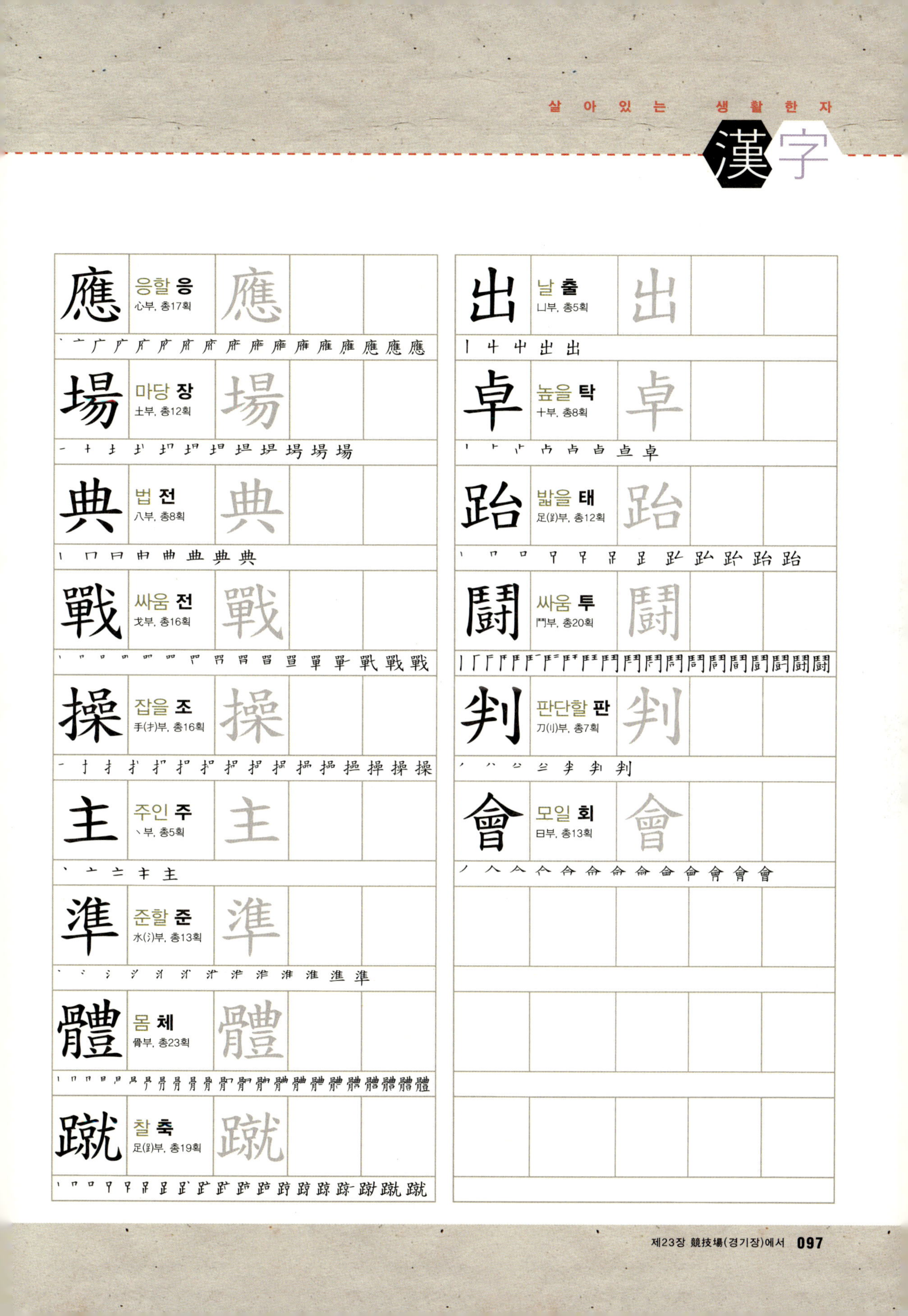

漢字	뜻·음	부수·획수
應	응할 **응**	心부, 총17획
場	마당 **장**	土부, 총12획
典	법 **전**	八부, 총8획
戰	싸움 **전**	戈부, 총16획
操	잡을 **조**	手(扌)부, 총16획
主	주인 **주**	丶부, 총5획
準	준할 **준**	水(氵)부, 총13획
體	몸 **체**	骨부, 총23획
蹴	찰 **축**	足(⻊)부, 총19획
出	날 **출**	凵부, 총5획
卓	높을 **탁**	十부, 총8획
跆	밟을 **태**	足(⻊)부, 총12획
鬪	싸움 **투**	鬥부, 총20획
判	판단할 **판**	刀(刂)부, 총7획
會	모일 **회**	曰부, 총13획

MEMO

한자 쓰기

제24장 式場(식장)에서

한자	뜻·음	부수·획수
歌	노래 **가**	欠부, 총14획
客	손님 **객**	宀부, 총9획
激	격할 **격**	水(氵)부, 총16획
慶	경사 **경**	心부, 총15획
國	나라 **국**	囗부, 총11획
答	대답 **답**	竹(⺮)부, 총12획
郎	사나이 **랑**	邑(阝)부, 총10획
勵	힘쓸 **려**	力부, 총17획
來	올 **래**	人부, 총8획
禮	예도 **례**	示부, 총18획
民	백성 **민**	氏부, 총5획
杯	잔 **배**	木부, 총8획
帛	비단 **백**	巾부, 총8획
婦	며느리 **부**	女부, 총11획
扶	도울 **부**	手(扌)부, 총7획
賓	손님 **빈**	貝부, 총14획
事	일 **사**	亅부, 총8획
辭	말씀 **사**	辛부, 총19획

제24장

式場

식장에서

한자	훈음	부수·획수
送	보낼 **송**	辵(辶)부, 총10획
式	법 **식**	弋부, 총6획
新	새 **신**	斤부, 총13획
宴	잔치 **연**	宀부, 총10획
迎	맞을 **영**	辵(辶)부, 총8획
儀	거동 **의**	人(亻)부, 총15획
場	마당 **장**	土부, 총12획
典	법 **전**	八부, 총8획
助	도울 **조**	力부, 총7획
主	주인 **주**	丶부, 총5획
請	청할 **청**	言부, 총15획
燭	촛불 **촉**	火부, 총17획
牒	편지 **첩**	片부, 총13획
祝	빌 **축**	示부, 총10획
幣	화폐 **폐**	巾부, 총15획
賀	하례할 **하**	貝부, 총12획
婚	혼인할 **혼**	女부, 총11획
華	빛날 **화**	艸(++)부, 총12획

歡	기뻐할 **환** 欠부, 총22획	歡		

會	모일 **회** 日부, 총13획	會		

MEMO

附錄

살아있는 생활한자

연습 문제

연습문제

제1장 家庭(가정)에서

>>> 본문 바로가기 013쪽

1 의미가 유사한 한자로 이루어진 한자어는?

① 父母　② 兄弟　③ 孝道　④ 配偶

2 ㉠에 들어갈 한자로 알맞은 것은?

① 事　② 家　③ 食　④ 友

㉠ (→, ↓)	訓
計	

3 ㉠, ㉡, ㉢에 들어갈 한자어로 알맞은 것은?

> 저의 (㉠)이/가 어머니에게는 (㉡)이고 아버지에게는 (㉢)입니다.

	㉠	㉡	㉢
①	外家	親庭	妻家
②	親庭	外家	妻家
③	妻家	親庭	外家
④	妻家	外家	親庭

4 한자어의 독음이 옳지 <u>않은</u> 것은?

① 媤家 - 사가　② 慈愛 - 자애　③ 恭敬 - 공경　④ 和睦 - 화목

5 한자어의 표기가 옳지 <u>않은</u> 것은?

① 자매 - 姉妹　② 시구 - 食口　③ 친척 - 親舊　④ 부부 - 夫婦

6 '結草報恩'이 들어가는 짧은 문장을 지으시오.

7 우리 집 家訓을 쓰고 발표하시오.

8 우리 집 家系圖를 작성하시오. (본문 014쪽 참조)

연습문제 　 제2장 　 學校(학교)에서

>>> 본문 바로가기 025쪽

1 '開講'의 상대어로 알맞은 것은?

① 休講 　 ② 名講 　 ③ 設講 　 ④ 終講

2 ㉠에 들어갈 한자로 알맞은 것은?

① 山 　 ② 校 　 ③ 業 　 ④ 庭

	學 ↓
登 →	㉠

3 ㉠에 들어갈 한자어로 알맞은 것은?

> 저희 집은 통학이 불가능한 거리에 있기에, (㉠)에서 살고 있습니다.

① 食堂 　 ② 行政室 　 ③ 寄宿舍 　 ④ 圖書館

4 한자어의 독음이 옳지 않은 것은?

① 敎授 - 교수 　 ② 練習 - 연습 　 ③ 朗讀 - 낭독 　 ④ 缺席 - 궐석

5 한자어의 표기가 옳지 않은 것은?

① 응답 - 應答 　 ② 질의 - 質疑 　 ③ 실검 - 實驗 　 ④ 반론 - 反論

6 '靑出於藍'이 들어가는 짧은 문장을 지으시오.

7 내가 재학 중인 학교와 학과, 전공을 한자로 쓰시오.

》》 본문 바로가기 039쪽

1 '赤字'의 상대어로 알맞은 것은?

① 文字 ② 黑字 ③ 字句 ④ 字音

2 ㉠에 들어갈 한자어로 알맞은 것은?

열심히 일한 결과, 통장에 (㉠)이/가 입금되었습니다.

① 特採 ② 使用者 ③ 休暇 ④ 賞與金

3 한자어의 독음이 옳지 않은 것은?

① 雇用 - 채용 ② 勞組 - 노조 ③ 代理 - 대리 ④ 課長 - 과장

4 한자어의 표기가 옳지 않은 것은?

① 전무 - 專務 ② 정규 - 正規 ③ 결재 - 決載 ④ 기업 - 企業

5 다음 한자로 단어를 만드시오.

異 事 人 動

6 '奇貨可居'가 들어가는 짧은 문장을 지으시오.

7 한자로 된 회사의 이름을 조사해 보시오.

8 자신의 履歷書를 작성하시오.

	履　歷　書				
	姓　名	(印)		住民登錄番號	
	生年月日	西紀 20 年 月 日生 (滿 歲)			
住　所				電話番號	
戶主關係	戶主와의 關係		戶主姓名		

年	月	日	學歷 및 經歷事項	發令廳

››› 본문 바로가기 051쪽

1 '㉠'과 독음이 다른 것은?

光復
　㉠

① 復活　② 復學　③ 復職　④ 復歸

2 ㉠에 들어갈 한자로 알맞은 것은?

① 日　② 至　③ 地　④ 節

		制 ↓
		憲
開 →	天	㉠

3 ㉠에 들어갈 한자어로 알맞은 것은?

오늘이 (㉠)이라더니 정말 함박눈이 내리네.

① 小滿　② 寒食　③ 大雪　④ 淸明

4 한자어의 독음이 옳지 않은 것은?

① 驚蟄 - 경칩　② 穀雨 - 곡우　③ 芒種 - 망종　④ 誕辰 - 탄생

5 한자어의 표기가 옳지 않은 것은?

① 초복 - 初伏　② 대서 - 大署　③ 한로 - 寒露　④ 단오 - 端午

6 '矛盾'이 들어가는 짧은 문장을 지으시오.

7 각 季節이나 節氣를 연상케 하는 한자 또는 한자어를 쓰시오.

연습문제

제5장 氣象廳(기상청)에서

>>> 본문 바로가기 061쪽

1 ㉠과 독음이 다른 것은?

降雨
㉠

① 降水 ② 降伏 ③ 降下 ④ 降雪

2 ㉠에 들어갈 한자어로 알맞은 것은?

무더위로 요즘 (㉠)이/가 이어져 며칠간 제대로 잠을 잘 수 없었어.

① 注意報 ② 紫外線 ③ 高氣壓 ④ 熱帶夜

3 한자어의 독음이 옳지 않은 것은?

① 洪水 - 공수 ② 快晴 - 쾌청 ③ 地震 - 지진 ④ 黃沙 - 황사

4 한자어의 표기가 옳지 않은 것은?

① 풍랑 - 風浪 ② 한파 - 寒波 ③ 호우 - 毫雨 ④ 관측 - 觀測

5 다음 한자로 단어를 만드시오.

溫 多 高 濕

6 '杞憂'가 들어가는 짧은 문장을 지으시오.

7 최근 3일간의 氣象을 한자로 써 보시오.

銀行(은행)에서

››› 본문 바로가기 071쪽

1 '收入'의 상대어로 알맞은 것은?

① 支出 ② 利子 ③ 貸出 ④ 經濟

2 ㉠에 들어갈 한자로 알맞은 것은?

① 行 ② 付 ③ 錢 ④ 融

	銅 ↓
換 →	㉠

3 ㉠에 들어갈 한자어로 알맞은 것은?

요즘에는 (㉠)을/를 주로 스마트폰으로 합니다.

① 窓口 ② 現金 ③ 手票 ④ 送金

4 한자어의 독음이 옳지 않은 것은?

① 貯蓄 – 저축 ② 通帳 – 통장 ③ 殘額 – 잔금 ④ 移替 – 이체

5 한자어의 표기가 옳은 것은?

① 담보 – 膽保 ② 상환 – 償還 ③ 예금 – 豫金 ④ 지폐 – 紙弊

6 '守株待兔'가 들어가는 짧은 문장을 지으시오.

7 經濟와 관련 있는 한자 또는 한자어를 주변에서 찾아 발표하시오.

연습문제

제7장 法院(법원)에서

››› 본문 바로가기 083쪽

1 의미가 유사한 한자로 이루어진 한자어는?

① 原告 ② 法庭 ③ 求刑 ④ 憲法

2 '勝訴'의 상대어로 알맞은 것은?

① 敗訴 ② 抗訴 ③ 公訴 ④ 起訴

3 ㉠에 들어갈 한자어로 알맞은 것은?

정상이 참작되어 제가 다행히 (㉠)처분을 받게 되었습니다.

① 證人 ② 猶豫 ③ 審理 ④ 被疑者

4 한자어의 독음이 옳지 않은 것은?

① 拘束 - 구금 ② 執行 - 집행 ③ 罰金 - 벌금 ④ 懲役 - 징역

5 한자어의 표기가 옳은 것은?

① 刑士 ② 檢士 ③ 判士 ④ 辯護士

6 '和氏之璧'이 들어가는 짧은 문장을 지으시오.

7 法律과 관련 있는 한자 또는 한자어를 주변에서 찾아 발표하시오.

>>> 본문 바로가기 095쪽

1 ㉠과 쓰임이 같은 것은?

過半數
㉠

① 過誤　② 過失　③ 罪過　④ 經過

2 '與黨'의 상대어로 알맞은 것은?

① 合黨　② 分黨　③ 野黨　④ 政黨

3 ㉠에 들어갈 한자어로 알맞은 것은?

(㉠)은/는 주권을 행사하는 가장 직접적인 방법 중 하나입니다.

① 手票　② 投票　③ 議員　④ 議席

4 한자어의 독음이 옳지 않은 것은?

① 可否 – 가불　② 彈劾 – 탄핵　③ 選擧 – 선거　④ 聽聞 – 청문

5 한자어의 표기가 옳은 것은?

① 법률 – 法律　② 결의 – 快議　③ 제청 – 提淸　④ 건의 – 健議

6 '完璧'이 들어가는 짧은 문장을 지으시오.

7 國會에서 최근 이슈로 사용되는 한자 어휘를 써 보시오.

연습문제

제9장 區廳(구청)에서

본문 바로가기 107쪽

1 의미가 유사한 한자로 이루어진 한자어는?

① 治水 ② 民願 ③ 抄本 ④ 福祉

2 ㉠에 들어갈 한자어로 알맞은 것은?

保健(㉠)

① 許可 ② 衛生 ③ 住民 ④ 稅務

3 ㉠, ㉡에 들어갈 한자어로 알맞은 것은?

(㉠)은/는 (㉡)에서 열람 가능합니다.

	㉠	㉡		㉠	㉡
①	申告	市廳	②	生活	廳舍
③	戶籍	區廳	④	交付	道廳

4 한자어의 독음이 옳지 않은 것은?

① 謄本 - 초본 ② 發給 - 발급 ③ 政策 - 정책 ④ 災難 - 재난

5 한자어의 표기가 옳지 않은 것은?

① 인감 - 印鑑 ② 도시 - 都市 ③ 관리 - 管理 ④ 주차 - 住車

6 '漁夫之利'가 들어가는 짧은 문장을 지으시오.

7 官廳과 관련 있는 한자 또는 한자어를 주변에서 찾아 발표하시오.

8 신고서식을 작성해 보시오.

혼 인 신 고 서
(년 월 일)

※신고서 작성 시 뒷면의 작성 방법을 참고하고, 선택항목에는 '영표(○)'로 표시하기 바랍니다.

구 분			남 편(부)		아 내(처)	
① 혼인당사자(신고인)	성명	한글	*(성) /(명)	㊞ 또는 서명	*(성) /(명)	㊞ 또는 서명
		한자	(성) /(명)		(성) /(명)	
	본(한자)			전화	본(한자)	전화
	출생연월일					
	*주민등록번호		-		-	
	*등록기준지					
	*주소					
② 부모(양부모)	부 성명					
	주민등록번호		-		-	
	등록기준지					
	모 성명					
	주민등록번호		-		-	
	등록기준지					
③외국방식에 의한 혼인성립일자			년 월 일			
④성·본의 협의			자녀의 성·본을 모의 성·본으로 하는 협의를 하였습니까?			예□ 아니요□
⑤근친혼 여부			혼인당사자들이 8촌이내의 혈족사이에 해당됩니까?			예□ 아니요□
⑥기타사항						
⑦ 증인	성 명		㊞ 또는 서명		주민등록번호	-
	주 소					
	성 명		㊞ 또는 서명		주민등록번호	-
	주 소					
⑧ 동의자	남편	부 성명	㊞ 또는 서명	후견인	성명	㊞ 또는 서명
		모 성명	㊞ 또는 서명		주민등록번호	-
	아내	부 성명	㊞ 또는 서명		성명	㊞ 또는 서명
		모 성명	㊞ 또는 서명		주민등록번호	-
⑨신고인 출석여부			1 남편(부)		2 아내(처)	
⑩제출인	성명				주민등록번호	-

연습문제

福德房(복덕방)에서

》》 본문 바로가기 117쪽

1 ㉠과 쓰임이 다른 것은?

容積率
㉠

① 眞率 ② 確率 ③ 比率 ④ 建蔽率

2 ㉠과 독음이 다른 것은?

不動産
㉠

① 不當 ② 不正 ③ 不敬 ④ 不足

3 ㉠에 들어갈 한자어로 알맞은 것은?

(㉠)은/는 실거래가와 차이가 크다는 이유로 무용론이 대두되고 있습니다.

① 契約書 ② 延面積 ③ 福德房 ④ 公示地價

4 한자어의 독음이 옳지 않은 것은?

① 垈地 - 대지 ② 賃借 - 임대 ③ 近鄰 - 근린 ④ 新築 - 신축

5 한자어의 표기가 옳은 것은?

① 시설 - 施說 ② 복합 - 復合 ③ 양도 - 讓渡 ④ 매도 - 買渡

6 '孟母三遷之敎'가 들어가는 짧은 문장을 지으시오.

7 우리 집 주소를 한자로 작성해 보시오.

>>> 본문 바로가기 127쪽

1 의미가 유사한 한자로 이루어진 한자어는?

① 退院 ② 成形 ③ 疾病 ④ 應急

2 ㉠에 들어갈 한자어로 알맞은 것은?

耳鼻(㉠)科

① 小兒 ② 咽喉 ③ 臨床 ④ 精神

3 ㉠, ㉡에 들어갈 한자어로 알맞은 것은?

(㉠)은/는 (㉡)와/과 면담한 내용을 타인에게 누설해서는 안 됩니다.

	㉠	㉡		㉠	㉡
①	病院	手術	②	醫院	注射
③	內科	採血	④	醫師	患者

4 한자어의 독음이 옳지 <u>않은</u> 것은?

① 看護 - 보호 ② 産婦 - 산부 ③ 注射 - 주사 ④ 泌尿器 - 비뇨기

5 한자어의 표기가 옳지 <u>않은</u> 것은?

① 진료 - 診療 ② 피부 - 皮膚 ③ 안과 - 眼科 ④ 마취 - 痲醉

6 '脣亡齒寒'이 들어가는 짧은 문장을 지으시오.

7 주변 병원의 진료 과목을 써 보시오.

연습문제

제12장 韓醫院(한의원)에서

〉〉〉 본문 바로가기 139쪽

1 한자의 의미로 옳지 않은 것은?

① 膽 - 쓸개　② 腸 - 창자　③ 脾 - 염통　④ 肺 - 허파

2 보기의 내용에 해당하는 말은?

약을 짓기 위하여 필요한 약의 이름과 분량을 적은 종이

① 湯藥　② 藥方文　③ 韓醫師　④ 東醫寶鑑

3 ㉠에 들어갈 한자어로 알맞은 것은?

(㉠)은/는 음식물을 消化시키는 기관입니다.

① 胃臟　② 藥草　③ 人蔘　④ 韓醫院

4 한자어의 독음이 옳지 않은 것은?

① 鹿茸 - 녹용　② 膀胱 - 방광　③ 鍼灸 - 침구　④ 診脈 - 진찰

5 다음 한자로 단어를 만드시오.

六　臟　腑　五

6 '背水陣'이 들어가는 짧은 문장을 지으시오.

7 人體와 관련 있는 한자 또는 한자어를 써 보시오.

1 ㉠과 쓰임이 같은 것은?

服用
㉠

① 衣服 ② 冬服 ③ 服裝 ④ 長服

2 의미가 유사한 한자로 이루어진 한자어는?

① 特效 ② 處方 ③ 睡眠 ④ 點眼

3 ㉠에 들어갈 한자어로 알맞은 것은?

(㉠)에 주의하지 않으면 약이 지닌 본래의 작용 이외에
부수적으로 일어나는 작용으로 고생하게 됩니다.

① 藥局 ② 錠劑 ③ 副作用 ④ 救急藥

4 한자어의 독음이 옳지 않은 것은?

① 消炎 - 소화 ② 調劑 - 조제 ③ 顆粒 - 과립 ④ 軟膏 - 연고

5 한자어의 표기가 옳지 않은 것은?

① 지사제 - 止瀉劑 ② 진통제 - 振痛劑
③ 항암제 - 抗癌劑 ④ 강장제 - 强壯劑

6 '緣木求魚'가 들어가는 짧은 문장을 지으시오.

7 다음 어휘를 한자로 써 보시오.

붕대		반창고		안대	

연습문제

제14장 商店(상점)에서

>>> 본문 바로가기 161쪽

1 '가게'의 의미가 아닌 것은?

① 店 ② 鋪 ③ 廛 ④ 業

2 ㉠에 들어갈 한자로 알맞은 것은?

㉠	價
客	

① 金 ② 呼 ③ 商 ④ 入

3 ㉠, ㉡에 들어갈 한자어로 알맞은 것은?

(㉠)에 가야 다양한 (㉡)을/를 살 수 있습니다.

	㉠	㉡		㉠	㉡
①	魚市場	生鮮	②	牛市場	洋服
③	魚物廛	肉類	④	衣類店	器物

4 한자어의 독음이 옳지 않은 것은?

① 罷場 - 파장 ② 還拂 - 환불 ③ 都賣 - 도매 ④ 割引 - 활인

5 한자어의 표기가 옳은 것은?

① 청과 - 淸果 ② 포목 - 市木 ③ 철물 - 鐵物 ④ 시계 - 時針

6 '多多益善'이 들어가는 짧은 문장을 지으시오.

7 한자로 표기된 상점을 찾아보시오.

8 최근 방문한 상점의 종류를 한자로 써 보시오.

>>> 본문 바로가기 171쪽

1 보기의 내용에 해당하는 말은?

> 여러 가지 음식을 두루 맛보는 것을 즐거움으로 삼는 일

① 飽食 ② 韓定食 ③ 食道樂 ④ 食飮料

2 ㉠에 들어갈 한자어로 알맞은 것은?

> 변변치 않은 음식이지만, 우선 (㉠)나/이나 하시지요.

① 虛飢 ② 療飢 ③ 洋式 ④ 後食

3 한자어의 독음이 옳지 않은 것은?

① 茶菓 - 다과 ② 料理 - 요리 ③ 點心 - 점심 ④ 朝餐 - 조식

4 한자어의 표기가 옳지 않은 것은?

① 채식 - 彩食 ② 성찬 - 盛饌 ③ 미각 - 味覺 ④ 백반 - 白飯

5 다음 한자로 단어를 만드시오.

味 山 珍 海

6 '朝三暮四'가 들어가는 짧은 문장을 지으시오.

7 한자로 된 음식의 이름을 써 보시오.

8 식단을 한자로 작성해 보시오.

연습문제

제16장 汽車驛(기차역)에서

>>> 본문 바로가기 181쪽

1 '下車'의 상대어로 알맞은 것은?

① 乘車　② 列次　③ 客車　④ 汽車

2 ㉠에 들어갈 한자로 알맞은 것은?

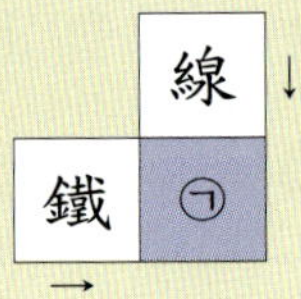

① 所　② 車　③ 道　④ 路

3 ㉠에 들어갈 한자로 알맞은 것은?

(㉠)合室

① 侍　② 待　③ 持　④ 特

4 한자어의 독음이 옳지 않은 것은?

① 동반 - 同伴　② 기관 - 機關　③ 괘도 - 軌道　④ 완행 - 緩行

5 다음 표지판을 바르게 고치시오.

6 '刻舟求劍'이 들어가는 짧은 문장을 지으시오.

7 기차역이나 버스터미널의 안내 표지판에 표기된 중국어·일본어의 차이에 대해 조사해 보시오.

제17장 空港(공항)에서

>>> 본문 바로가기 191쪽

1 '離陸'의 상대어로 알맞은 것은?

① 離別 ② 着陸 ③ 到着 ④ 上陸

2 ㉠에 들어갈 한자로 알맞은 것은?

① 空 ② 飛 ③ 發 ④ 線

航	㉠ →	機
	港 ↓	

3 ㉠에 들어갈 한자로 알맞은 것은?

旅(㉠)

① 卷 ② 券 ③ 拳 ④ 圈

4 한자어의 독음이 옳지 않은 것은?

① 乘務員 - 승무원 ② 滑走路 - 활주로
③ 管制塔 - 관제탑 ④ 手荷物 - 수화물

5 ㉠과 쓰임이 다른 것은?

檢索
㉠ (索)

① 索引 ② 索出 ③ 鐵索 ④ 搜索

6 '鷄鳴狗盜'가 들어가는 짧은 문장을 지으시오.

7 공항의 안내 표지판에 표기된 중국어·일본어의 차이에 대해 조사해 보시오.

연습문제

제18장 旅路(여로)에서

>>> 본문 바로가기 203쪽

1 ㉠에 들어갈 한자어로 알맞은 것은?

한강에서 (㉠)을/를 타고 서울의 야경을 보는 것도 좋습니다.

① 旅路 ② 溪谷 ③ 遊覽船 ④ 海水浴

2 글의 의미에 해당하는 한자어는?

경치가 좋기로 이름난 곳

① 瀑布 ② 山莊 ③ 頂上 ④ 名勝地

3 한자어의 독음이 옳지 않은 것은?

① 溫泉 - 온수 ② 縱走 - 종주 ③ 登攀 - 등반 ④ 壯觀 - 장관

4 한자어의 표기가 옳지 않은 것은?

① 숙박 - 宿泊 ② 도서 - 鳥嶼 ③ 순례 - 巡禮 ④ 노정 - 路程

5 다음 한자로 단어를 만드시오.

壁 絶 奇 巖

6 '愚公移山'이 들어가는 짧은 문장을 지으시오.

7 가 보았던 혹은 가고 싶은 여행지를 한자로 쓰시오.

〉〉〉 본문 바로가기 215쪽

1 ㉠에 들어갈 한자어로 알맞은 것은?

> 도로의 사정에 따라 (㉠)을/를 달리 규정하고 있으므로 주의하여야 합니다.

① 自動車 ② 左廻轉 ③ 街路樹 ④ 制限速度

2 글의 의미에 해당하는 한자어는?

> 원래는 '경계하는 피리'라는 뜻으로, 주의나 경계를 하도록 소리를 울리는 장치를 의미한다.

① 交通 ② 防止 ③ 警笛 ④ 警察

3 한자어의 독음이 옳지 않은 것은?

① 街頭 - 가로 ② 陸橋 - 육교 ③ 高架 - 고가 ④ 滯症 - 체증

4 한자어의 표기가 옳지 않은 것은?

① 신호등 - 信號燈 ② 분리대 - 分離臺
③ 주유소 - 注油所 ④ 우회로 - 迂廻路

5 다음 한자로 단어를 만드시오.

轉 證 免 運 許

6 '指鹿爲馬'가 들어가는 짧은 문장을 지으시오.

7 다음 어휘를 한자로 써 보시오.

요철 구간		고속도로 휴게소	

연습문제

제20장

公演場(공연장)에서

>>> 본문 바로가기 227쪽

1 '開幕'의 상대어로 알맞은 것은?

① 字幕　② 閉幕　③ 暗幕　④ 除幕

2 글의 의미에 해당하는 한자어는?

> 객석이 모두 차서 입장객을 더 받을 수 없다고 완곡하게 이르는 말로,
> 극장 매표소에 써서 붙여 놓은 말에서 유래한다.

① 長蛇陣　② 門前成市　③ 開封迫頭　④ 滿員謝禮

3 ㉠, ㉡에 들어갈 한자어로 알맞은 것은?

> (㉠)들은 (㉡)의 열연에 감동의 눈물을 흘렸습니다.

	㉠	㉡		㉠	㉡
①	團員	映畫	②	公演	開幕
③	觀客	俳優	④	劇團	劇場

4 한자어의 독음이 옳지 않은 것은?

① 舞臺 - 무대　② 展示 - 전시　③ 感賞 - 감격　④ 扮裝 - 분장

5 한자어의 표기가 옳지 않은 것은?

① 독주 - 獨奏　② 희극 - 喜劇　③ 합창 - 合唱　④ 박수 - 拍手

6 '伯牙絶絃'이 들어가는 짧은 문장을 지으시오.

7 영화나 연극의 한자 제목을 찾아 발표하시오.

제21장 放送局(방송국)에서

》》 본문 바로가기 237쪽

1 '送信'의 상대어로 알맞은 것은?

① 內信 ② 外信 ③ 受信 ④ 發信

2 ㉠에 들어갈 한자로 알맞은 것은?

① 來 ② 線 ③ 觀 ④ 聽

	視 ↓	
傍	㉠	客
→	率	

3 ㉠, ㉡에 들어갈 한자어로 알맞은 것은?

과도한 (㉠) 경쟁으로 종종 (㉡)가 발생합니다.

	㉠	㉡		㉠	㉡
①	誤報	報道	②	速報	報道
③	速報	誤報	④	誤報	速報

4 한자어의 독음이 옳지 않은 것은?

① 中繼 - 중단 ② 記者 - 기자 ③ 取材 - 취재 ④ 臺詞 - 대사

5 한자어의 표기가 옳지 않은 것은?

① 가수 - 歌手 ② 녹화 - 錄畵 ③ 연속 - 連續 ④ 주파수 - 周波數

6 '多岐亡羊'이 들어가는 짧은 문장을 지으시오.

7 新聞이나 放送에서 사용되는 신조어를 한자로 써 보시오.

예시)
소확행 - 小確幸

연습문제

제22장 遺蹟地(유적지)에서

››› 본문 바로가기 247쪽

1 ㉠에 들어갈 한자어로 알맞은 것은?

> 우리의 유적을 책으로 보는 것도 좋지만 직접 (㉠) 한다면 더할 나위 없이 좋겠지요.

① 案內 ② 走行 ③ 同行 ④ 踏査

2 글의 의미에 해당하는 한자어는?

> 원래는 '토지의 신과 곡식의 신'이라는 뜻으로, '국가'를 비유적으로 이르는 말이다.

① 東宮 ② 王朝 ③ 社稷 ④ 法鼓

3 한자어의 독음이 옳지 않은 것은?

① 古宅 - 고택 ② 遺跡 - 유적 ③ 寢殿 - 침전 ④ 宗廟 - 종조

4 한자어의 표기가 옳지 않은 것은?

① 운판 - 雲版 ② 사찰 - 寺殺 ③ 품계 - 品階 ④ 연등 - 燃燈

5 의미가 유사한 한자로 이루어진 한자어는?

① 木魚 ② 內殿 ③ 書院 ④ 宮闕

6 '錦衣夜行'이 들어가는 짧은 문장을 지으시오.

7 한자로 표기된 유적을 찾아 발표하시오.

>>> 본문 바로가기 257쪽

1 운동의 종목이 아닌 것은?

① 水泳 ② 競步 ③ 單式 ④ 劍道

2 글의 의미에 해당하는 한자어는?

운동 경기 등에서 선수들이 힘을 낼 수 있도록 도와주는 일

① 出戰 ② 體典 ③ 體育 ④ 應援

3 ㉠, ㉡에 들어갈 한자어로 알맞은 것은?

(㉠)이/가 (㉡)들을 신뢰하여야 좋은 결과를 낼 수 있습니다.

	㉠	㉡		㉠	㉡
①	監督	選手	②	大會	出戰
③	審判	蹴球	④	主審	籠球

4 한자어의 독음이 옳지 않은 것은?

① 洋弓 - 양궁 ② 射擊 - 사격 ③ 乘馬 - 경마 ④ 決勝 - 결승

5 한자어의 표기가 옳지 않은 것은?

① 격투기 - 格鬪技 ② 준우승 - 準憂勝

③ 태권도 - 跆拳道 ④ 운동장 - 運動場

6 '五十步百步'가 들어가는 짧은 문장을 지으시오.

7 한자 문화권에서 운동 종목을 상이하게 표기하는 예를 조사해 보시오.

연습문제

제24장 式場(식장)에서

>>> 본문 바로가기 269쪽

1 '新婦'의 상대어로 알맞은 것은?

① 新郎 ② 新婚 ③ 夫婦 ④ 姑婦

2 글의 의미에 해당하는 의식은?

> 이승에서 저승으로 넘어가는 의식으로,
> 죽은 자에게는 영혼을 담고 있던 육신을 버리는 절차이다.

① 閉幕式 ② 開幕式 ③ 發隊式 ④ 葬禮式

3 ㉠, ㉡에 들어갈 한자어로 알맞은 것은?

> (㉠)에서 훌륭한 (㉡)를 해 주셔서 감사합니다.

	㉠	㉡		㉠	㉡
①	入學式	歡迎辭	②	就任式	送辭
③	卒業式	歡迎辭	④	成年式	送辭

4 한자어의 독음이 옳지 않은 것은?

① 慶事 – 경사 ② 祝杯 – 축배 ③ 賀客 – 가객 ④ 扶助 – 부조

5 한자어의 표기가 옳지 않은 것은?

① 청첩 – 請牒 ② 폐백 – 弊帛 ③ 격려 – 激勵 ④ 의전 – 儀典

6 '破鏡'이 들어가는 짧은 문장을 지으시오.

7 자신이 경험한 연회나 의식을 써 보시오.

정답

1. 家庭에서

1	④	2	②	3	①	4	①	5	③

2. 學校에서

1	④	2	②	3	③	4	④	5	③

3. 會社에서

1	②	2	④	3	①	4	③
5	人事異動						

4. 月曆에서

1	①	2	④	3	③	4	④	5	②

5. 氣象廳에서

1	②	2	④	3	①	4	③
5	高溫多濕						

6. 銀行에서

1	①	2	③	3	④	4	③	5	②

7. 法院에서

1	④	2	①	3	②	4	①	5	④

8. 國會에서

1	④	2	③	3	②	4	①	5	①

9. 區廳에서

1	④	2	②	3	③	4	①	5	④

10. 福德房에서

1	①	2	③	3	④	4	②	5	③

11. 病院에서

1	③	2	②	3	④	4	①	5	③

12. 韓醫院에서

1	③	2	②	3	①	4	④
5	五臟六腑						

13. 藥局에서

1	④	2	③	3	③	4	①	5	②

14. 商店에서

1	④	2	②	3	①	4	④	5	③

15. 食堂에서

1	③	2	②	3	④	4	①
5	山海珍味						

16. 汽車驛에서

1	①	2	④	3	②	4	③
5	'표 파는 곳' 또는 '買票所'						

17. 空港에서

1	②	2	①	3	②	4	④	5	③

18. 旅路에서

1	③	2	④	3	①	4	②
5	奇巖絕壁						

19. 道路에서

1	④	2	③	3	①	4	②
5	運轉免許證						

20. 公演場에서

1	②	2	④	3	③	4	③	5	①

21. 放送局에서

1	③	2	④	3	③	4	①	5	②

22. 遺蹟地에서

1	④	2	③	3	④	4	②	5	④

23. 競技場에서

1	③	2	④	3	①	4	③	5	②

24. 式場에서

1	①	2	④	3	①	4	③	5	②

지은이

姜玟求(강민구)

성균관대학교 한문교육과를 졸업하고 동 대학원 한문학과에서 문학박사학위를 취득하였으며 硏靑(연청) 吳大泳(오대영) 선생에게 사사하였다.
파리 13대학 초빙 교수를 지냈으며 현재 경북대학교 인문대학 한문학과 교수로 재직 중이다.
저서와 역서로 『조선 후기 문학 비평의 이론』과 『교감 국역 송남잡지』 외 다수가 있다.

살아있는 생활한자
부록: 쓰기와 연습문제

초판 1쇄 2019년 8월 30일 | **초판 3쇄** 2022년 1월 7일
지은이 강민구 | **펴낸이** 홍원화 | **펴낸 곳** 경북대학교출판부
출판등록 1973년 10월 10일 ㉣97호 | **주소** 대구광역시 북구 대학로 80
전화 053-950-3830 | **팩스** 053-953-4692
이메일 press@knu.ac.kr | **홈페이지** http://knupress.com
ISBN 978-89-7180-527-5 03700

파본은 바꾸어 드립니다.